# 온라인 뉴스 생산과 출판

이 저서는 2015년 대한민국 교육부와 한국연구재단의 지원을 받아 수행된 연구임.
(NRF-2015S1A5B5A07043092)

# 온라인 뉴스 생산과 출판

사 은 숙

도서출판 시간의물레

# 머리말

뉴스는 우리 스스로를 보호하고 삶을 살아가기 위해서 꼭 필요하다. 현대사회는 인터넷 및 SNS의 발달로 누구나 자신의 생각과 보고 들은 것들을 뉴미디어를 통해 소통을 할 수 있는 시대다. 우리나라는 세계적 수준의 초고속 통신망을 갖추고 있어 저널리즘과 언론 윤리를 보완한다면 온라인 소통의 보다 긍정적인 효과를 볼 수 있을 것이다. 따라서 이 책은 저널리즘과 언론 윤리를 강화했다. 학생들과 시민들에게 언론기사 쓰기 및 출판을 위한 미디어 실무 교육을 제공해 우리사회가 보다 건강한 소통을 할 수 있을 것이다. 그럼에도 불구하고 미디어 산업과 언론학 교육의 간극은 어제 오늘의 문제가 아니다. 앞으로의 미디어 인재는 이야기를 만드는 능력을 갖춘 사람일 것이다. 따라서 이 책은 뉴미디어를 활용하여 뉴스를 생산하고 출판할 수 있는 능력을 키우는 것을 목적으로 한다. 더나아가 미디어 교육의 최종 목적은 인류 사회와 일반 대중의 공적 이익에 봉사하는 인재를 길러야 한다는 것이다. 그런 이유로 언론 윤리의 교육강화도 절실하다. 언론 윤리를 바탕으로 타인과 서로의 다양성을 존중하는 보다 성숙한 시민의식을 가진 한국 사회로 발전할 수 있다는 측면에서도 이 교육의 필요성은 중요하다. 이러한 가능성을 여러 대학에서 온라인 뉴스 생산과 출판 교육을 통해 경험했다.

이 책은 필자가 이제까지 여러 대학에서 미디어 전공 및 비전공자를 대상으로 언론기사 쓰기와 출판에 중점을 두고 미디어 교육을 하고 있는 내용으로, 앞으로 보다 체계적인 교육을 진행하고자 자료로 정리한 것이다. 따라서 이 책은 대학교에서 언론을 전공하는 학생들은 물론 비전공자나 일반 시민들이 언론기사 쓰기와 출판 -- 즉, 정보의 취재, 언론기사로 작성, 그리고 편집을 거쳐 인터넷 등 뉴미디어를 통해 출판 -- 하는 것을 돕는 자료가 될 것이다. 비전공자 및 일반 시민들에게 도움이 되도록 온라인 저널리즘에 머물지 않고 보다 폭넓게 언론의 일반적인 배경설명까지 확대한 부분도 있다. 이 책은 사람들이 소통기술의 효과적인 활용을 통해 뉴스 생산 활동을 함으로써 시민 저널리즘이 활성화 되고, 더 나아가 언론 윤리를 바탕으로 타인의 의견을 존중하는 소통을 통해 우리 사회가 보다 성숙한 시민의식과 건강한 민주주의를 발전시키는 데 작은 밀알이 되길 소망한다.

저자 사은숙

# 미디어 교육에 대한 재고

제임스 캐리(James Carey)는 우리 스스로를 보호하고, 친구와 적을 구분하는 등 관계를 다지고 각자 삶을 살아가기 위해 뉴스가 필요하다고 했다. 저널리즘은 이러한 뉴스를 공급하기 위해 사회가 고안해 낸 시스템이라는 것이다(Kovach & Rosenstil, 2014). 미국이 제2차 세계대전을 통해 주도권을 확보하면서 미국식 언론 모델과 저널리즘 교육은 자연스럽게 확산되기 시작했다(최민재 외, 2013: 25). 미국언론학회(The Association for Education in Journalism and Mass Communication-AEJMC)는 1996년 실무와 이론 교육의 합리적 중용을 강조하면서 미디어 교육은 실무 능력뿐 아니라 비판적 사고력까지를 겸비한 졸업생을 배출하는 것을 목적으로 한다고 선언했다.

우리나라에서 언론학 교육에 대한 이제까지의 논의는 전공 이론 교육과 전문 실무 교육의 조합으로, 전체적으로 전문 실무 교육 강화의 필요성이 우세하다고 할 수 있다. 미디어 교육을 통한 창의적인 미디어의 향유 및 언론 생산 능력의 향상은 새로운 미디어 콘텐츠 산업 기반으로 직결되기 때문이다(박진우 외, 2012: 4). 언론사들은 전문성과 창의적 사고를 요구하지만 우리의 미디어 교육은 그렇지 못한 것이 현실이다(이수영·황용석, 2009: 24). 심지어 김성해(2009: 181)는 영어권 국가들은 더욱 활성화되고 특성에 맞는 프로그램 및 다양한 심화 과정들을 지속적으로 개설하고 있는 반면, 우리나라는 저널리즘 교육을 거의 포기하다시피 하고 있다고 비판한다.

버킹햄(Buckingham, 2003/2004)은 언론 교육은 미디어에 대한 비판적 이해, 적극적 활용, 능동적 제작 모두를 목표로 해야 한다고 주장한다. 한국 언론학회 미래위원회가 언론학 교육의 길을 찾는 차원에서 실시한 미디어 관련 학과 졸업생들 대상 언론학 전공교육 만족도 조사 결과 "조금 만족한다"가 43%, "보통이다"가 32.5% 정도로 나타났다(강명구, 2009: 3). 앞으로 미디어 전공 커리큘럼에서 졸업생들의 현장 업무 능력을 키우기 위해서 제작 실무 과목을 강화하고, 기본적인 '표현 능력'을 강화하는 것이 절실하다는 중론이다(양승찬·이강형, 2009: 73). 언론학 교육과정에서 학생들이 실무 경험을 통해 기업문화나 기본 기술 등을 배울 수 있는 기회를 만들고, 실무 경험을 많이 쌓을 수 있는 기회를 갖는 것이 취업에도 유리하기 때문이다.

그런 맥락에서 이 책은 우리나라 미디어 교육에서 미흡한 부분인 전문 실무 교육, 즉 필자가 이제까지 여러 대학에서 미디어 전공 및 비전공자를 대상으로 언론기사 쓰기와 출판에 중점을 두고 교육하고 있는 내용을 학문적으로 정리한 것이다. 이 교육을 통해 지금까지 많은 학생이 온라인 언론을 통해 자신이 쓴 글을 언론기사로 출판을 하기도 했고, 이 책은 이 교육을 보다 체계적으로 학생들에게 가르치고자 나오게 되었다.

이 교육의 주요 내용은 전문 실무 능력 및 창의적 사고와 윤리 의식의 강화에 중점을 두고 있다. 먼저, 전문 실무 교육과 창의성은 학생들이 주체적으로 자신이 관심이 있는 주제를 선택하여 정보의 취재, 언론기사로 작성, 그리고 편집을 거쳐 뉴미디어를 통해 한 학기 동안 출판하는 것을 목표로 하고 있다. 또한 언론학 교육의 최종 지향점은 인류 사회와 일반 대중의 공적 이익에 봉사하는 인재를 길러야 한다는 것이다. 따라서 언론 윤리 교육의 강화는 절실하고, 이를 위해 언론 윤리가 학생들에게 깊숙이 내면화되도록 '인터넷 신문윤리강령'을 모두 외우도록 하고 있다.

# 제1장 온라인 저널리즘 이해

온라인 저널리즘이란 무엇이며, 온라인 저널리즘의 기원 및 역할, 그리고 발전 과정에 대해 알아본다. 또 저널리즘 발전 정도를 어떻게 평가하는지와 우리나라 저널리즘 발전 현황을 살펴본다.

## 1. 온라인 저널리즘 소개

### 1) 온라인 저널리즘의 기원

온라인 저널리즘의 기원은 1970년대 영국의 텔레텍스트(Teletext)가 첫선을 보이며 시작됐다. 텔레텍스트는 컴퓨터를 사용해 정보 생산과 저장은 할 수 있었으나 TV화면을 통해 정보를 제공했으며, 또 사용자와 운영자 사이에 신호나 지시 등의 어떤 소통도 주고받을 수 없는 비상호적인 미디어였다. 1979년 영국에서 프레스텔(Prestel)로 상용화된 비디오텍스(Videotex)는 또 다른 유형의 온라인 미디어로 브리티시 텔레콤(British Telecom)이라는 국영 전화 회사가 개발 전화선, 쌍방향 케이블, 컴퓨터 네트워크, 무선 데이터 등을 이용 서로 정보를 교환하는 컴퓨터 기반 상호작용 소통시스템으로 오늘날 온라인 미디어의 선구자라 할 수 있다(Carlson, 2003: 32 & 35/ 김병철, 2005: 13 & 19 재인용).

## 2) 온라인 저널리즘의 정의

온라인 저널리즘(Online journalism)은 디지털 기술 환경에서 인터넷과 같은 가상의 공간을 통해 시사적인 사안은 물론 정치, 경제, 사회, 문화 등에 대하여 뉴스 보도, 정보 및 의견 교환, 논평 및 여론 등을 전파하는 행위다.

디지털 기술 환경에서 실현되는 온라인 저널리즘의 대표적인 것 중의 하나는 월드와이드웹(World Wide Web, 이하 웹이라 함)을 통한 뉴스제공이라고 할 수 있다. 기술적 측면에서, 비디오텍스트로부터 시작한 온라인 뉴스제공은 웹의 등장으로 본격화 되었고, 최근에는 웹 2.0기술을 바탕으로 보다 확장 발전하고 있다. 다양한 디지털 기술 가운데 1990년대 초 등장한 웹은 온라인 저널리즘을 활성화시킨 주요 요인이다(황용석, 2013: 1-2).

### (1) 온라인 저널리즘의 용어

'온라인 저널리즘(online journalism)'이라는 용어는 '인터넷 신문(internet newspaper)', '사이버 저널리즘(cyber journalism)', '디지털 저널리즘(digital journalism)', '인터넷 뉴스(internet news)', 그리고 '웹 저널리즘(web journalism)' 등의 용어와 함께 다양하게 쓰이고 있다.

언론계에서 '온라인'이라는 용어는 디지털 기술의 차원뿐 아니라 기자(저널리스트)와 수용자의 엄청난 역할의 변화는 물론 전통적 저널리즘에 대한 새로운 사고나 철학적 의미까지를 포함하는 보다 넓은 영역의 개념이라고 할 수 있다(김병철, 2005: 17).

### (2) 다양한 용어에 따른 정의 및 개념

온라인 저널리즘에 대한 정의 및 개념은 학자들마다 사용하는 용어도 다르고 다양하게 해석되고 있다. 학자들이 주로 사용하는 용어는 온라인 저널리즘, 인터넷 신문, 디지털 저널리즘, 그리고 웹 저널리즘으로 정리할 수 있다. 사용하는 용어에 따른 정의 및 개념을 살펴보면 다음과 같다.

① 온라인 저널리즘

첫째, 온라인 저널리즘이라는 용어가 가장 보편적으로 사용되고 있다. ▲윤태진(1997)은 온라인 저널리즘은 컴퓨터와 신문의 만남, 즉 컴퓨터와 통신망을 이용한 새로운 형태의 저널리즘이라고 규정한다. ▲월크(Roland De Wolk, 2001: 6)는 온라인 저널리즘은 사람들이 컴퓨터나 인터넷 특히 월드와이드웹과 같은 장치를 통해 읽거나 보고 들을 수 있는 뉴스와 정보라고 정의한다. ▲윤영철(2001: 182-183/ 김병철, 2005: 18 재인용)은 온라인 저널리즘이란 "가상공간에서 혹은 가상공간을 이용하여 의견이나 정보를 교환, 분배, 전달하는 행위 영역"이라고 정의한다. 한편 ▲듀즈(Deuze, 2001/ 김병철, 2005: 19재인용)는 개인들이 사이버 가상공간에서 다양한 정보나 의견을 교환하는 행위 즉 인터넷상에서 저널리스트가 아닌 개인들이 경험담을 이야기하고 사상과 의견을 교환하는 개인 저널리즘 현상까지도 온라인 저널리즘에 포함시켜 온라인 저널리즘의 영역을 아주 폭넓게 규정하고 있다. 이에 대해 ▲김병철(2005: 19)은 온라인 저널리즘의 영역을 너무 폭넓게 규정할 경우 온라인상에서 유통되는 모든 형태의 정보 교환 서비스와 우리가 일반적으로 생각하는 저널리즘과의 구분이 애매해질 수 있다고 지적한다.

더 나아가 ▲황용석(2013: 1-2)은 온라인 저널리즘의 정의를 두 가지 측면으로 구분하는데 먼저, 넓은 의미로 인터넷에서 나타나는 사회적 소통을 포함하는 관점과, 다음으로, 좁은 의미로 뉴스 상품을 생산하는 전문직 노동과정 및 결과로 바라보는 관점이다. 일반적으로는 후자의 관점에서 온라인 저널리즘이라는 용어가 사용되며, "인터넷 또는 온라인을 통해 뉴스를 생산 또는 매개하는 조직 또는 기업 및 그것의 활동 결과"라고 정의할 수 있다. 직업적 측면에서 온라인 저널리즘은 오프라인 종속형, 온라인 독립형, 포털 뉴스를 의미하는 목록형, 블로그와 같은 개인 미디어형으로 구분하기도 한다. 또한 온라인 저널리즘을 뉴스가 갖는 이중적 의미로 하나는 전문직 관점(professional perspective), 다른 하나는 커뮤니케이션 관점(communication perspective)으로 정의하기도 한다. 전문직 관점의 정의는 직업사회학적으로 우리가 일반적으로 사용하는 전문 직업 활동으로서 언론 활동을 말한다. 전문직 관점에서 온라인 저널리즘은 뉴스거리를 찾아내, 취재, 선택 및 제시하는 것이 저널리즘 행위이며, 이것을 수행하는 사람을 기자라고 부른다. 그리고 저널리즘 행위와 행위자의 집합체를 언론 또는 언론사라고 정의한다. 그리고 언론 활동을 수행하는 기자들은 단순하게 정보를 전달하는 사람들과 다른 요건을 요구한다. 따라서 이 관점에서 온라인 저널리즘의 정의는 "인터넷 또는 온라인을 통해 뉴스를 생산 또는 매개하는 조직 또는 기업"이라고 할 수 있다(황용석, 2013: 4-5).

② 인터넷 신문

둘째는 인터넷 신문이라는 용어를 사용하는 학자들로 김영재와 김택환이 있다. 먼저 ▲김영재(1998/ 조수선·김유정, 2004: 310 재인용)는 인터넷 신문을 간단히 "인터넷상의 신문"이라고 정의한다. ▲김택환(1999/ 310 재인용)도 인터넷 신문이라는 용어를 사용하며 "정치, 경제, 사회, 문화, 시사 등에 관한 보도, 논평 및 여론을 전파하기 위해 온라인 수단을 이용하여 전자 방식으로 텍스트 중심의 정보를 제공하는 온라인 미디어"라고 정리한다.

③ 디지털 저널리즘

셋째, 온라인 저널리즘의 또 다른 용어로 사용되는 표현은 디지털 저널리즘이다. 이 용어를 사용하는 학자는 ▲가와모토(Kawamoto, 2003: 4)로 컴퓨터를 읽고 쓸 줄 아는 수용자(computer-literate audience)에게 뉴스와 정보를 조사하고 생산 및 전달하기 위해 디지털 기술을 사용하는 것이라고 정의한다.

④ 웹 저널리즘

넷째, 웹 저널리즘이라는 용어를 사용하는 ▲스토벌(Stovall, 2004: 5-11/ 김병철, 2005: 16 재인용)은 웹의 6가지 특성으로 시간과 공간의 제약에서 자유로운 수용성(capacity), 즉시성(immediacy), 유연성(flexibility), 항구성(permanence), 상호작용성(interactivity) 등을 전통 저널리즘과 다른 점이라고 강조한다.

앞에서 살펴본 것처럼, 온라인 저널리즘의 용어는 학자들마다 다양하게 사용되고, 정의 및 개념도 조금씩 다르게 해석되고 있다. 이런 차이에도 불구하고 강조하고 있는 것은 온라인 저널리즘은 종이신문과 비슷한 역할을 수행하고 있으며, 단지 그 행위가 인터넷상에서 이루어지고 있다는 것이다. 온라인 저널리즘을 간단하고 쉽게 하나로 정의하지 못하는 것은 지금 현재도 지속적인 변화 및 발전이 진행되는 디지털 기술 환경과, 온라인상에서 새로운 형태의 저널리즘 주체가 아주 다양하게 나타나고 있으며 아직도 형성 단계에 있기 때문이다.

## 3) 온라인 저널리즘의 유형

온라인 저널리즘은 여러 가지 유형으로 분류할 수 있지만, 일반적으로 조직의 특성과 제공되는 뉴스의 특성에 따라 오프라인 종속형, 온라인 독립형, 포털 뉴스의 목록형, 그리고 블로그 등으로 나눌 수 있다. 첫째, 오프라인 종속형은 ① 언론사 닷컴 ② 언론사 조직 내 인터넷 뉴스(중앙, 지방, 지역), 그리고 온라인 독립형으로서 ③ 순수 인터넷 뉴스 닷컴 ④ 순수 인터넷 종합뉴스로 분류할 수 있다. 둘째로 온라인 독립형은 순수 인터넷 전문뉴스와 순수 인터넷 시사뉴스로 나눌 수 있다. 셋째는 ≪네이버≫나 ≪다음≫과 같은 포털 뉴스를 의미하는 목록형으로 이것은 다시 편집 모델, 부분편집 위임형 모델, 기계적 배치 모델로 분류된다. 마지막으로 블로그와 같은 개인 미디어형 온라인 저널리즘이 있다(황용석, 2013: 9-10).

### 4) 온라인 저널리즘의 발전 과정

온라인 저널리즘은 1970대 첫 선을 보이며 1980년 이후 날로 발전을 거듭하여 오늘에 이르고 있다. 황용석(2013: 6-8)은 온라인 저널리즘의 시작과 발전 과정을 다음과 같이 4단계로 구분하고 있다:

#### (1) 1단계: 비디오 텍스트 형식

온라인 저널리즘의 초기 단계로 1982년과 1986년 사이에 사용했던 뉴스 서비스 제공 방식은 비디오 텍스트 형식이다(Pryor, 2002 / 황용석, 2013: 6 재인용). 주요 방송과 신문들은 비디오 텍스트를 이용해 문자뉴스를 제공했다. 그래픽 뉴스, 채팅 및 게시판, 홈뱅킹, 쇼핑 및 게임 등이 주로 응용되었던 프로그램이었다. 그러나 이 단계에서 이용자들이 정보를 통제할 수 있는 범위는 아주 미미한 수준이었다.

#### (2) 2단계: 웹의 등장

온라인 저널리즘의 발전 과정 두 번째 단계는 웹의 등장이라고 할 수 있다. 1990년에서 1992년에 HTML 문서가 개발되었으며, 모자익(Mosaic,

1993/ 황용석, 2013: 7 재인용)이 최초의 그래픽 인터페이스 브라우저로 등장
했다. 이후, 본격적인 웹 시대가 열린 것은 넷스케이프(Netscape)의 브라우
저가 1994년에 상업적인 배포를 시작으로, 마이크로소프트의 인터넷 익
스플로러(Explorer) 브라우저가 1995년에 배포되면서 부터다. 온라인 저널
리즘에서 이용자의 통제력이 높아진 것은 이 단계부터로, 동시에 비디오,
오디오, 그래픽을 이용할 수 있게 되었으며, 내비게이션도 하이퍼텍스트
를 통해서 가능해졌다. 더 나아가 온라인에서도 뉴스 편집과 취재 개념이
적용되며 뉴스의 게이트키핑도 이루어진다.

### (3) 3단계: 온라인 저널리즘 기업의 전문화 및 네트워크 발전

세 번째 단계는 온라인 저널리즘 기업의 전문화 진행과 함께 네트워크
환경의 고속 발전으로 인한 양적·질적인 진전이 있었던 시기다. 고속통
신 환경이 브로드밴드로 대표되는 엔드유저(end user)까지 확대되었다. 이
시기에는 뉴스를 유통시키고자 하는 뉴스 회사들의 전략이 여러 가지 단
말기를 통해 적극적으로 실현된다. 또한 온라인 뉴스만을 위한 디지털 스
토리텔링 기법이 개발됨으로써 이용자 개개인이 원하는 것을 얻을 수 있
는 뉴스 서비스가 늘어날 것으로 전망됐다(황용석, 2013: 7-8).

### (4) 4단계: 웹 2.0기술의 확산과 위키, RSS, SNS 등 개방

네 번째 단계는 현재 진행되는 웹 2.0기술의 확산과 위키, RSS, SNS
등 개방에 따라 이용자의 참여가 늘어나고 정보의 전달이 사람과 사람의
연결을 중심으로 확산되는 시기다. 이는 2000년 중반 이후부터 본격적으
로 시작되었으며 저널리즘 분야에서 모바일 및 웹 2.0플랫폼을 적용한 여
러 가지의 혁신적인 시도들이 이루어졌다. 따라서 보다 많은 이용자들이

참여할 수 있게 되었고 이용자 중심적 개인화 서비스가 가능하게 되었다 (황용석, 2013: 8).

## 2. (온라인) 저널리즘의 역할

온라인 저널리즘은 인터넷상의 저널리즘일 뿐이다. 온라인 저널리즘이라고 진실을 말해야 하는 언론 본연의 의무와 책임에서 자유로울 수 없다. 우리가 사는 사회에서 온라인 소통이 긍정적인 역할을 하기 위해서는 몇 가지 필요한 요소들이 있다. 먼저 기술적 인프라가 뒷받침되고, 그런 기술적 인프라에 누구나 자유롭게 접속할 수 있어야 하며, 저널리즘의 기능을 하고, 더 나아가 언론 윤리가 뒷받침 되어야 한다. 우리나라는 세계적인 IT기술 인프라를 갖추고 접속이 자유로운 나라로 저널리즘 기능과 언론 윤리를 보완한다면 온라인 소통에 긍정적 효과가 있을 것이다. 그런 차원에서 이 책은 저널리즘과 언론 윤리를 강화했다.

인터넷과 같은 뉴미디어는 우리가 살아가는 사회에서 뉴스 흐름의 속도를 가속화시키고, 정보의 재전송을 아주 쉽게 했다. 그러나 이 양자의 결합은 잘못된 정보가 확산될 가능성 또한 급속하게 증폭시켰다. 그래서 저널리즘의 기능과 언론 윤리가 필요하고 이 두 요소가 기술과 접속의 자유로움과 함께 할 때 비로소 온라인 소통이 우리가 살아가는 사회에서 긍정적인 역할을 할 수 있다. 그렇다면 먼저, 저널리즘은 무엇이고, 우리가 사는 현대사회에서 왜 필요한 것인지 살펴보기로 한다.

## 1) 저널리즘이란?

저널리즘은 뉴스 등 시사적인 사안에 대한 보도, 논평 등을 사회에 전달하는 언론 활동이라고 할 수 있다. 저널리즘의 특징은 정기적 또는 주기적으로 커뮤니케이션 활동을 벌임으로써 현대인이 적응할 수 있는 환경을 제시한다는 것이다. 언론의 저널리즘 역할 중 가장 대표적인 기능은 뉴스보도라고 할 수 있다. 코바치와 로젠스틸(Kovach & Rosenstiel, 2014: 2)에 따르면, 저널리즘은 사람들에게 현재 무슨 일이 진행되고 또 앞으로 무슨 일이 일어날지에 대한 정보를 제공하기 위해 사회가 고안해 낸 시스템으로, 사회를 살아가는 사람들은 우리가 접하는 뉴스와 저널리즘의 성격이 무엇인지에 관심이 있다는 것이다. 뉴스와 저널리즘은 인간 삶의 질과 우리의 생각과 문화에도 큰 영향을 미친다. 뉴스는 처음에 기술중심주의자들이 정보의 "사회적 흐름(social flow)"을 위해서 만들어 냈다. 그러나 저널리즘은 정보전달에만 그치지 않았다.

### (1) 저널리즘의 목표

저널리즘은 시민정신을 향상시키고, 공동체의식을 형성해 더 좋은 민주주의 사회를 발전시키기 위해 필요했고, 또 그런 역할을 기꺼이 자처함으로써 그 존재가치를 부여했다. 따라서 저널리즘의 1차적인 목적은 시민이 자유로울 수 있고 스스로를 다스릴 수 있도록 살아가는 데 필요한 정보를 제공해 주는 것이고, 중심 목적은 진실을 말하는 것이다. 즉 저널리즘은 진실을 말해 시민이 스스로를 다스릴 수 있고 필요한 정보를 얻을 수 있게 하는 것이라고 《시카고 트리뷴(Chicago Tribune)》을 발행하는 트리뷴사(Tribune Publishing Company)의 사장이었던 잭 풀러(Jack Fuller)는 주장했다(Kovach & Rosenstiel, 2014: 15-20).

(2) 저널리즘의 기본원칙

저널리즘의 목표를 올바로 수행하기 위해서는 언론과 기자 그리고 뉴스 소비자이며 생산자인 시민이 기본적으로 지켜야 할 것들이 있다. 이를 코바치와 로젠스틸(Kovach & Rosenstiel, 2014)은 저널리즘의 기본원칙이라고 정하고 10가지 원칙을 다음과 같이 제시하고 있다:

① 저널리즘의 첫 번째 의무는 진실에 대한 것이다.
② 저널리즘의 최우선적인 충성 대상은 시민들이다.
③ 저널리즘의 본질은 사실 확인의 규율이다.
④ 기자들은 그들이 취재하는 대상으로부터 반드시 독립을 유지해야 한다.
⑤ 기자들은 반드시 권력에 대한 독립적인 감시자로 봉사해야 한다.
⑥ 저널리즘은 반드시 공공의 비판과 타협을 위한 포럼을 제공해야 한다.
⑦ 저널리즘은 반드시 최선을 다해 시민들이 중요한 사안들을 흥미롭게, 그들의 삶과 관련 있는 일로 인식할 수 있도록 전달해야 한다.
⑧ 저널리즘은 뉴스를 포괄적이면서도, 비중에 맞게 다뤄야 한다.
⑨ 기자들은 그들의 개인적 양심을 실천해야 하는 의무가 있다.
⑩ 그들의 선택을 통해 뉴스 생산에 참여하는 시민들은 뉴스에 관해 권리를 행사할 수 있다. 그러나 그들은 책임감을 가져야 한다. 그들이 스스로 생산자와 편집자가 되는 상황에서는 더욱 그러하다.

위에서 살펴본 바와 같이 저널리즘은 진실을 기반으로 시민들의 참여를 통해 민주주의를 발전시키고, 성숙한 시민정신을 토대로 건강한 공동체 건설을 위해 존재하는 것이다. 즉 저널리즘은 시민들에게 진실한 정보를 충분하게 제공함으로써 국민의 복지에 기여해야 하는 것이다.

(3) 저널리즘 역할 수행의 한계

앞에서 살펴본 바와 같이 저널리즘은 진실을 기반으로 시민들이 자치를 할 수 있는 정보를 제공해 국민복지 및 민주주의 발전에 기여해야 한다. 그러나 현실에서 저널리즘의 역할을 수행하는 데는 많은 한계에 직면한다. 특히 시민형성에 있어 저널리즘의 딜레마가 존재하는데 코바치와 로젠스틸(Kovach & Rosenstiel, 2007: 29-31)은 시민형성과 밀착된 저널리즘을 반대 방향으로 끌고 가고 있는 힘이 있다고 주장한다. 이 세 가지 힘은 바로 새로운 과학기술의 성격, 거대 기업화, 그리고 세계화라는 것이다. 미디어와 같은 커뮤니케이션 회사들이 국경이 없는 다국적 기업들이 돼가면서, 시민이나 전통적 공동체의 개념은 상업적 관점에서는 더 이상 무의미해졌다는 것이다. 또한 사은숙(Sa, 2013a: 165-166)도 세계화를 중심으로 진행되는 국제 흐름 속에 민주주의 사회에서 언론 특히 저널리즘의 역할 수행에 많은 한계가 있고, 그 기능을 제대로 하지 못하는 현실을 다음과 같이 지적하고 있다:

건강한 민주주의의 발전을 위해서는 언론의 자유가 필수이고 민주주의는 언론에 의해 발전된다고 해도 과언이 아니다. 따라서 언론의 알림, 감시, 토론, 대표, 교육과 같은 역할은 아주 중요하다고 할 수 있다. 그러나 이러한 주요 역할은 세계화의 흐름 속에 제 기능을 하지 못하고 있다.

첫째, 건강한 민주주의 발전을 위한 언론의 중요한 역할 중 하나는 알림이다. 공공 문제에 대한 진실을 시민들이 주권을 가지고 민주적 결정을 할 수 있도록 시민들에게 충분하게 알려줘야 한다는 것, 즉 알권리를 충족시켜야 한다. 그러나 이 알림의 역할은 세계화 시대 자유시장구조하에 광고주의 영향력이 커지면서 훼손당하고 있다(자세한 내용은 Sa, 2009a 참조).

둘째, 건강한 민주의의를 위한 언론의 중요한 역할 중 또 다른 하나는 권력 감시다. 비록 국민에 의해 합법적으로 선택된 권력이라고 할지라도 민주주의 사회에서 쉽게 남용될 수 있는 한계 때문에 권력 감시는 꼭 필요하다. 그러나 세계화 시대 개인 소유의 사기업 언론들은 공익이나 진실추구를 위한 공공 서비스보다는 회사의 수익을 추구하는데 더 관심이 있다.

셋째, 언론은 공론장으로 여론형성을 위한 토론의 장을 마련해야 한다. 그러나 자유시장하에서 공공 토론의 장은 정보가 풍부한 언론은 엘리트 그룹을 위해, 정보가 풍부하지 않은 언론은 일반 시민들을 위한 정보를 생산하는 경향이 있고, 이는 곧 정보의 부익부 빈익빈의 양극화를 초래하고 있다(Curran, 2002: 226).

넷째, 언론은 시민의 목소리를 대표하고 시민의 의견을 주장할 수 있는 장를 제공해야 한다. 그러나 언론을 운영하는 사람들은 상업적 수익을 위한 광고와 시장에 기반을 둔 자본가들이다(Artz, 2007: 148). 자본가들은 다양한 권력구조와 시스템을 총 동원해 그들에게 유리하게 이용하고, 언론사 운영에 있어서도 광고 의존이 점점 더 증가하고 있는 추세다.

마지막으로, 건강한 민주주의를 위한 중요한 언론의 역할 중 또 다른 하나는 대중들이 개인적 자아 성취를 할 수 있도록 교육을 제공해야 한다. 그러나 시장자유주의 하에서 언론은 시민의 교육보다는 사기업으로서 그들 자신의 이익추구에 더 중점을 두는 경향이 있다.

앞에서 살펴본 바와 같이 건강한 민주주의 사회를 위한 언론의 역할은 매우 중요함에도 불구하고 언론은 세계화의 흐름 속에 무한 경쟁에서 살아남기 위해 또는 사기업으로 더 큰 기업을 목표로 공익을 위한 서비스보다는 자신들 이익추구에 더 관심이 있다.

## (4) 저널리즘 역할 분류

저널리즘 역할에 대한 초기의 연구들은 기본적으로 중립적이냐 또는 수동적이냐, 뉴스 선택 및 보도관련, 그리고 좀 더 참여하고 능동적인 뉴스 보도를 하느냐의 차이에 관한 것이었다(Cohen, 1963; Janowitz, 1975; Johnstone et al., 1972/ Pihl-Thingvad, 2015: 394 재인용). 위버와 윌호이트(Weaver & Wilhoit, 1991/ Pihl-Thingvad, 2015: 394 재인용)에 의해 연구된 이 차이는 이후로도 보편적으로 널리 인식되어 오고 있다. 미국 기자들을 대상으로 한 경험적 연구에서, 위버와 윌호이트는 저널리즘 역할을 다음과 같이 세 가지로 구분하고 있다: 전달자(the disseminator, 중립적 수동적 기자); 해석자(the interpreter, 좀 더 능동적이고 참여적); 그리고 감시자(the adversary, 좀 더 능동적이고 참여적).

### ① 전달자 역할

첫째, 전달자 역할은 실제 정보를 객관적으로 수용자에게 제공함으로써 사안에 대한 판단과 추론은 수용자 자신이 할 수 있도록 하는 것이다. 전달자 역할은 신뢰할 수 있고 객관적인 정보를 시민들에게 가능한 빠르게 제공한다는 전문가주의 인식과(Carpentier, 2005; Deuze, 2005; Tuchman, 1972; Weaver et al., 2007/ Pihl-Thingvad, 2015: 394 재인용), 의제설정자로서의 기자 인식에 바탕을 두고 있다(Hanitzsch, 2007; Janowitz, 1975; Weaver & Wilhoit, 1991/ Pihl- Thingvad, 2015: 394 재인용). 전달자 역할은 일반적으로 사회에 대한 뉴스 미디어의 사회적 의무로서 해설을 한다. 시민들이 민주주의에 참여할 수 있도록 필요한 정보의 기초를 높은 수준의 뉴스로 만들어 시민들에게 전달한다. 이 접근은, 사회에서 기자들의 전문가주의가 저널리즘의 역할을 통한 정당화 선언이라고 할 수 있다.

24

② 해설자 역할

둘째, 해설자 역할은 전달자 역할의 입장과는 달리 정보를 적극적으로 해석해서 전달하는데, 이렇게 하는 이유는 더욱 복잡해지고 세분화되는 사회를 살아가는데 있어 미디어 수용자들이 어떤 사안의 본질과 진실을 파악하기 힘들기 때문에 기자들이 공공 정책의 결정자 역할을 해야 한다고 생각하는 것에서 기인한다(민정식, 2010: 10). 언론의 해설자 역할은 분석을 기반으로 하고 복잡한 문제들에 놓여있는 사안, 국제 발전 문제 그리고 정부 정책을 토론하고 쟁점화 하는 이슈로서 기사화될 수 있는 것이다 (Weaver et al., 2007/ Pihl-Thingvad, 2015: 394 재인용).

③ 감시자 역할

권력의 속성상 감시 및 비판이 없으면 그 힘을 쉽게 남용하고 부패하기 마련이다. 따라서 권력은 언론의 비판기능에 대해 열린 자세로 임해야 한다. 비판을 용납하지 못하는 지도자는 독재자가 될 뿐이다. 그런 맥락에서 언론의 감시자 역할은 권력에 대해 더 능동적이고 비판적인 시각으로 (Hanitzsch, 2007; Weaver et al., 2007/ Pihl-Thingvad, 2015: 394 재인용) 뉴스를 대중에 전달하는 방법이다. 감시자 역할의 전문적인 인식은 민주주의의 감시견-제 4부로서의 역할이다(Bro, 2008; Carpentier 2005; Hanitzsch, 2007/ Pihl-Thingvad, 2015: 394 재인용). 뉴스 미디어가 민주주의의 감시견으로서 기능할 때는, 언론은 입법부, 행정부 그리고 사법부와 같은 독립적 권력으로 특징지어진다(Pihl-Thingvad, 2015: 394-395). 이런 인식은 뉴스 미디어는 국민들의 입장에서 권력을 감시하고 국민을 보호함으로써 민주주의를 수호해야만 하는 것에 기반하고 있다. 이는 저널리즘에 또 다른 기본원칙으로 기자의 전문적 인식과 자율성을 추구한다. 일반적으로 기자들은 자신들이 저널

리즘 현장에서 감시자 역할을 제대로 수행하기 위해서는 자유와 자율성
이 필요하다고 요구한다(Deuze, 2005; Weaver et al., 2007/ Pihl-Thingvad, 2015:
395 재인용). 이와 같은 주장은 기자들이 독립적이지 못할 때 일어날 수 있
는 여러 가지 문제에 직면할 수 있기 때문이다(Sa, 2013b). 이러한 문제는
상업적 요구, 이익, 언론사의 정치적 성향, 일상적인 것 그리고 마감시간
과 같은 다양한 요인들 때문에 현장에서 언제든지 발생할 수 있는 것들이
다(Skovsgaard, 2013; Weaver et al., 2007/ Pihl-Thingvad, 2015: 395 재인용). 이런 조
건 및 철학들은 기자들이 현장에서 좋은 저널리즘을 수행하는데 있어 과
연 얼마나 실현하는가 하는 의문의 여지는 있다. 그럼에도 불구하고 이런
조건 및 철학들은 종종 저널리즘 전문성의 기본으로 고려되기도 한다
(Deuze, 2005; Hanitzsch, 2007; Skovsgaard, 2013/ Pihl-Thingvad, 2015: 395 재인용).

## 2) 저널리즘의 발전 평가

저널리즘의 발전은 언론이 얼마나 자유로운가, 미디어 산업이 어느 정
도나 성장을 했는가, 그리고 뉴스의 질은 어떠한가의 측면에서 평가할 수
있다(이재경, 2007: 184). 첫째, 언론의 자유 측면은 취재와 보도의 자유가
얼마나 보장되는가? 매년 세계 각국의 언론의 자유 정도를 평가하는 유럽
의 '국경 없는 기자회(Reporters Without Borders-RWB)'나 미국의 '프리덤 하우
스(Freedom House)'가 발표하는 언론 자유 지표(Press Freedom Index)에 따른
국가별 평가는 이러한 기준을 바탕으로 하고 있다. 둘째, 미디어 산업 성
장 측면에서 저널리즘의 발전을 평가할 수 있는데, 이것은 신문, 방송, 통
신사 등의 미디어 산업 성장 상황을 알아보는 접근법이다. 이 관점에서는
신문사나 방송사의 경영지표, 해당사의 광고매출액을 거시적 지표로 삼기

26

도 한다. 셋째, 뉴스 측면은 신문기사나 텔레비전 뉴스 프로그램의 품질이 어떠한가를 기준으로 분석하는 것이다. 또 그러한 상품의 발전에 직접적으로 영향을 미치는 취재관행의 변화도 포함한다.

### (1) 국내 저널리즘 발전 현황

앞에서 살펴본 세 가지 측면의 저널리즘 평가 기준으로 우리나라 저널리즘 발전 현황을 알아보면 다음과 같다.

### ① 언론 자유 측면

첫째, 언론 자유 측면은 취재와 보도의 자유가 얼마나 보장되는가? 언론 자유 측면에서 우리나라 저널리즘의 발전 상황은 사회의 다른 분야와 견주어 크게 뒤떨어지지 않는다. 1987년 정치적 민주화를 거치며 발전을 거듭했고, 발전 상황은 노무현 정부까지 지속되어 왔다. 그러나 2008년 이후로는 이 발전이 지속되지 못하고 오히려 후퇴하는 상황에 이르렀다. 이런 상황은 세계 각국의 언론 상황을 매년 모니터링 하는 국제기구인 '프리덤 하우스'와 '국경 없는 기자회'의 언론 자유 지표에서도 확인됐다. 노무현 정부 이후 국내 언론 자유도를 비교해 보면, 노무현 정부에서 한국의 언론은 완전한 자유 국가였다. '국경 없는 기자회'(RWB, 2006)는 2006년 한국의 언론 자유 순위를 31위로 아시아 대륙에서 최상위 국가 중 하나로 평가했다(예: 뉴질랜드-19위, 한국-31위, 호주-35위). 그러나 이명박 정부 들어 한국의 언론은 부분적 자유 국가로 하락했다. '국경 없는 기자회'는 2009년 한국의 언론 자유 순위를 69위로 과거 완전한 자유 국가에서 부분적 자유국으로 추락했다고 평가했다(예: 뉴질랜드-15위, 호주-16위, 일본-17위, 홍콩-48위, 대만-59위, 한국-69위). 이명박 정부의 연장선상에 있는 박근혜 정부에서도 우리나라 언론의 자유는 부분적 자유국으로 머물러 있고, 심지어

2016년에는 최하위인 70위까지 더 후퇴하는 지경에 이르렀다〈표 1 참조〉.

〈표 1〉 대한민국 언론 자유 순위

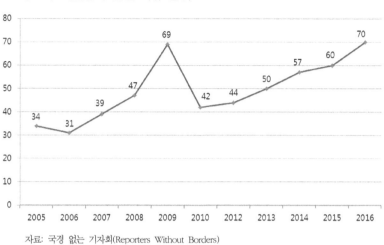

자료: 국경 없는 기자회(Reporters Without Borders)

② 미디어 산업 성장 측면

둘째, 미디어 산업 성장 측면에서도 한국 저널리즘의 발전 상황은 사회의 다른 분야와 견주어 크게 뒤떨어지지 않는다. 또한 우리나라 미디어 산업의 성장은 선진국 수준과 비교해도 크게 뒤지지 않는다. 세계신문협회(World Association of Newspapers-WAN, 2001, "World Press Trends"/ 이재경 2007: 185 재인용) 조사에 따르면, 우리나라의 일간지 광고수익 규모는 2000년도에 19억 1천 4백만 달러로 추산됐다. 이 규모는 세계 1위인 미국(486억7천만 달러)과 2위인 일본(73억2천2백만 달러), 3위인 독일(69억1천8백만 달러), 4위인 영국(42억3천5백만 달러)에 이어 세계 5위에 이르는 규모다. 이는 한국 신문시장 규모가 벌써 프랑스, 캐나다, 스페인. 이탈리아와 같은 국가들보다도 커졌다는 현실을 확인할 수 있는 수치다.

③ 뉴스 측면

셋째, 뉴스 측면에서 보면 우리나라 저널리즘에 대한 평가는 형편없이 뒤떨어진다. 언론의 뉴스 내용 수준과 국민들의 언론에 대한 신뢰도가 심각한 지경으로 아직도 발전도상 단계라고 할 수 있다. 이런 결과는 뉴스 품질의 후진성이 주원인으로 몇 가지 이유를 이재경(2007: 186-191)은 다음과 같이 지적하고 있다. 먼저, 해외 언론사들과의 경쟁이 없는 국내 뉴스 시장구조에서 찾는다. 국내 언론인들끼리만 경쟁을 하다 보니 저널리즘의 국제 기준에 관심이 없다는 것이다. 다음은 뉴스 품질 향상을 위한 연구개발 노력이 없는 이유다. 구조적으로 보호 장벽이 있는 저널리즘 시장에서 해외 언론사와 경쟁하는 연구개발 투자가 필요하지 않았다는 현실이다. 더 나아가 기자들 교육투자도 아주 미미한 수준에 머물러 있다. 마지막으로, 언론사의 급속한 정파성의 강화 문제를 꼽고 있다. 1990년 후반 진보와 보수의 갈등 고조로 언론사들은 객관적 사실보다는 정파적 정치투쟁 도구로 활용되거나 스스로 도구가 되었다고 지적한다. 그 결과 저널리즘 정체성의 혼란으로 급속한 언론의 신뢰도 하락으로 이어졌다는 것이다.

국내 저널리즘 발전 현황을 요약해 보면, 외형적으로는 세계적인 수준으로 성장을 했으나 언론이 만들어 낸 뉴스 상품의 품질 면에서는 아주 초라한 수준이고 심각한 문제를 가지고 있다. 따라서 전직기자 자신들이 지적하듯, 독자로부터 뉴스의 신뢰도가 하락하고, 저널리즘의 사회적 기능도 계속적으로 퇴화하는 지경에 이르렀다(이재경, 2007: 186). 오늘날은 과거 권위주의 시대 뉴스 제작 과정에서 국가 권력이 사전사후 검열을 하던 시절을 벗어난 지 오래다. 그럼에도 불구하고 언론의 자유에 크게 영향을 주는 요인은 오히려 기자 및 언론사의 이해관계에 의한 자기검열이 주요 요인이 되고 있다(Sa, 2013b). 기자는 저널리즘의 기본을 생각하고 뉴스의 신뢰도를 높이기 위하여 진실을 보도하는 일에 충실해야만 한다.

지금까지 온라인 저널리즘이란 무엇인가, 온라인 저널리즘의 정의 및 역할, 그리고 발전 과정에 대해 알아봤다. 또 저널리즘 발전 정도를 어떻게 평가하는지와 우리나라 저널리즘 발전 현황을 살펴봤다. 다음 장에서는 긍정적이고 보다 효과적인 온라인 언론 활동을 함에 있어 꼭 필요한 온라인 미디어 윤리에 대해 알아보기로 한다.

토론 및 다시 생각하기

1. 온라인 저널리즘이란?

2. (온라인) 저널리즘의 역할은 무엇인가?

3. 저널리즘 목적을 달성하기 위한 저널리즘 원칙은 무엇인가?

4. 저널리즘 발전 정도를 평가하는 세 가지 기준은?

# 제2장 온라인 미디어 윤리

인터넷 같은 뉴미디어가 소통 창구로써 긍정적 역할을 하기 위해서는 몇 가지 기본 요소가 필요하다고 제1장에서 언급한 바 있다. 이 장에서는 기본 요소 중 하나인 언론 윤리에 초점을 두고 살펴보고자 한다. 미디어 교육을 실시하며 언론 윤리를 특히 학생들에게 강조하는 것은 아무리 훌륭한 기술과 높은 지식이 있어도 윤리를 기반으로 하지 않는 기술과 지식은 사람을 해치는 흉기가 될 수 있기 때문이다. 그렇게 함으로써 온라인 미디어를 통한 시민 저널리즘 활성화와 건강한 소통을 통해 우리 사회가 보다 성숙한 시민의식과 건강한 민주주의를 발전시킬 수 있을 것이다.

전통적인 언론의 경우도 마찬가지이지만 특히 인터넷 등 뉴미디어의 등장은 수많은 윤리적 쟁점들을 발생시키고 있다. 그렇다면 윤리와 언론 윤리는 무엇이고, 더 나아가 온라인 미디어 윤리와 흔히 발생하는 온라인 미디어 관련 윤리 문제들은 무엇인지 알아본다.

## 1. 윤리

### 1) 윤리의 개념

윤리는 사람이 살아가면서 인간답게 살기 위해 지켜야 하는 인간관계의 기본적 도리나 원칙이라고 할 수 있다. 비록 많은 사람들이 윤리적으로 행동하기를 열망하지만, 윤리의 기준은 모호하게 이해되고 윤리적 행동으로 실천되기까지는 좀처럼 쉽지 않다(Pearson, 2004: 301). 흔히들 윤리는 도덕적인 선한 방법으로 행동하는 것과 비슷하다고 여기기도 한다. 다른 한편 많은 사람들은 깊이 생각하고 반영하며, 도덕적 개념과 행동의 연구로서 "윤리"를 규정하기도 한다. 더 나아가 윤리학은 철학의 한 분야로 형이상학이나 인식론과 함께 철학에서 제일 중시하는 한 분야이며, 윤리적 대상인 사람의 도덕적 결정과 행위에 대한 가치 기준을 탐구한다(김병철, 2005: 201). '도덕은 어떻게 좋은 삶을 살아가야 하는가에 대한 신념과 실천의 첫 번째 질서 규약이며, 윤리는 두 번째 질서로 우리의 도덕적 신념에 대한 타당성이 양심으로 반영되는 것'이라고 하기도 한다(Dodig-Crnkovic, 2007: 8).

윤리적 규범 근거는 이성주의적 윤리관과 경험주의적 윤리관에 기초하고 있다. 서구 국가들의 저널리즘에 적용된 윤리 교육의 대부분은 계몽주의 시대의 절대 가치다. 인간의 존엄성이 곧 도덕성의 근간으로 타고난 양심이 윤리의 척도인 이성주의적 윤리관(Aristotle & Kant)을 기반으로 하고 있다. 다른 한편, 경험주의적 윤리관(Bentham & Mill)은 '최대 다수의 최대 행복'으로 절대 선이 없고 상대적 선만 존재한다는 선 원리로 최선의 선택은 모든 관련자들이 최상의 성과를 얻는다는 것이다. 그러나 최근의 윤리학은 윤리가 이것들보다 훨씬 더 광범위하다고 밝히고 있다(Knowlton & McKinley, 2016: 133; 김병철, 2005: 201-203).

## 2) 우리나라 윤리 현황

### (1) 지식 교육에만 초점

우리나라에서 윤리 의식 향상과 윤리 교육 강화의 필요성은 절실하다. 김옥조(2004: 729-280)도 한국 사회가 전반적으로 윤리에 대한 인식이 부족하다고 비판한다. 이런 현실은 한국 사회의 분위기와 교육 현황에서 기인할 수 있다. 즉 윤리적 인성 교육보다 기술 교육, 성공 및 출세를 추구하는 사회 분위기와 이 분위기에 충실하게 초점을 둔 지식 교육에서 출발한다. 재미 칼럼니스트 이활웅(한국기자협회, 2007.6.13)도 한국 교육이 인성 교육보다 지식 교육에 초점을 두고 있어, 지식 수준은 높지만 의식 수준이 낮다고 다음과 같이 지적한다: "전통적으로 한국의 교육은 달달 외우는 교육이다. 즉 진학, 취직, 승진 또는 출세에 필요한 지식을 주입하는 교육이었다. 사물을 관찰하고 사고하고 판단하여 의식을 높이는 교육이 아니었다"고 꼬집으며, 이런 교육으로 인한 폐해가 우리 역사를 그르쳤다고 주장한다. 더 나아가 이활웅은 "해방 후 우리는 독립운동 세력의 '의식'보다 친일반민족세력의 '지식'을 중용함으로써 첫 단추를 잘못 끼웠다. 그후 외국에서 민주주의를 공부했다는 정치학 박사들은 군사정권에 빌붙어서 독재를 찬미했다"고 강한 비판을 한다. 이런 지식인들의 행태는 비단 과거에만 국한된 것은 아니고 오늘 날에도 종종 마주한다.

인성 교육은 뒤로 하고 지식 교육에만 중점을 둔 우리나라 교육의 문제점은 사회 지도층에서도 아주 쉽게 찾아볼 수 있다. 우리나라의 다수 사회 지도층들은 전문적인 능력이나 지식 등은 잘 갖추었으나 그들의 능력이나 지위에 부합하는 윤리적 행동은 부족한 경우가 많다. 즉 노블레스 오블리주(noblesse oblige-높은 사회적 신분에 상응하는 도덕적 의무)가 우리나라에서는 작동을 하지 않는다는 것이다. 이런 실태는 2009년 서울대학교 사회발전연구소(이재열 외, 2009: 93)에서 실시한 "노블레스 오블리주 지표개발을 위한 연구용역" 결과에서도 확인됐다. 이 연구는 사회 지도층 고위 공무원, 국회의원 및 정치인, 대기업 최고경영자 및 임원, 검찰간부, 대법관 등 고위 법조인, 의사, 변호사, 회계사 등 전문직, 대학교수, 언론인, 노동조합간부, 시민단체간부에 대한 "노블레스 오블리주"를 설정하기 위한 연구였다. 연구결과 "한국의 노블레스 오블리주에 대한 평가 점수는 100점 만점에 26.48로 "아주 못하고 있다"와 "못하고 있다"의 중간에 위치하고 있는 것으로 나타났다." 또한 '한국 사회의 노블레스 오블리주'에 대하여 우리나라 국민들도 전체적으로 "부정적인 평가"를 내리고 있었다.

인성 교육보다 지식 교육에 초점을 둔 우리나라의 교육 결과는 사회 지도층의 윤리부재를 가져오고, 이런 사회 분위기는 우리나라 많은 사람들이 윤리적 문제들을 중요하게 고려하지 않는 경향으로 나타나기도 한다. 이런 실상의 가장 좋은 예로 2007년 이명박 대통령 당선을 들 수 있다. 이명박 후보는 국가 지도자로서 법적으로나 윤리적으로 많은 문제가 있었음에도 불구하고, 경제성장 약속 및 경제적으로 성공한 사람이라는 이미지와 다수 국민들의 물질만능주의가 결합하면서 대통령으로 선출됐다. 대통령 후보 캠페인 동안 이명박 후보는 BBK 주가조작 의혹 등 많은 비윤리적 의혹으로 인하여 특검 법안이 발의되고 특검을 수용하는 상황에 이르렀다(황준범·김지은, 한겨레: 2007.12.17; Sa, 2009b). 그럼에도 불구하고 다수 우리나라 사람들은 이명박 후보의 법적 비윤리적 행적들을 뒤로 하고 국가 지도자로 그를 선택했다. 문제는 이명박 정부 하에 우리나라 민주주의 및 언론의 자유 후퇴(Sa, 2014)는 물론 4대강 사업과 같은 환경파괴 실상은 지금까지도 부정적으로 많은 후유증을 나타내고 있다.

이는 유권자들 다수가 국가 지도자를 선택하는데 있어서도 윤리나 철학보다는 점점 누가 물질적(돈)으로 자신들의 호주머니를 더 채워줄 사람인가에 초점을 둔 선거를 한 결과라는 것이다(Kang, Hyun-kyung, The Korea

Times: 2007.7.30). 이 같은 사례에서 살펴본 것처럼 우리나라 많은 사람들은 윤리나 철학보다는 물질적 이슈에 더 초점을 두는 경향이 있다. 이런 경향은 물질만능주의 오늘의 대한민국을 만들었다.

이런 물질문화/천민자본주의가 우리나라에서 유독 횡행하는 주원인 중 하나는 급격한 산업화 및 경제성장 과정의 정치적 선전도 한몫했다고 할 수 있다. 독재를 일삼은 군사정권은 태생적으로 윤리적 이슈에 중점을 둘 처지가 못 됐다. 군사정권은 경제에 초점을 두고 국가 주도의 정경유착을 통해 급속한 경제발전을 이룰 수 있었다(Sa, 2016b: 24). 이런 정경유착을 기반으로 지금의 우리나라 대기업들은 세계적 기업으로도 성장할 수 있었다. 그러나 대부분의 이런 기업들도 성장과 이익추구만 있을 뿐 사회적 책임감과 윤리는 찾아보기 어렵다. 심지어 정경유착의 행태가 오늘날까지도 이어지고 있는 것이 현재의 우리나라 현실이다. 더 나아가 우리나라에서 물질문화/천민자본주의가 특히 횡행하게 된 또 다른 원인은 전쟁으로 인한 극심한 가난과 혹독한 군사독재 통치를 경험한 역사를 들 수 있다. 하트(Hart, 2001: 14)도 한국은 과거 농경사회에서 급격한 산업자본주의로 변화하면서, 혼돈과 투쟁의 역사를 경험한 국가라고 설명하고 있다. 이런 혼돈의 역사에서 우리나라 사람들은 먹고 사는 것에 대한 절박함에 물질/돈에 대한 성취가 곧 성공의 한 축으로 자연스럽게 자리 잡게 되었다. 그 결과 작금의 우리나라 현실은 교육 정도에 상관없이 있으나 없으나 공통적으로 다수가 같은 곳(출세, 경제적 성취 등)을 바라보며 사는 것에 익숙해 있다.

### (2) 연고주의와 부패문화
부패는 국가경쟁력을 약화시키는 주요 요인이다. 한국에서 부패문화의 상존은 제도보다는 개인적 연줄 등 연고주의가 아주 강력한 영향력을 미치는 것에서도 기인한다(Kim, Man-Heum, 2008; Kim, Yong-Hak, 2007; 2008; Sa, 2009b: 19-22; Shin and Cameron 2003). 강명구(2012: 53-57)도 기득권 세력의 연대 즉 학연, 지연 등 권력자 집단의 특혜와 특권, 부패와 봐주기 등을 주고받는 권력가 동맹은 법을 초월해 정당의 여·야를 떠나 사회적 결정을 주도한다고 지적했다. 우리나라 사람들은 이러한 특권과 특혜의 연결고리가 우리사회에 작동하고 있는 것을 너무도 잘 알고 있다. 두 번에 이어진 야당의 집권으로 연결 관계 내부의 구성이 다양해지기는 했지만, 일반 사람들이 볼 때는 큰 차이가 없다는 것이다. 다수 우리나라 사람들은 왜 정관계에 무차별로 로비를 했었다는 증거 엑스파일에 대해 당사자를 조사하기보다 그것을 보도한 MBC 기자를 구속하고, 김용철 변호사가 폭로해 큰 파장을 불러일으켰던 삼성의 비자금과 상속에 대해 불법이 있었다고 판결하면서 실상은 상속 재산을 합법화해주는 판결을 내렸는지, 징역 3년에 집행정지 5년을 선고받았던 이건희 회장이 어떻게 1년 만에 사면되었는지를 너무도 잘 안다. 그래서 보통의 일반 사람들은 법의 판결이 개인의 권리를 중시하는지, 공동선을 중시하는지 등등 법리를 정교하게 따지는 일에 감동하기보다 무관심하게 된다는 것이다.

이런 실태는 국제투명성기구(Transparency International)의 우리나라에 대한 부패인식지수 평가에서도 증명된다. 국제투명성기구에 따르면 우리나라의 부패인식지수는 1995년 41개국 중 27위, 1997년 52개국 중 34위, 2002년 102개국 중 40위, 2007년 180개국 중 43위, 2012년 176개국 중 45위라고 평가했다. 한국의 경제력은 세계 10위권을 유지하고 있다. 그러나 경제력과 비교해 볼 때 부패인식지수는 아주 미흡한 수준에 머물러 있

다(Sa, 2016b: 28):

〈표 2〉 대한민국의 부패인식지수 평가

|  | 1995 | 1997 | 2002 | 2007 | 2012 | 2013 | 2014 | 2015 | 2016 |
|---|---|---|---|---|---|---|---|---|---|
| 총 평가 국가 수 | 41 | 52 | 102 | 180 | 176 | 177 | 175 | 167 | 176 |
| 부패인식지수 순위 | 27 | 34 | 40 | 43 | 45 | 46 | 43 | 37 | 52 |
| 점수 | 4.29 | 4.29 | 4.5 | 5.1 | 56 | 55 | 55 | 56 | 53 |

자료: 국제투명성기구(Transparency International)

### 3) 윤리 향상과 투명성으로 국가경쟁력 강화 절실

건강한 민주주의 정착과 국가경쟁력을 강화하기 위해 우리나라 부패는 반드시 사라져야 하고, 이를 위한 언론의 저널리즘 감시기능은 지속적으로 작동해야 한다. 더 나아가, 촌지문화도 우리나라에서 반드시 근절되어야만 한다. 다행히 이런 부패의 청산과 우리나라 사회 전반의 엄청난 변화를 가져올 '부패방지권익위법'(법제처, 법률 제14145호, 공식명칭- 부패방지 및 국민권익위원회의 설치와 운영에 관한 법률, 2016) 일명 '김영란법'이 2016년 9월 30일부터 시행되었다. 이 법의 목적과 책무는 다음과 같다:

**제1조(목적)** 이 법은 국민권익위원회를 설치하여 고충민원의 처리와 이에 관련된 불합리한 행정제도를 개선하고, 부패의 발생을 예방하며 부패행위를 효율적으로 규제함으로써 국민의 기본적 권익을 보호하고 행정의 적정성을 확보하며 청렴한 공직 및 사회풍토의 확립에 이바지함을 그 목적으로 한다.

**제3조(공공기관의 책무)** ① 공공기관은 건전한 사회윤리를 확립하기 위하여 부패방지에 노력할 책무를 진다. ② 공공기관은 부패를 방지하기

위하여 법령상, 제도상 또는 행정상의 모순이 있거나 그 밖에 개선할 사항이 있다고 인정할 때에는 즉시 이를 개선 또는 시정하여야 한다. ③ 공공기관은 교육·홍보 등 적절한 방법으로 소속 직원과 국민의 부패척결에 대한 의식을 고취하기 위하여 적극 노력하여야 한다. ④ 공공기관은 부패방지를 위한 국제적 교류와 협력에 적극 노력하여야 한다.

**제4조(정당의 책무)** ① 「정당법」에 따라 등록된 정당과 소속 당원은 깨끗하고 투명한 정치문화를 만들기 위하여 노력하여야 한다. ② 정당 및 소속 당원은 올바른 선거문화를 정착하게 하고 정당운영 및 정치자금의 모집과 사용을 투명하게 하여야 한다.

**제5조(기업의 의무)** 기업은 건전한 거래질서와 기업윤리를 확립하고 일체의 부패를 방지하기 위하여 필요한 조치를 강구하여야 한다.

**제6조(국민의 의무)** 모든 국민은 공공기관의 부패방지시책에 적극 협력하여야 한다.

**제7조(공직자의 청렴의무)** 공직자는 법령을 준수하고 친절하고 공정하게 집무하여야 하며 일체의 부패행위와 품위를 손상하는 행위를 하여서는 아니 된다.

많은 논란에도 불구하고, 부패방지권익위법(김영란법)의 흔들림 없는 시행은 우리나라를 보다 윤리적이고 투명한 사회로 만들어 국가경쟁력을 높이는데 긍정적인 효과를 가져 올 것이다. 비록 지금까지도 일부에서는 경제침체라는 미명하에 부정적이고 법의 취지와 가치를 훼손하는 목소리를 끊임없이 내고 있지만, 이 법은 강력하게 시행되어야만 한다. 그렇게 할 때 비로소 우리나라가 세계 국가들 사이에서 투명한 나라로서 국가경쟁력이 높아질 수 있다. 더 나아가 윤리 의식의 향상과 부패문화가 반드시 근절되어야만 하는 또 다른 이유는 세계 10위권에 있는 우리나라 경제 수준과도 비로소 걸맞은 보조를 맞출 수 있기 때문이다(Sa, 2016b: 30).

## 2. 미디어 윤리

### 1) 개념 및 정의

미디어 윤리는 언론이나 기자들이 언론 활동을 하면서 지켜야 하는 기본적인 윤리라고 할 수 있다. 언론은 권력을 감시하고, 사회의 부조리를 비판 및 고발해 보다 나은 사회를 만드는 데 앞장서야 한다. 왜냐하면 감시와 비판이 없는 권력은 너무 쉽게 남용되고 부패하기 때문이다. 이러한 역할을 올바로 하기 위해서는 언론이 권력으로부터 독립적이고 자유로우며 윤리를 기반으로 할 때 가능하기 때문이다. 언론인은 전문 직업인으로서 그에 걸맞은 사회적 인정을 받고 그에 합당한 자격을 갖추기 위해서 높은 수준의 윤리 의식과 기준이 필요하다. 언론인은 윤리적 기준에 지속적으로 노출됨으로써 언론 윤리가 내면화돼야 할 것이고, 더 나아가 기자가 언론현장에서 윤리적 실천에 도달할 수 있도록 높은 수준의 윤리 환경이 사회적으로도 자리를 잡아야 할 것이다(Sa, 2016b: 16).

이제까지 윤리와 관련하여 언론인과 저널리즘 교육자, 특히 영미계 미국인과 세계의 영향을 받는 교육자들은(Hallin & Mancini, 2004), 일반적으로 칸트의 의무론(Deontology of Immanuel Kant)과 밀의 공리주의(Utilitarianism of John Stuart Mill)를 충실히 따르고, 여기에 정의나 공정성을 또 덧붙여서 해를 끼치는 것을 피하는 것이 핵심이라고 주장한다(Rafter & Knowlton, 2013/ Knowlton & McKinley, 2016: 134 재인용). 언론현장에서, 좋은 기자는 시민에게

40

피해를 입히지 않으며 공익을 추구해야 한다. 기자는 단지 보도에 의한 피해를 바로잡는 것뿐만 아니라 부정한 보도를 피하기 위해 노력해야 한다(Media Entertainment and Arts Alliance, 1997: vi). 또 다른 한편, 진실 보도, 사회 정의 추구, 인간적 연대 속의 자유, 그리고 인간 존중 등의 요소를 포함한다(이재진, 2013b: v).

최근에 저널리즘 행위 도덕성에 초점을 두고 있는 주목할 만한 사상가들 워드, 크리스천스와 와써맨(Stephen J. A. Ward, Clifford Christians, and Henry Wasserman)은 저널리즘 윤리의 수용 가능한 개념을 비서구권으로 넓히는 방법을 찾고 있다. 이들은 계몽주의에 기반을 둔 밀(Mill)이나 칸트(Kant)의 접근법은 완전히 충족하지 못한다는 것에 모두 동의를 하고 있다. 그러나 더 폭넓은 모델은 현재 활발하게 진행 중에 있다는 결론을 내리기도 했다(Knowlton & McKinley, 2016: 134).

주요 언론단체인 미국 전문기자협회(Society of Professional Journalists)는 "정의의 선구자로서 대중 계몽(Public enlightenment is the forerunner of justice and the foundation of democracy)"이라는 윤리강령의 서문을 유지하고 있다. 그리고 언론인들이 어떻게 "해를 최소화(Minimize Harm)"할 수 있는가에 관한 7가지 전문적인 훈령을 가지고 있다. 영국과 아일랜드에서 활동하는 기자 및 편집자 주요 조직인 전국기자연합(National Union of Journalists) 행동강령은, 도덕 원칙에 대한 서약이라기보다 노동조합 규칙에 더 가깝다. 그리고 그 회원들이 어떻게 행동해야 하는지에 대한 목적을 설명할 때보다 덜 명확하다. 그럼에도 불구하고 처음 세 원칙은 언론인들이 표현의 자유에 대한 권리를 지지해야 한다고 주장하고, 보도가 정확하고 공정하다는 것을 확인하기 위해 열심히 노력하고, "유해한 부정확성을 바로 잡기 위해 최선을 다하라Does her/his utmost to correct harmful inaccuracies)"고 밝히고 있다.

## 2) 언론 윤리는 왜 필요한가?

언론 윤리의 핵심 가치는 진실을 보도하는 것으로, 윤리의 초점은 뉴스 그룹이 빠르게 감성적 저널리즘을 추구하고, 뉴스를 보도하기 위해 정보를 선택하는 과정에 이것이 아주 쉽게 깨질 수 있기 때문이다(Jones, 2009: 103). 그래서 언론윤리강령을 두고 있다. 언론윤리강령을 두는 주요 이유는 기자가 언론 활동을 함에 있어 윤리적 선택과 결정이 강제된 법에 따라 행해지는 것이 아니라, 언론인 각자의 양심과 상식에 따라 현장에서 윤리를 실천하는 것이 쉽지 않기 때문이다. 그러나 언론의 역할이 중요하고 다른 조직이나 집단을 감시하고 비판하는 것이기 때문에, 특히 언론 윤리는 더욱 강조되는 것이다(이재진, 2013b: 2-3).

언론이 진실을 보도하는 것과 언론 윤리가 밀접한 관련이 있다는 것은 연구결과로도 확인되고 있다. 언론의 진실 보도와 언론 윤리의 관련성에 대한 사은숙(Sa, 2016b: 19-21)의 연구에서, 뉴스 기자들을 상대로 한 질적 양적 질문에, 설문조사에 참여한 모든 기자들이 절대적으로 또는 어느 정도 관련이 있다고 답했다. 즉 정도의 차이만 있을 뿐 모든 설문조사 참여자들이 언론의 진실 보도와 언론 윤리는 관계가 있다고 인식하고 있었다. 이렇게 '관계가 있다'고 답한 이유는 다양하지만 몇 가지로 요약해 보면 다음과 같다:

첫째, 언론의 진실 보도는 언론 윤리를 기반으로 하기 때문이다.

둘째, 진실은 언론 윤리가 없으면 아주 쉽게 왜곡될 수 있기 때문이다.

셋째, 기자들의 책임감과 사회적 가치는 진실을 보도하는데 있어 아주 중요하기 때문이다.

또 저널리즘은 보다 튼튼한 민주주의를 위해 중요하고 공공 역할을 기반으로 한다. 언론의 저널리즘 기능의 첫 번째는 진실에 대한 것이다. 진실 보도의 바탕은 언론의 자유와 기자들의 투철한 언론 윤리에 있다(박래부, 2015: 18). 기자들 언론 윤리의 핵심은 모든 억압으로부터 독립해 진실을 추구하고 자유롭게 사회의 감시견 역할을 하기 위한 것이라고 할 수 있다(강명구, 2004: 337; Sa, 2009c: 28; 2016b). 양과 애런트(Yang & Arant, 2014: 45)도 저널리즘의 중요한 역할은 뉴스 현장에서 윤리를 기반으로 다양성을 서로 교환하며 서로가 조화를 이루는 것이라고 밝히고 있다.

이렇게 언론은 사적 영역에 존재하면서 공적 기능을 기반으로 한다. 이러한 언론의 공적 역할 때문에 윤리를 꼭 지켜야 하고 지켜지지 않으면 법적 책임이 따르기도 한다. 법적 제약은 언론 활동에 있어 제한을 받게 되고 이는 취재·보도의 자유를 제약하는 결과를 초래한다(이재진, 2013b: vi). 언론 윤리는 정확성과 책임에 있어 흔히 발생하는 문제 등 정보의 전달이나 배포로 인한 피해를 최소화할 것에 대한 정해진 약속이다(Knowlton & McKinley, 2016: 134). 더 나아가 정보의 공정한 전달에 있어서도 언론 윤리는 핵심 요소로서 기능을 한다(Fairfield & Shtein, 2014: 48-49).

## 3) 언론윤리강령과 제정 역사

우리 사회의 모든 조직에는 조직 특성에 알맞은 윤리가 있다. 언론인들이 언론 활동을 하면서 지켜야 할 윤리 기준을 정해 놓은 것이 언론윤리강령이다. 언론의 윤리강령이란 언론조직의 사회적 역할과 기능 및 책무의 서술적 약속이며 규범이다. 이는 기자들의 언론 활동에 나침반 기능을 한다. 우리나라 언론사는 신문사, 방송사 및 통신사 별로 자율규제 강령이나 이와 비슷한 규약을 두고 있다. 또 올바른 윤리강령의 현장 실천을 위해 각 언론사별로 윤리위원회나 비슷한 단체가 있다(이재진, 2013b: 2). 특히 언론윤리강령은 상업적 성취 결과가 언론 산업에 도입돼 언론의 상업성이 나타나기 시작하며 마련된 것이다.

처음으로 언론윤리강령이 만들어진 것은 1922년 미국에서 신문편집인 모임인 미국신문편집인협회(American Society of Newspaper Editors)가 창설되면서, 1923년 '언론강령(Canons of Journalism)'이 제정됐다. 이후 1934년 미국신문기자조합(American Newspaper Guild)이 구체적으로 7개항의 '행동윤리강령'을 제정하게 되었다. 그 다음 1909년에 설립된 미국 전문기자협회(Society of Professional Journalists)가 1973년에 독립적인 윤리강령을 제정했고, 1984, 1987, 1996 그리고 2014에 걸쳐 개정을 거듭해 왔다. 유럽에서의 언론윤리강령의 시작은 1923년에 스웨덴이 1936년에 영국이 각각 제정을 하게 됐다(이재진, 2013b: 4).

우리나라에서 언론윤리강령은 처음으로 1957년 4월 7일 신문편집인협회가 '신문의 날' 제정과 함께 '신문윤리강령'을 만들었다. 다음으로 1961년 9월 12일 '신문윤리위원회'가 창설돼 1차 수정을 거치며 자세한 실천 지침인 신문윤리실천요강을 제정했다. 그 이후 1996년 변화하는 미디어 환경에 대응하고자 지금의 윤리강령으로 대폭 개정을 하기에 이르렀다. 1995년 6월부터 편집인협회는 한국신문협회, 한국기자협회와 함께 개정 위원회를 구성하여 공청회를 통해 개정안을 만들었다. 개정된 윤리강령과 실천요강의 특징은 언론의 책임을 특히 강조하고 그 규제 대상을 과거

44

18개 부분에서 60개 부분으로 확대한 것이다(이재진, 2013b: 4).

이후 미디어 환경이 급변하면서 언론계는 윤리강령과 실천요강 개정을 요구하는 목소리가 점점 커졌다. 특히 인터넷은 뉴스를 전달하는 유통 방식에 큰 변화를 가져왔고, 지금의 윤리요강의 일부 조항들은 언론현실과 충돌하는 경우가 발생하기도 했다. 따라서 2008년 7월 신문편집인협회는 개정 검토를 시작으로 개정위원회를 만들었다. 개정위원회는 언론현장 기자들의 의견을 광범위하게 듣고 국내외의 여러 가지 윤리 준칙들에 대한 깊이 있는 연구를 거쳐 2009년 1월 23일 개정안을 마련했다. 개정된 언론 윤리강령은 타 언론사 보도의 표절 금지, 외국인이나 소수자에 대한 차별 보도 금지, 그리고 자살보도를 신중하게 하는 조항을 만들은 것이 특징이다(이재진, 2013b: 5).

### 4) 언론 윤리 실천 강화 방안

다수의 연구들이 기자들의 언론 윤리가 언론현장에서 실현되기 위한 방법으로 공통적으로 제시하고 있는 것이 언론 윤리에 대한 교육의 강화이다. 여기에 하나를 더 추가하자면, 윤리 이슈에 대한 향상된 시민의식이 사회·문화적으로 뒷받침돼야 한다.

매일매일 기자들은 언론현장에서 진실을 추구하는 언론 활동과 관련하여 윤리적 문제들과 마주하고 혼란을 경험한다. 그러므로 언론인들은 언론 윤리 가치가 내면화 될 수 있도록 체계적이고 지속적인 교육이 필요하다. 더 나아가 사회·문화적 환경에 의한 높은 수준의 윤리기준의 뒷받침은 기자가 윤리적 실현에 이를 수 있도록 하는 동기가 된다. 기자의 윤리적 활동 목적은 자유와 독립적 저널리즘을 보장하기 위한 것이다(Kovach

& Rosenstiel, 2014: 271-73; Sa, 2009b: 28; 2016a: 198-200). 기자 윤리의 핵심 가치
는 진실을 추구하고 이를 수행하는 데 있어 모든 억압으로부터 독립적으
로 실행하기 위해서다(강명구, 2004: 337).

### (1) 언론 윤리 교육 강화

먼저 기자들 언론 윤리가 언론현장에서 실현되기 위한 핵심 방법은 언
론 윤리 교육 강화이다. 크리스천스와 동료들도(Christians et al., 2005: ix) 언
론 윤리 교육은 기자들이 극심한 긴장상태의 언론현장에서 이론과 현실
사이의 차이를 극복하는데 도움을 줄 수 있다고 주장한다. 기자들에게 윤
리를 교육하는 것은 미디어 관련 조직을 위한 중요한 목표다. 왜냐하면
기자들은 한정된 시간과 긴장된 상황에서 윤리적 결정들을 해야만 하기
때문이다. 언론인들은 이론적인 윤리 행동을 전문적인 언론현장에서 실천
하는 데는 어려움이 있다는 것을 종종 경험한다. 따라서 기자들은 짧은
시간 안에 빠르게 윤리적 결정을 하는 것과 관련한 위험을 극복하는데 많
은 훈련이 필요하다. 그래서 지속적인 언론 윤리 교육이 필요한 것이다.

우리나라에서도 과거보다는 기자들의 윤리적 행동과 인식에 있어 보다
신중하고 조금씩 나아지는 경향이 있다. 그럼에도 불구하고 많은 학자들
은 아직도 우리나라 기자들의 언론 윤리에 대한 의식이 부족하다고 지적
한다(강명구, 1993: 166-167; 이종숙, 2004; 이정훈·김균, 2006; 남재일, 2010: 73-74).
특히 이재진(2013b: xx-xxi)은 대학교에서의 세심하고 조직적인 윤리 교육
이 언론 윤리가 단순히 선언적 구호에 그치지 않고, 실천적인 면의 중요
성 인식을 높일 수 있다고 주장한다. 더불어 언론 윤리 법제 관련한 과목
을 대학에서 공부한 경험이 있는 기자들이 그렇지 않은 기자들보다 언론
윤리에 대해 더 많은 대화를 나눈다는 연구결과도 있다.

그러나 우리나라 대학에서의 언론 윤리에 대한 교육은 지난 10여년이 넘는 동안 크게 개선되지가 않았다 언론학회가 지난 2001년 실시한 72개 언론전공 관련 조사 결과 32% 정도가 언론 윤리를 과목으로 제공하지 않고 있었다. 또한 언론인이 되기 전에 언론 윤리를 공부했던 기자들도 낮은 비율로 나타났다(한국언론학회, "언론학 커리큘럼 백서", 2001/ 김영욱, 2004: 23 · 81 재인용). 이런 상황은 2011년 실시한 언론인 설문조사 결과에서도 크게 나아지지 않았다. 특히 언론 관련 학과에서조차 언론 윤리를 중요 과목으로 가르치지 않고 있다. 이 같은 결과는 2011년 사은숙(Sa, 2016b: 23-24)의 진실 보도와 언론 윤리 관련 연구를 위한 언론인 설문조사 결과로도 확인됐다. 이 설문조사에 참여한 기자들이 최종 학위 전공으로 공부한 과목은 언론 관련 학과가 제일 많았다(23.3%, 17명). 그럼에도 불구하고 이 언론 전공자들 중 전공 공부를 통해 언론 윤리를 인식하게 됐다고 답한 경우는 소수에 불과했다. 이런 결과는 우리나라 대학의 언론 윤리 교육이 10여 년이 훨씬 지난 후에도 과거보다 별로 나아지지 않았다는 반증이라고 할 수 있다.

또한 온라인 저널리즘 교육도 윤리적 문제들과 변화무쌍하고 두려운 세계를 처음으로 접하는 학생들에게 최우선적으로 이뤄져야 한다. 그러나, 현실을 실험하는 것은 어떤 방법으로든 제공하기 매우 어렵다. 가장 중요한 것은 개개인의 학생이 뉴스룸에서 이상적인 것이 무엇인지, 어떻게 이것이 왜곡되는지, 그리고 또 어떻게 타협 하는지를 알 필요가 있다; 이것을 따르는 것은 이론과 현실의 불일치를 스스로 실현하는 데 도움이 된다(Eberholst, Hartley & Olsen, 2016: 199).

이와 같이 기자들 언론 윤리가 언론현장에서 실현되기 위한 핵심 방법

은 언론 윤리 교육의 강화이다. 대학에서 전공을 통한 윤리 교육은 물론
언론인들을 상대로 한 지속적인 재교육도 아주 중요하다.

### (2) 윤리적 사회·문화 환경 조성

언론 활동을 하는 현장에서 기자들 언론 윤리가 실현되기 위해서는 윤
리 이슈에 대한 향상된 사회·문화적 환경도 뒷받침되어야 한다. 기자들
이 직업윤리가 자연스럽게 인지되고 현장에서 실천에 이르기까지는 사회
환경과 문화적으로도 고도의 윤리 의식이 뒷받침 되어야 한다. 라매이
(LaMay, 2007: 24)도 지지되지 않는 문화나 사회적 공공협력의 부족은 언론
자유를 제한하는 한 요인이라고 지적했다. 또한 언론현장에서 논평을 위
한 현금제공 등 많은 요소들이 기자들의 비윤리적 행동을 유혹하고 있다
(Hendtlass & Nichols, 2003: 55). 이런 경우는 우리나라 언론현장에서도 쉽게
발견되는 단면이다.

우리나라에서 윤리 교육 강화의 필요성은 비단 언론계만의 문제는 아
니다. 우리나라 사회·문화적 환경은 윤리적 이슈에 대한 의식이 대체적
으로 부족하다(김옥조, 2004: 279-280). 왜냐하면 오랜 세월 권위주의 및 군사
독재 통치로 많은 분야에 걸쳐 부패문화가 잔재하고 있기 때문이다. 이재
경(2003: 72)도 언론 자유를 제한하는 한 요인으로 한국문화를 손꼽았다.
언론현장에서 기자들은 촌지를 포함한 많은 것들의 유혹에 노출돼 있다.
부패문화의 만연 특히 언론인 촌지문화는 많은 사람들을 죽음으로 몰고
군사쿠데타로 집권한 전두환 정권에서 등장했다(이재경, 2003: 64). 전두환
군사정권은 국민들을 관리하고 정권을 정당화하기 위해 언론의 협조가
필요했다. 촌지는 이런 정권에 우호적인 언론기사를 만들어 내고 기자들
을 길들이는 유용한 수단으로 이용됐다. 또한 군사독재 정권들은 언론의

소유권과 다른 조건들을 강력하게 제한함으로써 독재정권을 도운 언론사들에게 이익이 돌아가게 했다. 그 이후로 촌지문화는 언론계에서 근절되어야 할 하나의 악습으로 자리 잡았다. 이런 악습은 많이 줄어들기는 했으나 아직까지도 근절되지는 않았다. 이런 촌지문화의 실태는 2011년(Sa, 2016b: 28)과 2013년(한국언론진흥재단, 2013: 146) 실시한 언론인 설문조사 결과에서도 확인됐다. 사은숙(Sa, 2016b: 28)의 조사에서 한 기자는 "잘 봐 달라고" 취재원으로부터 촌지를 받은 경험이 있다고 답했고, 또 다른 응답자들은 "설 명절과 추석 등에 선물"로 촌지를 받은 경험이 있다고 밝혔다.

언론계의 촌지문화는 기자들이 쓰는 언론기사에 영향을 주기 때문에 사회악의 근원이 될 수 있다. 왜냐하면 촌지문화는 기자들을 뉴스정보나 진실을 왜곡시키고 은닉할 수 있게 유도할 수 있기 때문이다. 한국언론진흥재단(2013: 147)의 2013년 언론인 의식조사에서도 전체 응답자의 40.3%의 기자들이 촌지가 언론기사에 '영향을 미친다'('약간 영향을 준다' 33.9%, '크게 영향을 준다' 6.4%)고 답했다. 또한 김옥조(2004: 278)도 현금(촌지)이 진실을 은닉하고 왜곡할 수 있는 가장 큰 요인이라고 지적했다. 이런 언론계의 촌지문화 근절을 위해 정일용 전 기자협회 회장은 2006년 현금, 특혜, 값비싼 향응, 공짜 여행이나 골프 티켓 등을 금지하는 기자협회 윤리강령을 개정했다.

다른 한편 남재일(2010: 74)은 현재 한국 사회에서 언론 윤리에 대한 요구는 주로 제도로서의 언론을 향한 사회적 책임론이란 측면에서 제기되고 있기 때문에 윤리의 실천주체인 기자 개개인의 직업적 상황이 간과되는 경향이 있다고 지적한다. 남재일은 사회적 요구는 한국 언론의 상황에 대한 고려가 필요하며, 언론인들의 윤리인식은 공격적인 지사적 역할이 아니라 방어적인 직업적 행동규범으로의 현실화가 필요하다고 주장한다.

이제까지 살펴본 것처럼 여러 가지 노력으로 언론계 촌지문화는 많이 줄어가고 있다. 그럼에도 불구하고 아직까지도 현장 곳곳에 상존하고 있는 것이 현실이다. 그러나 2016년 9월 30일부터 시행된 부패방지권익위법 일명 김영란법을 계기로 우리나라 촌지문화가 근절될 법적 근거를 마련하고 새로운 전환기를 맞이하게 되었다. 이러한 노력은 우리나라에 윤리 이슈에 대한 향상된 사회·문화적 환경을 가져올 것이고, 이는 기자들이 언론 활동을 하는 현장에서도 언론 윤리가 자연스럽게 실현되는 계기가 될 것이다.


## 3. 온라인 미디어 윤리

온라인 미디어란 인터넷을 통해 뉴스나 사실을 알리거나 의견과 토론을 하여 여론을 형성하는 활동을 하는 여러 가지 매체를 총칭한다. 오늘날은 온라인 미디어의 수가 급증하면서 인터넷 언론의 잘못된 보도로 발생하는 피해가 늘어 이에 대한 대책이 요구돼 왔다. 이러한 요구와 사회적 우려 속에 온라인 미디어도 언론으로서 정체성을 찾고 올바른 기능을 하고자 윤리강령을 제정하고 윤리기구를 설립하기에 이르렀다.

세계온라인뉴스협회(The Online News Association-ONA, 2014)는 2014년 국제 온라인 저널리즘 개회에서 윤리 규정의 초안 "스스로 해결하는 방법 (Do-It-Yourself)"을 선보였다. 이 규정에서 제시하고 있는 중요한 핵심은 모든 기자들이 동의해야 할 "진실을 말할 것, 표절하지 말 것, 돈을 받고 보도 내용을 왜곡시키지 말 것" 등의 내용을 포함하고 있다. 이를 제외한 다른 원칙들은 개별 블로거 혹은 뉴스 조직이 자신의 신념에 맞게 취할 수 있다는 것이다(Riordan, 2014/2015: 20). 또한 온라인 뉴스협회(ONA, 2015) 는 세계에서 가장 큰 온라인 뉴스협회로 2015년 국제 온라인 저널리즘 회의를 통해서, 온라인 뉴스협회(ONA)의 임무는 기자들 간의 혁신과 장점을 장려하고 더 나은 공공 서비스를 하는 것이라고 선언했다. 회원들은 기자(news writer), 프로듀서, 디자이너, 편집자, 블로거, 기술자, 사진가, 학자, 학생 그리고 디지털시스템을 제공하기 위해 뉴스를 생산하고 전파하는 다른 사람들 모두가 포함된다.

우리나라에서는 2011년 3월 23일 '인터넷 신문윤리강령'이 제정되었으며 2014년과 2015년에 개정을 거쳐 오늘에 이른다. 또한 '인터넷 신문윤리강령 시행세칙'도 2014년 12월 19일 제정을 시작으로 2015년 개정을 거쳤다. 더 나아가 2012년 10월 31일 '인터넷 신문위원회' 출범을 위한 준비위원회가 발족 그해 12월 공식 출범을 하게 되었다.

## 1) 인터넷 신문윤리강령

### (1) 인터넷 신문윤리강령 제정 과정

우리나라에서는 2002년 한국인터넷기자협회가 설립되고 강령과 규약을 만들었다. 내용으로는 "국민의 알 권리와 언론 주권 실현, 언론인의 자질 향상과 권익옹호, 사회진보와 민주개혁, 평화통일과 민족 동일성 회복, 국제 언론과의 연대" 등이다. 이러한 여러 가지 시도들에 대해 이재진(2013b: 14)은 궁극적으로 인터넷 언론이 신문 및 방송과 같은 기존 매체의 대안 언론을 넘어 우리 사회의 주류 언론으로 점점 자리잡아가고 있는 사실을 인정하는 것이라고 주장했다.

그 이후 '인터넷 신문협회'를 중심으로 변화하는 언론 환경에 대응하여 온라인 미디어도 신문 및 방송 같은 전통 언론처럼 윤리강령의 제정이 필요하다는 사회적 논의가 있어 왔다. 2005년부터 본격적인 논의가 시작되었으나, 윤리강령의 필요성에는 공감하면서도 어떻게 제정할 것인가에 대한 방법을 합의하는 데는 많은 기간이 필요했다. 이런 와중에 드디어 2010년 10월 가칭 '인터넷 신문윤리강령 제정위원회'가 한국신문윤리위원회와 인터넷 신문협회에 의해 구성돼, 초안 작성과 수정 작업을 거쳐 같은 해 12월 20일 공청회를 가졌다. 마침내 인터넷 신문협회는 2011년 3월 '인터넷 신문윤리강령(The Korean Code of Ethics for Internet News)'을 제정 반포했다. 또 그 해 6월 '인터넷 신문심의위원회'가 발족을 해 7월부터 오늘날까지 인터넷 언론에 대한 윤리심의를 실시해 오고 있다(이재진, 2013b: 14).

온라인 미디어는 '인터넷 신문윤리강령'이 제정되면서 마침내 명실상부한 언론으로 인정받게 되었고, 동시에 언론으로서 온라인 미디어가 지켜야 할 윤리 기준 마련을 계기로 책무도 따르게 되었다. 윤리강령을 제정함으로써 인터넷 언론은 무엇보다 부당한 정치·경제적 간섭이나 압력으로부터 외적인 독립을 하게 되었고, 내적으로는 신문 방송 같은 전통 언론처럼 정체성을 확립하는 기반이 되었다. 즉, 1957년 4월 7일 기존 신문윤리강령 제정을 시작으로, 약 55년 만에 온라인 언론이 강령을 처음으로 제정해 인터넷 신문으로서 독립을 선언하고 존립을 하게 된 것이 중요한 의미가 있다(이재진, 2013b: 15).

(2) 인터넷 신문윤리강령 제정 의미

온라인 미디어가 '인터넷 신문윤리강령'을 제정하게 됨으로써 명실상부한 언론이 되었다. 따라서 이를 계기로 인터넷 미디어는 언론의 독립성이나 정체성을 확보하게 되었다. 뿐만 아니라 여러 가지 직접적 효용성 등 인터넷 신문윤리강령 제정의 의미를 이재진(2013b: 15-16)은 다음과 같이 설명하고 있다:

첫째, 윤리강령이 만들어짐으로써 최근 논란이 되는 인터넷 신문에 대한 신뢰를 회복하는 계기가 될 수 있을 것이다. 즉, 더욱 윤리적인 언론이 될 것을 천명하고 다짐함으로써 신뢰를 재형성할 수 있는 기회가 될 것이다.

둘째, 윤리강령은 인터넷 신문이 스스로 자신들을 규제할 수 있는 규범을 발전시키는 데 큰 도움을 줄 것으로 판단된다. 즉, 비록 선언적인 원칙의 표명에 가깝기는 하나 자율 규제를 해 나가기 위한 '규범의 틀'을 제시할 것으로 기대된다. 외부 규제가 아닌 내부의 자율규제라는 점을 인식하고 실천해 나갈 수 있도록 토대 역할을 할 수 있을 것으로 판단된다.

셋째, 윤리강령 준수로 온라인 저널리즘의 가치를 제고하고 현실적 한계를 성찰할 수 있는 계기를 마련해 온라인 저널리즘의 질적인 수준을 높일 수 있다.

넷째, 윤리강령을 마련해 이를 준수함으로써 인터넷 신문의 의사결정의 안정성과 효율성을 확보할 수 있으며 이를 정당화할 수 있는 근거가 될 수 있다.

위와 같이 '인터넷 신문윤리강령'의 제정은 온라인 미디어를 언론으로써 위상과 독립을 확립하고, 언론의 역할은 물론 신뢰회복 및 저널리즘의 질적 향상과 효용성을 높일 것이라는 기대 속에 아직도 활발히 진행 중인 인터넷 언론의 나침판 구실을 하고 있다.

### (3) 인터넷 신문윤리강령 내용

'인터넷 신문윤리강령'의 내용은 전문을 시작으로 총 10개조 53개 항으로 이루어져 있다. 1975년 제정된 '신문윤리강령'은 '신문윤리실천요강'이 별개로 있다. 기존의 16개조 65개 항의 신문윤리실천요강과 다르게 '인터넷 신문윤리강령'은 이미 신문윤리실천요강에서 상식적으로 인식된 부분, 급변하는 디지털 미디어 환경에서 잘 적용되지 않는 부분(촌지 등)을 제외한 인터넷 언론의 고유 특성을 살린 내용이 추가돼 있다(이재진, 2013b: 16-17).

인터넷 신문윤리강령의 전문은 인터넷 언론의 자유와 책임을 강조하고 있다. 언론이 자유롭고 책임감이 있을 때만이 우리가 사는 사회의 건전한 여론을 형성하고, 민주주의 발전과 민족문화 창달에 기여할 수 있기 때문이라고 밝히고 있다. 이를 위해 인터넷 신문 스스로 인터넷 신문윤리강령이라는 윤리기준을 마련하여 이를 실천하겠다는 의지를 명시하고 있다.

각 조별 내용을 간략히 살펴보면, 제1조에서 4조는 일반적인 언론들에 해당하는 공통사항을 담고 있다. 각각의 내용은 제1조는 표현의 자유와 책임, 제2조는 객관성 및 공정성, 제3조는 이해의 상충, 그리고 제4조는 미성년자 보호라는 대부분의 언론들에 공통적으로 해당하는 일반적인 사항들을 담고 있다.

제5조에서 제7조까지는 인터넷 언론의 정보 생산 과정과 관련한 실무사항들을 포함하고 있다. 자세한 내용은 제5조에서 취재원의 신뢰성 등 인터넷 신문의 정착과 건전한 발전을 위한 취재기준을 명시하고 있다. 제6조는 취재원의 명시, 정확한 인용 등 신뢰성 있는 정보를 보도하기 위한 인터넷 신문 보도기준을 밝히고 있다. 제7조 편집기준은 제목의 원칙 및 제한 등 신문 방송 같은 전통 언론과 다른 디지털 언론의 편집상의 유의점

을 자세하게 제시하고 있다. 특히 품위 있고 정확한 정보 전달에 대한 방법이 명시돼 있다.

제8조와 제9조는 뉴스 보도와 관련한 이용자 권리 및 피해구제에 대한 준수사항들이 나타나 있다. 제8조에서는 인터넷 신문의 건전한 여론형성을 위한 노력과 이용자 참여 및 이용 보장 등 이용자들의 정당한 권리를 보호하기 위한 이용자 권리 보호 내용들이 포함돼 있다. 그리고 제9조는 뉴스 보도로 인한 피해자 구제 방법들에 대한 설명을 담고 있다. 구체적으로 피해자 의견 청취, 신속한 오보 수정과 반론 또는 정정 보도문 게재 등 이용자들의 피해 발생에 대한 신속한 조치방법을 제시하고 있다.

마지막으로, 제10조에서는 인터넷 언론사를 관리하는 입장의 운영자에 대한 윤리기구의 설치 및 운영에 대한 준수사항이 나타나 있다. 여기에는 윤리강령의 지속적 실천 및 점검을 위한 관련 윤리기구를 설치 및 운영할 수 있다. 또 윤리강령을 지키기로 서약한 인터넷 신문의 의견을 수렴한 세부기준을 둘 수 있다. 더 나아가 언론 윤리 교육 프로그램을 개발 및 운영하도록 노력해야 한다는 사항을 명시하고 있다.

*인터넷 신문윤리강령 및 시행세칙 전문은 부록 참조

## 2) 온라인 언론의 특성

### (1) 온라인 언론의 특성과 문제점

앞서 언급한 대로 인터넷 언론이란 온라인을 통해 뉴스나 사실을 알리거나 의견과 토론을 하여 여론을 형성하는 활동을 하는 여러 가지 매체로 언론사 닷컴, 인터넷 신문, 또 인터넷 포털인 인터넷 뉴스 서비스 사업자를 가리킨다. 1995년 시작된 ≪중앙일보≫의 신문 종속형 인터넷 버전인

'조인스닷컴(joins.com)'이 우리나라 최초 인터넷 언론이다. 그 이후 2016년 10월 31일까지 문화체육관광부에 약 5,975개의 인터넷 신문이 등록된 상태다. 이렇게 인터넷 언론이 급격하게 늘어나면서 온라인 미디어에 대한 사회적 기대와 우려 또한 증가했다. 우리나라에서 인터넷 언론과 관련하여 법적으로 제도가 마련된 것은 2005년 인터넷 신문이 포함된 '언론중재법'이 제정되면서부터 시작됐다. 특히 2009년도에 전면으로 개정된 '언론중재법'과 '신문법'에 인터넷 언론의 범위가 인터넷 신문, 언론사 닷컴과 인터넷 뉴스 서비스를 모두 포함하게 되었다(이재진, 2013b: 12).

인터넷 언론은 사실상 온라인을 기반으로 하는 언론이다. 우리나라 헌법재판소는 인터넷 언론을 '표현 촉진적 매체'이며 인터넷을 가장 '참여적인 시장'으로 간주하고 있다. 즉, 현대사회는 인터넷 미디어의 영향력이 실로 엄청나고 주요 언론으로 성장했다. 이러한 언론 환경에서 단지 질서 중심의 사고만으로 표현의 자유를 제한한다는 것은 문제가 있다는 것이다. 그럼에도 불구하고 인터넷이라는 기술 속성상 개인의 인격권이 침해될 위험이 너무 쉽고 항상 존재한다는 것 또한 인터넷 언론이 가지고 있는 심각한 한계다(이재진, 2013b: 12).

급증하는 온라인 미디어의 잘못된 보도로 인한 피해의 심각성은 어제오늘의 일이 아니다. 2010년 전국경제인연합회(전경련)의 보고서에 따르면, 인터넷 미디어의 가장 심각한 문제는 자체 검증 부족으로 인한 기사의 신뢰성 부족과 클릭을 유도하기 위한 선정적이고 낚시형의 제목을 꼽았다. 보고서는 공적인 언론으로서 온라인 미디어도 사회에 미치는 영향이 크기 때문에 언론의 자율적 조치가 필요하다고 밝혔다(이재진, 2013b: 13). 이런 논란 속에 인터넷 신문협회는 2011년 3월 인터넷 신문윤리강령을 제정하고, 2012년 12월 인터넷 신문위원회가 공식 출범하게 되었다.

### (2) 온라인 저널리즘과 윤리적 쟁점

현대사회를 사는 우리들은 인터넷의 등장으로 수많은 윤리적 쟁점들과 마주하고 있다. 신문과 방송 같은 전통 언론의 경우도 그렇지만 특히 온라인 미디어의 경우는 합법과 불법의 경계 구분이 없고 무엇이 윤리적으로 옳고 그른 것인지 판단하기 어려운 경우가 많기 때문이다.

온라인 저널리즘 등장과 새로운 윤리적 쟁점은 주로, 기사로 인한 수익, 기사와 미심쩍은 사이트의 연결, 성 관련 기사의 처리, 광고주와 긴밀한 협력, 그리고 표적광고와 프라이버시 침해의 문제를 들 수 있다(Craig, 2005: 257-260):

### ① 기사로 인한 수익

온라인은 하이퍼링크가 광범위하게 이루어지는 장이다. 온라인 저널리즘에서 노골적으로 기사와 광고를 함께 게재 이윤을 추구하는 행위는 비윤리적인 것이다. 특정 기업 광고가 기사와 함께 실리는 것이 일상화 돼 온라인 기사로부터 직접 이윤을 추구하는 행위 등이 있다. 이 같은 행위는 온라인 기사와 광고 사이의 구분이 없이 혼란을 주게 된다. 이는 저널리즘의 진실추구 원칙을 위반하는 행위다.

### ② 기사와 미심쩍은 사이트의 연결

온라인 뉴스 사이트에서는 하이퍼링크 기능을 활용해 기사의 하단에 기사 관련 내용을 링크시킴으로써 더 풍부한 관련 정보를 제공할 수 있다. 이는 온라인 저널리즘의 장점을 살린 것이라고 볼 수 있다. 그러나 문제가 될 수 있는 해당기사 내용 관련 회사나 기관, 개인의 사이트 링크, 홈페이지에 링크를 거는 것은 심각한 윤리적 문제를 불러일으킬 수 있다.

### ③ 성 관련 기사의 처리

온라인 미디어의 장점은 신문 방송과 같은 전통 언론과 달리 지면과 시간의 제한이 없다. 따라서 기사의 길이에 상관없이 언제든지 올릴 수 있다. 문제는 이런 온라인의 장점을 이용 온라인 저널리즘에서 성(sex)과 관련된 기사를 어느 수준까지 허용할 것인가의 문제이다. 온라인상 노골적인 성 행위가 적나라하게 묘사되는 경우 윤리문제를 초래할 수 있기 때문이다.

### ④ 광고주와 긴밀한 협력

온라인 뉴스 사이트에는 거의 대부분 광고가 게재된다. 다른 언론과 마찬가지로 온라인 미디어도 광고에 의존할 수밖에 없고, 오히려 훨씬 더 많이 광고에 의존하는 경우가 있다. 따라서 기사 내용이나 기사 배치를 하는데 있어 광고주의 영향을 더 많이 받는다. 심지어 온라인 저널리즘의 첫 화면 색깔까지도 광고주의 요구에 따라 특정제품의 광고를 화면에 띄우기도 한다. 이 또한 저널리즘 윤리에 문제가 된다.

### ⑤ 표적광고와 프라이버시 침해

온라인상에 특정한 인터넷 이용자를 목표로 광고를 올리는 것을 표적광고라고 한다. 이는 이용자가 주로 방문하는 온라인상의 IP주소를 조합하여 이용자가 관심을 가질 만한 상품광고를 제공하는 것이다. 이는 이용자가 필요할만한 광고를 미리 제공한다는 측면에선 긍정적이지만, 이보다 훨씬 큰 문제는 이용자의 프라이버시를 심각하게 침해한다는 점이다.

지금까지 윤리란 무엇이고, 언론 윤리는 왜 필요한 것이며, 그리고 온라인 미디어 윤리에 대해 자세하게 살펴봤다. 더 나아가 인터넷 등 뉴미디어의 등장으로 발생할 수 있는 윤리적 쟁점들을 중심으로 살펴봤다. 윤리는 강제적이라기보다 양심적 자율판단에 따른다는 점이 있는 반면 법은 그렇지 않다는 차이점이 있다. 다음 장에서는 디지털 시대 일상으로 행하는 미디어 활동으로 우리도 모르게 발생할 수 있는 법적 쟁점 등 미디어 법에 관하여 알아본다.

1. 언론 윤리는 왜 필요한가?

2. 온라인 저널리즘과 윤리적 쟁점들은 무엇인가?

3. 인터넷 신문윤리강령 외우기.

# 제3장 온라인 미디어 법

인터넷과 같은 뉴미디어의 등장은 우리의 삶을 편리하게 하고 서로의 관계망을 풍부하게 해줬다. 그러나 디지털 시대를 살아가는 현대인들은 문명의 이기를 잘못 이용하거나 남용함으로써 발생하는 명예훼손이나 프라이버시의 침해 등 법적 논란도 피할 수 없는 것이 현실이다. 온라인 미디어 관련 법적 제도의 현황과 관련된 주요 쟁점들을 살펴본다.

## 1. 온라인 저널리즘의 제도화

우리나라에서 온라인 저널리즘은 '인터넷 신문'이라는 법적 용어로 제도화 되어 '신문 등의 진흥에 관한 법률'(약칭 신문법, 제13968호), '언론중재 및 피해구제 등에 관한 법률'(약칭 언론중재법, 제10587호), '정보보호 등에 관한 법률'(약칭 정보통신망법, 제13520호) 등의 규제를 받는다. 이는 인터넷이라는 특수한 융합 환경으로 기존의 어느 한 매체에만 예속시키기 어려운 특징이 있기 때문이기도 하다.

온라인 저널리즘의 법적 책무는 크게 신문법, 언론중재법, 그리고 정보통신망법에 의거해 관리된다. 첫째는, 신문법으로 일정 조건 이상을 갖춘 인터넷 신문사는 주사무소 소재지 관할의 특별시장·광역시장·특별자치

시장·도지사 또는 특별자치도지사에게 의무적으로 등록을 해야 한다. 둘째는, 언론중재법(제2조 1항)에 "'언론'이란 방송, 신문, 잡지 등 정기간행물, 뉴스통신 및 인터넷 신문을 말한다"고 '언론'이라는 용어를 사용해 신문법보다 더 폭 넓게 정의하고, 언론보도와 관련 중재 및 조정 절차에 따르도록 되어 있다. 셋째는 정보통신망법에 따른 정보통신서비스 제공자로서의 법적인 규율을 받는다. 여기에는 개인정보의 누설금지(제28조 2), 음란물 유통금지 등(제44조의 7), 사생활 침해 및 명예훼손 분쟁조정(제44조 10) 등에 대한 사항이 포함돼 있다. 이와 같이 한국에서 온라인 저널리즘은 민감한 사항까지 자세하게 제시하는 법률적 규제 안에 포함되어 있다.

## 1) 온라인 저널리즘의 법적 용어 및 책무

### (1) 신문법상의 법적 용어 및 책무 - 인터넷 신문

신문법상 온라인 저널리즘의 법적 용어는 '인터넷 신문'으로, 기존 신문에 인터넷이라는 용어를 더한 것이다. 2005년 1월 27일에 제정된 신문법의 개정 법률이 2009년 7월 22일 국회를 통과해, 다시 2016년 2월 3일 일부 개정을 거쳐 같은 해 8월 4일부터 시행되고 있다.

신문법(제2조 2)에서 인터넷 신문은 "컴퓨터 등 정보처리능력을 가진 장치와 통신망을 이용하여 정치·경제·사회·문화 등에 관한 보도·논평 및 여론·정보 등을 전파하기 위하여 간행하는 전자간행물"로 독자적으로 기사를 생산하고 지속적인 발행을 하는 등 일정 기준의 대통령령을 충족해야 한다고 정의하고 있다.

신문법의 목적(제1조)은 "신문 등의 발행의 자유와 독립 및 그 기능을 보장하고 사회적 책임을 높이며 신문 산업을 지원·육성함으로써 언론의 자유 신장과 민주적인 여론형성에 기여함을 목적으로 한다"고 명시하고 있다. 이처럼 언론의 자유는 우리나라뿐 아니라 다수 국가들이 헌법에서 보장하고 있다. 예를 들어, 한국 헌법 제21조, 미국 수정헌법 제1조(the First Amendment), 일본 헌법 제21조 등 많은 나라에서 언론의 자유와 개인의 표현의 자유를 헌법 보호 권익으로 규정하고 있다(이재진, 2013a: 2).

우리나라의 신문법은 신문 등의 자유와 책임과 관련, 제3조에서 신문 및 인터넷 신문에 대한 자유와 독립을 보장하고, 정보원에 대한 자유로운 접근권리와 취재한 정보를 공표할 자유를 보장하고 있다. 뿐만 아니라 인간의 존엄과 가치 및 민주적 기본질서를 존중하여야 한다는 책임도 명시하고 있다. 편집의 자유 및 독립과 관련해서는 제4조에서 신문 및 인터넷 신문의 편집 자유와 독립을 보장하고, 사업자도 편집인의 자율적인 편집을 보장하도록 하고 있다. 독자의 권리보호와 관련해서는 제6조에서 편집 및 제작의 기본방침이 독자의 이익에 충실하도록 신문사업자·인터넷 신문사업자 및 인터넷 뉴스 서비스사업자는 노력하고, 독자의 권익보호를 위한 독자권익위원회를 자문기구로 둘 수 있다고 규정하고 있다. 또한 편집인 및 인터넷 뉴스 서비스의 기사배열책임자는 독자가 기사와 광고를 혼동하지 않도록 명확히 구분할 수 있도록 편집해야 한다고 명시했다. 청소년유해정보와 관련하여, 제9조의2에서 인터넷 신문 및 뉴스 서비스의 음란·폭력정보 등 청소년을 유해정보로부터 보호하기 위해 청소년보호책임자를 지정하고, 책임자는 청소년유해정보를 차단·관리하는 등 청소년보호업무를 할 것을 제시하고 있다.

(2) 언론중재법상의 법적 용어 및 책무 – 인터넷 언론

언론중재법상에서의 법적 용어는 '인터넷 언론'으로 [제2조1]에서 " '언론'

64

이란 방송, 신문, 잡지 등 정기간행물, 뉴스통신 및 인터넷 신문을 말한다"고 정의하고 있다. 2011년 4월 14일 일부 개정을 통해 현재 시행되고 있는 언론중재법(법률 제10587호)은 언론사 등의 언론보도 및 그 매개로 인해 침해되는 명예 또는 권리 그 외의 법적 분쟁이 발생할 경우 이를 조정하고 중재하는 구제제도를 확립하여 언론의 자유와 공적 책임을 조화롭게 수행함을 목적(제1조)으로 하고 있다.

헌법, 신문법과 마찬가지로 언론중재법에서도 언론의 자유와 독립(제3조)을 보장하고 있다. 언론이 정보원을 자유롭게 접근할 권리와 취재한 정보를 공표할 자유를 보장하는 것도 신문법과 같다. 제4조(언론의 사회적 책임 등) ① 언론의 보도는 공정하고 객관적이어야 하고, 국민의 알권리와 표현의 자유를 보호·신장하여야 한다. ② 언론은 인간의 존엄과 가치를 존중하여야 하고, 타인의 명예를 훼손하거나 타인의 권리나 공중도덕 또는 사회윤리를 침해하여서는 아니 된다. ③ 언론은 공적인 관심사에 대하여 공익을 대변하며, 취재·보도·논평 또는 그 밖의 방법으로 민주적 여론 형성에 이바지함으로써 그 공적 임무를 수행해야 한다고 밝히고 있다.

(3) 정보통신망법상의 법적 용어 및 책무 - 정보통신서비스 제공자

정보통신망법상의 법적 용어는 '정보통신서비스 제공자'로 [제2조3]에서 "정보통신서비스 제공자란 「전기통신사업법」 제2조 제8호에 따른 전기통신사업자와 영리를 목적으로 전기통신사업자의 전기통신역무를 이용하여 정보를 제공하거나 정보의 제공을 매개하는 자를 말한다"고 정의하고 있다. 2015년 12월 1일 일부 개정을 통해 2016년 6월 2일부터 시행되고 있는 정보통신망법(법률 제13520호)의 목적(제1조)은 "정보통신망의 이용을 촉진하고 정보통신서비스를 이용하는 자의 개인정보를 보호함과 아

울러 정보통신망을 건전하고 안전하게 이용할 수 있는 환경을 조성하여
국민생활의 향상과 공공복리의 증진에 이바지함"이라고 밝히고 있다.

정보통신망법 제2조3에서 정보통신서비스 제공자란 "「전기통신사업
법」 제2조 제8호에 따른 전기통신사업자와 영리를 목적으로 전기통신사
업자의 전기통신역무를 이용하여 정보를 제공하거나 정보의 제공을 매개
하는 자를 말한다"고 정의하고 있다. 정보통신서비스 제공자 및 이용자의
책무는 정보통신망법 제3조 ① 정보통신서비스 제공자는 이용자의 개인
정보를 보호하고 건전하고 안전한 정보통신서비스를 제공하여 이용자의
권익보호와 정보이용능력의 향상에 이바지하여야 한다. ② 이용자는 건
전한 정보사회가 정착되도록 노력하여야 한다. ③ 정부는 정보통신서비
스 제공자단체 또는 이용자단체의 개인정보보호 및 정보통신망에서의 청
소년 보호 등을 위한 활동을 지원할 수 있다고 명시하고 있다.

## 2. 디지털 미디어 소통과 주요 법적 쟁점

디지털 기술의 발전은 정치, 경제, 사회, 문화 등 우리의 삶 전반에 걸
쳐 많은 변화를 가져왔다. 특히 문명의 이기 중 하나는 사람들 간의 소통
을 쉽고 빠르고 편리하게 한 것이다. 그러나 엄청난 문명의 이기 이면에
동반되는 여러 가지 문제들 또한 불가피하게 발생한다. 인터넷과 같은 뉴
미디어의 등장으로 파생되는 문제들은 다양하지만 특히 인터넷 미디어
관련 주요 쟁점인 명예훼손이나 프라이버시, 저작권 및 지적 재산권을 중
심으로 살펴본다. 뉴미디어 시대 이 개념들은 새로운 변화는 물론 법과
제도의 재편이 요구되는 등 온라인 미디어 관련 법률적 또는 윤리적 쟁점

들을 해결하기 위한 방안을 찾기가 쉽지 않다.

## 1) 명예훼손

### (1) 명예훼손의 개념

명예훼손(名譽毁損)은 공연히 허위의 사실(거짓)을 주장(표현)하여 사람에게 부정적인 인상을 줄 수 있도록 전달 및 유포하는 것을 말한다. 우리나라에서 이 같은 행위는 다른 선진국들과 마찬가지로 범죄행위로 사람(개인)의 명예를 훼손하였을 경우 형법 제307조에 따라, 또 사자(死者)의 명예훼손인 경우는 같은 법 제308조에 의거하여 처벌을 하고 있다. 명예란 사람의 사회적 지위에 따른 사회의 평가를 의미한다. 이 평가의 대상은 그 사람의 혈통, 용모, 지식, 건강, 신분, 행동, 직업, 지능, 기술, 성격 등 다양할 수 있으나 특히 재산과 관련해서는 '신용'으로써 보호하고 있다(형법 제313조). 여기서 사람, 즉 명예의 주체는 사회생활을 하는 모든 사람으로 자연인, 법인, 법인격 없는 단체는 물론 유아, 정신이상자, 전과자, 피고인 등도 포함된다. '공연히'란 불특정 또는 많은 사람들이 인지할 수 있는 상태를 의미한다.

언론에 의한 명예훼손 소송은 일반적으로 문제의 내용을 보도한 기자와 이를 보도하도록 한 언론사도 함께 소송의 대상이 된다. 언론사가 소송의 대상이 되는 이유는 편집권을 가지고 모든 언론기사 내용을 소비자에게 전달하기 전에 취사 선택 즉 게이트키핑을 하기 때문이다. 명예훼손의 가장 중요한 사항은 표현의 허위성으로 만약에 정보 진술에 진실성이 있을 경우 명예훼손은 성립되기가 쉽지 않다. 따라서 스토벌(Stovall, 2004: 204-205/ 김병철, 2005: 189 재인용)은 명예훼손이 성립되기 위해서는 다음과

같은 조건을 원고는 증명해야 한다고 주장한다:

첫째, 명예훼손에 해당하는 정보가 최소한 피해자를 제외한 다른 한 사람 즉 제3자에게 전파되었다는 것 입증. 둘째, 문제의 정보가 원고에 관련한 것 입증. 셋째, 문제의 정보 때문에 원고가 어떤 형태로든 명예가 훼손됐다는 사실 입증. 넷째, 문제의 정보가 허위라는 것을 입증해야 한다.

### (2) 우리나라 명예훼손 관련 법

우리나라는 1980년대 민주화 운동을 거쳐 1990년대부터 시민사회의 성장으로 시민의식 성숙과 권리의식이 향상되면서 언론에 의한 명예훼손 소송이 빠른 속도로 늘어나고 있다. 특히 1990년대 중반 이후 인터넷 등 신기술 이용자가 급증하면서 뉴미디어뿐만 아니라 가상공간에서 발생하는 명예훼손이 사회적 파장과 함께 많은 문제를 야기하고 있다. 특히 온라인 미디어는 짧은 시간 내에 기사의 취사 선택 결정을 통해 타 언론들과 속보 경쟁을 한다. 이는 곧 언론에 의한 명예훼손 피해자가 늘어나고 더 나아가 소송으로 이어질 위험이 항상 존재하고 있다. 또 온라인 미디어는 명예훼손에 따른 법적 문제가 일어났을 경우 책임소재의 논란이 있을 가능성이 크다. 왜냐하면 뉴미디어는 매체의 상호작용적 특수성 때문에 생산자와 소비자의 경계가 없어 특정인의 명예가 훼손될 수 있는 내용을 타인에 의해 게시판에 작성됐을 때 처음 정보를 작성한 사람과 2차적 게재를 한 사람과 미디어 사이트 운영자 사이에 명예훼손에 대한 법적 책임의 소재와 경중을 놓고 많은 논란이 생길 수도 있다(김병철, 2005: 189).

우리나라 명예훼손과 관련한 형법, 언론중재법, 저작권법, 정보통신망법의 각 조항 및 자세한 내용을 그대로 옮기면 다음과 같다:

**【형법】**

제307조(명예훼손) ① 공연히 사실을 적시하여 사람의 명예를 훼손한 자는 2년 이하의 징역이나 금고 또는 500만 원 이하의 벌금에 처한다. ②공연히 허위의 사실을 적시하여 사람의 명예를 훼손한 자는 5년 이하의 징역, 10년 이하의 자격정지 또는 1천만 원 이하의 벌금에 처한다.

제308조(사자의 명예훼손) 공연히 허위의 사실을 적시하여 사자의 명예를 훼손한 자는 2년 이하의 징역이나 금고 또는 500만 원 이하의 벌금에 처한다.

제309조(출판물 등에 의한 명예훼손) ① 사람을 비방할 목적으로 신문, 잡지 또는 라디오 기타 출판물에 의하여 제307조제1항의 죄를 범한 자는 3년 이하의 징역이나 금고 또는 700만 원 이하의 벌금에 처한다. ②제1항의 방법으로 제307조제2항의 죄를 범한 자는 7년 이하의 징역, 10년 이하의 자격정지 또는 1천500만 원 이하의 벌금에 처한다.

제310조(위법성의 조각) 제307조제1항의 행위가 진실한 사실로서 오로지 공공의 이익에 관한 때에는 처벌하지 아니한다.

제311조(모욕) 공연히 사람을 모욕한 자는 1년 이하의 징역이나 금고 또는 200만 원 이하의 벌금에 처한다.

제312조(고소와 피해자의 의사) ① 제308조와 제311조의 죄는 고소가 있어야 공소를 제기할 수 있다.

**【언론중재법】**

제17조(추후보도청구권) ① 언론 등에 의하여 범죄혐의가 있거나 형사상의 조치를 받았다고 보도 또는 공표된 자는 그에 대한 형사절차가 무죄판결 또는 이와 동등한 형태로 종결되었을 때에는 그 사실을 안 날부터 3개

월 이내에 언론사 등에 이 사실에 관한 추후보도의 게재를 청구할 수 있다. ② 제1항에 따른 추후보도에는 청구인의 명예나 권리 회복에 필요한 설명 또는 해명이 포함되어야 한다.

제31조(명예훼손의 경우의 특칙) 타인의 명예를 훼손한 자에 대하여 법원은 피해자의 청구에 의하여 손해배상을 갈음하여 또는 손해배상과 함께, 정정 보도의 공표 등 명예회복에 적당한 처분을 명할 수 있다.

【저작권법】

제127조(명예회복 등의 청구) 저작자 또는 실연자는 고의 또는 과실로 저작인격권 또는 실연자의 인격권을 침해한 자에 대하여 손해배상에 갈음하거나 손해배상과 함께 명예회복을 위하여 필요한 조치를 청구할 수 있다.

【정보통신망법】

제44조의6(이용자 정보의 제공청구) ① 특정한 이용자에 의한 정보의 게재나 유통으로 사생활 침해 또는 명예훼손 등 권리를 침해당하였다고 주장하는 자는 민·형사상의 소를 제기하기 위하여 침해사실을 소명하여 제44조의10에 따른 명예훼손 분쟁조정부에 해당 정보통신서비스 제공자가 보유하고 있는 해당 이용자의 정보(민·형사상의 소를 제기하기 위한 성명·주소 등 대통령령으로 정하는 최소한의 정보를 말한다)를 제공하도록 청구할 수 있다. ② 명예훼손 분쟁조정부는 제1항에 따른 청구를 받으면 해당 이용자와 연락할 수 없는 등의 특별한 사정이 있는 경우 외에는 그 이용자의 의견을 들어 정보제공 여부를 결정하여야 한다. ③ 제1항에 따라 해당 이용자의 정보를 제공받은 자는 해당 이용자의 정보를 민·형사상의 소를 제기하기 위한 목적 외의 목적으로 사용하여서는 아니 된다.

제44조의7(불법정보의 유통금지 등) 2. 사람을 비방할 목적으로 공공연하게 사실이나 거짓의 사실을 드러내어 타인의 명예를 훼손하는 내용의 정보.

제44조의10(명예훼손 분쟁조정부) ① 심의위원회는 정보통신망을 통하여 유통되는 정보 중 사생활의 침해 또는 명예훼손 등 타인의 권리를 침해하는 정보와 관련된 분쟁의 조정업무를 효율적으로 수행하기 위하여 5명 이하의 위원으로 구성된 명예훼손 분쟁조정부를 두되, 그중 1명 이상은 변호사의 자격이 있는 자로 한다. ② 명예훼손 분쟁조정부의 위원은 심의위원회의 위원장이 심의위원회의 동의를 받아 위촉한다. ③ 명예훼손 분쟁조정부의 분쟁조정절차 등에 관하여는 제33조의2 제2항, 제35조부터 제39조까지의 규정을 준용한다. 이 경우 "분쟁조정위원회"는 "심의위원회"로, "개인정보와 관련한 분쟁"은 "정보통신망을 통하여 유통되는 정보 중 사생활의 침해 또는 명예훼손 등 타인의 권리를 침해하는 정보와 관련된 분쟁"으로 본다. ④ 명예훼손 분쟁조정부의 설치·운영 및 분쟁조정 등에 관하여 그 밖의 필요한 사항은 대통령령으로 정한다.

### (3) 명예훼손 대처방안

명예훼손에 대한 슬기로운 대처방안이 필요하다. 온라인 미디어는 이용자 약관 등을 통해 사이트 이용자들이 명예훼손을 하지 않도록 관련 정책 및 방침을 충분하게 알리고 이용자들이 자세한 방침 내용을 동의한 후 게시판에 글을 올리도록 하는 등 명예훼손 가능성을 사전에 방지하도록 해야 한다(김병철, 2005: 189). 특히 언론사가 편집권을 행사한 언론기사 및 정보는 특별한 주의가 요구된다. 또한 기자가 아닌 일반 수용자들이 작성하는 내용은 편집을 하지 말거나 불가피하게 해야 할 경우는 최소한의 편집만을 해야 한다. 더 나아가 온라인 기자는 지나친 속보 경쟁으로 보도를 하다 보면 프라이버시침해나 명예훼손 가능성이 생길 수 있다. 따라서 평소 언론 윤리에 대한 충분한 인식과 지속적인 훈련 및 교육 등을 통해 기자의 자질을 높이고 프라이버시 침해나 명예훼손의 가능성을 미리 차단하는 것이 중요하다(김병철, 2005: 190).

### 2) 프라이버시

#### (1) 프라이버시의 개념

프라이버시는 앞에서 살펴본 명예훼손 보다는 상대적으로 최근에 나온 개념이라고 할 수 있다. 프라이버시가 처음 등장한 것은 19세기 미국에서 프라이버시권이라는 개념이 처음 나오면서부터다. 정확하게는 1890년 워렌(Samuel D. Warren)과 브렌데이스(Louis D. Brandeis)가 '프라이버시 권리(The Right to Privacy)'라는 논문을 발표하면서부터라고 할 수 있다. 당시 미국 언론의 상황은 개인의 사생활을 폭로하는 등 선정적 내용의 기사가 난무했는데 기존의 명예훼손이라는 개념만으로는 이런 피해로부터 구제를 하기가 어려워 새로운 개념의 권리로서 프라이버시권이 제안된 것이다. 그때 당시에는 공식적으로 프라이버시권이라는 용어로 표현되지는 않았지만 이와 비슷한 인격권의 개념은 그 이전에도 있었다. 전통적 의미에서 프라이버시라는 것은 국가 권력으로부터의 개인의 사생활 보호 개념이다(김병철, 2005: 190).

앞에서 언급한 것처럼 프라이버시는 국가 권력에 의한 개인 사생활 침해로부터 사생활 보호가 주된 개념이다. 그러나 정보사회가 되면서 프라이버시권 개념은 사생활의 비밀이나 물리적인 개개인만의 공간을 유지하는 단계를 넘어 개인이 자신의 정보를 관리 및 통제할 수 있는 권리까지를 포함하는 영역으로 확대 발전되었다(김병철, 2005: 190). 온라인 미디어는 신문이나 방송과 같은 전통적 대중매체와는 다르게 정보 제공자와 이용 자 사이에 상호작용의 소통이 활발하다. 이러한 상호작용의 특수성 때문 에 개인의 프라이버시 침해가 확산될 가능성 또한 아주 높다. 따라서 본 인도 모르게 발생할 수 있는 프라이버시 침해에 각별한 주의가 요구된다.

(2) 우리나라 프라이버시 관련 법

우리나라의 경우 프라이버시와 관련한 사안은 언론중재법, 정보통신망 법에 의해 다뤄지고 있다. 프라이버시와 관련한 각 법의 자세한 사항은 다음과 같다:

### 【언론중재법】

제5조(언론 등에 의한 피해구제의 원칙) ① 언론, 인터넷뉴스 서비스 및 인터 넷 멀티미디어 방송(이하 "언론 등"이라 한다)은 타인의 생명, 자유, 신체, 건 강, 명예, 사생활의 비밀과 자유, 초상(肖像), 성명, 음성, 대화, 저작물 및 사적(私的) 문서, 그 밖의 인격적 가치 등에 관한 권리(이하 "인격권"이라 한다) 를 침해하여서는 아니 되며, 언론 등이 타인의 인격권을 침해한 경우에는 이 법에서 정한 절차에 따라 그 피해를 신속하게 구제하여야 한다. ② 인 격권 침해가 사회상규(社會常規)에 반하지 아니하는 한도에서 다음 각 호 의 어느 하나에 해당하는 경우에는 법률에 특별한 규정이 없으면 언론 등은 그 보도 내용과 관련하여 책임을 지지 아니한다. 1. 피해자의 동의 를 받아 이루어진 경우. 2. 언론 등의 보도가 공공의 이익에 관한 것으로 서, 진실한 것이거나 진실하다고 믿는 데에 정당한 사유가 있는 경우.

**【정보통신망법】**

제44조 정보통신망에서의 권리보호에 관련하여 이용자, 정보통신서비스 제공자 그리고 방송통신위원회의 역할에 대해 다음과 같이 상세하게 설명하고 있다:

제44조 ① 이용자는 사생활 침해 또는 명예훼손 등 타인의 권리를 침해하는 정보를 정보통신망에 유통시켜서는 아니 된다. ② 정보통신서비스 제공자는 자신이 운영·관리하는 정보통신망에 제1항에 따른 정보가 유통되지 아니하도록 노력하여야 한다. ③ 방송통신위원회는 정보통신망에 유통되는 정보로 인한 사생활 침해 또는 명예훼손 등 타인에 대한 권리침해를 방지하기 위하여 기술개발·교육·홍보 등에 대한 시책을 마련하고 이를 정보통신서비스 제공자에게 권고할 수 있다.

또한 사생활 침해나 명예훼손 등에 해당하는 정보와 관련해 제44조의2에 의해 ① 침해를 받은 자는 정보의 삭제요청 등을 할 수 있고, ② 정보통신서비스 제공자는 제1항에 따른 해당 정보의 삭제 등을 요청받으면 즉시 삭제·임시조치 등의 필요한 조치를 하고 곧바로 신청인 및 정보게재자에게 알려야 한다. 더 나아가 제44조의3에 의거 정보통신서비스 제공자는 임의의 임시조치를 다음과 같이 할 수 있다: "① 정보통신서비스 제공자는 자신이 운영·관리하는 정보통신망에 유통되는 정보가 사생활 침해 또는 명예훼손 등 타인의 권리를 침해한다고 인정되면 임의로 임시조치를 할 수 있다."

### (3) 프라이버시 침해 대처방안

온라인 미디어는 각 개인의 사적 정보 수집과 가공, 유통이 컴퓨터 시스템을 통해 아주 쉽게 이뤄져, 프라이버시 침해가 개인뿐만 아니라 아주 심각한 사회문제가 될 가능성이 높다. 그러므로 인터넷 등 온라인 이용자들은 믿을 수 있는 인터넷 사이트나 온라인 미디어가 아니라면 절대로 개인 정보가 노출되지 않도록 각별한 주의가 필요하다. 따라서 신용카드나 전화번호, 집주소와 같은 개인 정보들이 노출 되지 않도록 세심한 신경을 써야 한다(김병철, 2005: 191).

### 3) 저작권

(1) 저작권의 개념

인터넷 언론을 통해 유통되는 온라인 정보는 0과 1이라는 비트의 조합으로만 표현되는 이유로 인해 각종 정보의 조작과 표절, 복제, 배포가 아주 쉽게 발생할 수 있다. 특히 우리나라는 세계 최고 수준의 초고속 통신망 보급률과 디지털 기술의 발달로 일반 국민들이 인터넷이나 온라인 미디어에 익숙한 반면 저작권 침해 문제도 꽤 심각한 수준이어서 온라인상의 저작권 문제가 아주 심각한 갈등으로 나타날 수 있다. 그런데 디지털 미디어와 같은 가상공간에서 유통되는 각종 디지털 정보의 경우 어디까지를 저작물로 인정하고 누구를 저작권자로 봐야 할 것인지 애매하다. 또한 저작권이 침해됐을 경우 어디까지 책임을 물을 것인지 문제가 쉽지 않다(김병철, 2005: 191).

저작권은 일반적으로 저작자가 문학, 예술, 학술 활동의 결과물과 같은 저작물에 가지는 권리를 말한다. 미디어 관련한 저작권 문제를 김우룡(2000: 196/ 김병철, 2005: 192 재인용)은 크게 두 가지로 구분한다. 첫째, 언론이 미디어 활동을 수행하면서 타인의 저작물을 인용하거나 이용할 때 일어날 수 있는 저작권 침해 여부다. 둘째, 뉴스와 같은 언론이 생산한 저작물을 타인이 이용하거나 인용할 때 발생하는 저작권 침해 가능성이다.

### (2) 우리나라 저작권 관련 법

우리나라에서 저작권에 관련한 법은 저작권법에 의거해 규제를 하고 있다. 현재 시행되고 있는 저작권법은 지난 2016년 2월 3일 개정을 통해 같은 해 8월 4일부터 법률 제13978호에 의거해 실시되고 있다. 또한 지난 2016년 3월 22일 일부 개정을 통해 9월 23일부터(법률 제14083호) 시행을 하고 있다. 저작권법의 목적은 제1조에서 "저작자의 권리와 이에 인접하는 권리를 보호하고 저작물의 공정한 이용을 도모함으로써 문화 및 관련 산업의 향상발전에 이바지함을 목적으로 한다"고 밝히고 있다.

### (3) 온라인상 저작권 문제

온라인상의 저작권 및 지적 재산권은 저자의 권리를 옹호하고 강화하려는 저작권 찬성론자들과 정보 흐름의 자유로움을 내세우는 카피레프트 (copyleft) 운동론자들의 의견이 대립하고 있다. 온라인상의 저작권 및 지적재산권 관련한 여러 난제들을 풀기 위해서는 가상공간이라는 인터넷의 특수성을 올바르게 이해하고 저작권자와 이용자의 권리를 동시에 만족시킬 수 있는 최선의 방법을 모색하는 것이 중요하다(김영석, 2000: 553-558).

온라인상의 저작권 문제는 아주 예민하고 일상적으로 인터넷 이용자 누구에게나 발생할 수 있다. 따라서 다수 인터넷 이용자들이 저작권법이 어떻게 언제 해당되는 것인지 많은 관심이 있다. 크래그(Craig, 2005: 235)는 일반적으로 온라인상에서 일어날 수 있는 저작권 문제와 관련한 대처 방안을 다음과 같이 설명하고 있다.

76

---

**인터넷 이용자를 위한 저작권 가이드**

① 만약 당신이 글이나 그림, 사진 혹은 음악을 창조했거나 배포할 권리를 갖고 있지 않다면 당신은 그것을 소유하고 있는 것이 아니다.
② 당신이 소유하고 있는 것이 아니라면 당신은 그것을 복제하거나 배포할 수 없다.
③ 저작자나 소유자가 그 저작물이 공공 도메인(public domain)에 올려질 수 있도록 명확하게 저작물에 관한 권리를 양도해야 한다.
④ 비평과 교육, 뉴스 보도 등 공정한 사용(fair use)에 한해 소유권자의 허락 없이 저작물의 일부를 복제하는 것이 허용된다.
⑤ 의심스러울 경우에는 저작물 사용을 위해 소유권자의 허락을 요청하라.

출처: R. Craig(2005), Online Journalism: Reporting, Writing and Editing for New Media.

---

## 4) 음란물

### (1) 음란물의 개념

뉴미디어는 온라인의 특성상 다양한 음란물이나 외설물이 한 국가를 넘어 범지구적으로 확산될 우려가 크다. 그럼에도 불구하고 온라인상에서의 음란물 규제는 음란물의 개념 정의도 아직 미흡한 실정이다. 또한 국경을 초월한 온라인 세계에서 단일 국가 규제가 실효가 얼마나 있을지도 의문이고 풀어야 할 난제가 너무 많다. 더 나아가 음란물 규제는 표현의 자유를 위축시킬 가능성이 크기 때문에 음란물의 규제와 표현의 자유라는 두 가지 가치의 대립과 충돌은 풀기 어려운 사회적 쟁점이 될 수도 있다. 음란물(obscenity)은 인간의 성적 행위를 노골적으로 묘사하여 음탕하고 난잡한 느낌을 주는 모든 포르노물을 이르는 말이고, 저속한 표현물(indecency)은 음란물보다는 그 정도가 조금 덜 호색적이고 노골적인 성적 표현물이라고 할 수 있다. 미국의 경우 수정 헌법 제1조에 근거 저속한 표현물은 법적 보호를 받고 있으나 음란물은 법의 보호를 받지 못하고 있다(김병철, 2005: 194).

### (2) 우리나라 음란물 관련 법

우리나라의 경우 음란물은 신문법과 정보통신망법에 의거해 규제를 하고 있다. 신문법 제22조 ②-3에서 "음란한 내용의 신문 등을 발행하여 공중도덕이나 사회윤리를 현저하게 침해한 경우 신문 등의 발행정지 및 등록취소의 심판청구"를 할 수 있다고 명시하고 있다. 또한 정보통신망법 제44조 7에 따르면 불법정보의 유통금지 등을 명시하고 있다. 음란물과 관련해서 "음란한 부호·문언·음향·화상 또는 영상을 배포·판매·임대하거나 공공연하게 전시하는 내용의 정보"를 불법으로 유통하는 것을 금지하고 있다.

이 장에서는 디지털 시대를 살아가는 현대인들이 자신도 모르게 발생할 수 있는 법적 문제와 온라인 미디어 관련 법적 제도의 현황 및 관련 주요 쟁점들을 알아봤다. 다음 장에서는 온라인 미디어 공론장은 무엇이며, 공론장에 의해 여론은 어떻게 형성되는지 살펴보기로 한다.

1. 인터넷 미디어 관련 법률적 주요 쟁점들은 무엇인가?


2. 명예훼손이 성립되기 위한 요건들은 무엇입니까?


3. 온라인 저널리즘의 법적 용어 및 책무는?

# 제4장 온라인 미디어 공론장과 여론

온라인 미디어 공론장은 무엇이며, 이를 통해 여론은 어떻게 형성되는
가를 분석한다. 또한 과거부터 현대사회에 이르기까지 공론장은 어떻게
역사적으로 변화해 왔는가를 공부한다.

## 1. 미디어 공론장

### 1) 온라인과 미디어 공론장

온라인 미디어는 사이버 상에서 정보를 접속하고 검색 및 배포 할 수
있도록 인터넷 같은 온라인 수단으로 정보를 제공하는 미디어를 말한다.
온라인 미디어 공론장은 온라인에 의해 만들어지는 사이버 공간이 합리
적이고 이성적인 사고와 공적 시민을 만들 수 있는 새로운 토론의 공간
즉 공론장(public sphere)의 역할을 할 수 있다는 가능성에 주목하면서 등장
하게 되었다(김병철, 2005: 133).

#### (1) 하버마스의 공론장

하버마스(Habermas, 1962/ 김병철, 2005: 136 재인용)는 공론장을 이성적인 공
적 사용을 전제조건으로 모든 시민들이 아무런 제약 없이 자유롭게 토론

에 참여하여 공익과 관계된 의제들을 서로 논의하고 여론을 만들어 가는 사회적 삶의 한 영역이라고 규정했다. 하버마스의 분석은 시민 사회의 부르주아들은 함께 모여 자유롭고 개방적으로 대화와 토론을 하며 공공의 관심사에 대해 논의를 하고, 이렇게 만들어진 여론은 왕이나 군주가 장악한 절대주의 국가를 견제 및 비판하는 기능을 했다는 것이다. 그러나 부르주아 공론장이 17~19C 전반까지 발전된 과정을 살펴보면, 국가 권력과 자본 논리에 통제되는 언론이 나타나며 공론장의 비판 기능이 사라지고 공중은 방관자로 전락해 버렸다. 처음에 언론은 공론장에서 공공 문제에 대해 함께 논의하게 돕고, 토론장에 시민 개인들이 참여할 기회를 제공함으로써 공론장 성장 및 발전에 순기능을 했으나 이제는 그것을 억압하는 역기능을 하고 있다며 이와 같은 변형을 하버마스는 공론장의 재봉건화라 규정했다.

권력과 커뮤니케이션의 관계에 있어 레인골드(Rheingold, 1993)는 새로운 소통 영역이 거대 자본이나 권력에 의해 장악되는 상황을 경계할 필요가 있음을 강조했다. 경계 이유는 사이버 공동체를 가능하게 해주는 새로운 소통 기술은 일반 시민들에게 비교적 낮은 비용으로 지적, 사회적, 상업적, 정치적 수단을 제공하는 잠재력이 있다. 그러나 문제는 기술이 기본적으로 이 같은 잠재력을 완벽하게 잘 실현할 수 없으므로 거대 자본이나 권력이 새로운 소통 기술을 장악하기 전에 많은 사람들이 먼저 이용 방법을 익히고, 식견을 가진 시민들이 슬기롭고 현명하게 이용을 해야 할 것이라고 강조했다(김병철, 2005: 135).

그러나 료타르(Lyotard, 1984/ 김병철, 2005: 136 재인용)처럼 후기 구조주의 학자들은 하버마스의 공론장이 전제한 자율적이며 이성적인 주체는 계몽주의의 이상주의라고 비판했다. 현대 사회는 이성적 측면과 비이성적 측면이 서로 혼합돼 나타나는데 이에 대한 충분한 설명이 안 된다는 것이다. 네트와 클루게(Negt & Kluge, 1993/ 김병철, 2005: 136-137 재인용) 같은 학자들은 프롤레타리아 공론장 개념을 적용해 하버마스의 공론장 개념을 비판하고 있다. 이들은 공론장이 합의를 이끌어 내는 공간이 아니라 사회 현실의 모순을 드러내고 투쟁하는 대립의 공간이라고 했다. 따라서 헤게모니적 투쟁을 통한 계급 역할이 강조되는 프롤레타리아 공론장 개념을 제시한다. 다시 말해 공장 공론장, 학생 공론장, 어린이 공론장 등을 간과했다고 지적했다. 또 다른 한편 하버마스의 공론장 개념을 페미니즘적 시각에서 비판하는 학자도 있다. 프레이저(Fraser, 1990/ 김병철, 2005: 137 재인용)는 하버마스의 공론장 개념은 가부장적인 편견으로 인해 여성이 빠져 있다고 비판했다. 프레이저는 부르주아 공중뿐만 아니라 엘리트 여성, 농민, 육체노동자 등 경쟁적인 공중들이 있지만 하버마스는 이들을 공론장에 포함하지 않는 실수를 했다고 지적했다.

### (2) 펠스키의 공론장

펠스키(Felski, 1989/ 김병철, 2005: 137 재인용)의 공론장은 주체, 성별 그리고 정치적 저항에 바탕을 두어야 한다고 주장했다. 펠스키는 네트와 클루게와 같은 페미니스트 후기 구조주의자들의 비판을 종합적으로 분석했다. 분석 결과는 공론장은 주체의 다양성을 고려해야 함은 물론 성별의 차이도 설명하고 특히 정치적 저항의 경험을 고려해야 한다는 것이다.

### (3) 달그린의 공론장

달그린(Dahlgren, 1995/ 김병철, 2005: 137 재인용)과 포스터(Poster, 1997/ 김병

철, 2005: 137 재인용)는 하버마스의 공론장 개념이 전제조건으로 하는 이성
적 측면뿐만 아니라 비이성적 측면까지 설명할 수 있는 새로운 공론장
개념을 확립하고 있다. 즉 포스터는 하버마스 공론장 개념의 전제조건인
이성적 논의를 바탕으로 한 합의 결과에 관해 문제 제기를 하고 대중들의
일상적 담론이 모두 이성적일 수는 없고 또 토론을 한다고 해서 꼭 합의
에 도달하는 것도 아니라고 주장했다. 비합리적 토론도 그 나름대로 일리
가 있고 중요하다는 것이다. 달그린은 온라인 미디어 등장은 기존 공론장
의 공간 탈피와 참여 확장으로 공사의 경계가 없어져 과거 사적 영역에
머물렀던 사항들이 공적 영역으로 포함된다고 주장했다. 오늘날 우리가
살아가는 사회의 미디어는 하버마스가 강조한 이성적 측면뿐만 아니라
비이성적 측면까지도 고려를 해 더욱더 완전한 공론장 기능을 수행할 수
있다고 강조했다.

## 2) 온라인 미디어 공론장 형성

온라인 미디어 공론장 형성은 송신자가 커뮤니케이션 채널을 통해 메
시지를 수신자에게 전달하는 과정을 통해 형성하게 된다. 온라인 미디어
이용자들이 공론장에 참여하기 위해 온라인 미디어에 접속해 메시지를
서로 주고받으며 토론 할 수 있는 상호작용 기제를 만들어 낸다. 이용자
들이 상호작용 기제를 통해 서로 메시지를 주고받음으로써 온라인 언론
이용자들 간 구체적 상호작용 커뮤니케이션을 하게 된다. 공유는 때로 온
라인·오프라인 상에 서명운동이나 사이버시위 등 실제 행동 표출이 가능
하게 해준다. 반면 상호작용 소통은 긍정과 부정의 양면성을 가지고 있기
도 하다(김병철, 2005).

### 3) 미디어 사회와 여론의 영향력

오늘날 우리는 다양한 미디어에 의해 넘쳐나는 정보의 홍수 속에 살아가고 있다. 미디어의 영향력은 실로 거대하며 우리가 살아가는 데 있어 정치·경제·사회·문화 등 어느 한 분야에 국한되지 않고 모든 분야에 걸쳐 영향을 미치고 있다. 이런 과정을 통해 여론이 만들어지기도 하고, 형성된 여론은 또 여러 가지 분야로 영향력을 행사하기도 한다. 대표적인 몇 가지 측면을 알아본다.

먼저, 정치적 측면에서 미디어의 영향력을 살펴보면, 정부의 정책이나 홍보 등을 국민에게 전달하고, 언론은 주요 사안에 대해 토론의 장을 마련해 준다. 공직에 나선 후보자들을 대중에게 알리며, 풍부한 정보와 의견을 전달함으로써 형성되는 여론은 민주적인 정치를 만들어 가는 과정의 중요한 요소가 되기도 한다. 또 미디어에 대해 정치인이나 정부 관료들이 관련법이나 정책을 제정하는 등 합법적인 권리를 행사할 수 있는 상대적 특권이 주어지기도 한다. 더 나아가 현대사회는 정치와 미디어의 관계가 한 국가 내에 머물지 않고 세계화 되면서 민주적 정부든 비민주적 정권이든 정치행위를 하는 과정에 있어 더욱더 매스컴에 의존하고 있다.

다음으로 미디어의 사회적 측면에서 영향력을 살펴보면, 매스컴에서 거론하지 않고서는 사회적으로 중요한 쟁점이 되기란 거의 불가능하다. 사회에서 발생하는 문제와 소통의 관계에서 권력 행사 및 나눔, 문제 해결 방안 모색, 사회의 변화 과정 등 사회의 기본적인 문제들은 거의 모두가 소통으로 이어진다. 이는 공적 커뮤니케이션 수단인 신문, 방송, 인터넷 언론 등에 의해 뉴스나 의견, 삶의 이야기, 드라마, 오락 등의 형태로 대중에게 전달된다. 국민들은 이러한 사회적 정보를 읽고, 보고, 듣고 하면서 사회의 구성원으로 여론을 만들어 내기도 하며 살아간다.

또한 문화적 측면의 영향을 살펴보면, 미디어는 사회의 정의와 이미지에 대한 일차 정보원으로 유통되는 정체성을 표현하는 데 가장 많이 이용된다. 미디어가 제공하는 문화는 국민들이 믿고 따를 수 있는 표준이 된다. 기획되거나 만들어진 이미지라 하더라도 그 영향력은 쉽게 사라지지 않고 장기간에 걸쳐 국민들에게 깊숙이 인식돼 인생을 살아가는 나름의 기준이 되기도 한다. 이렇게 미디어는 생활문화는 물론 어느 기관보다도 다수의 사람들에게 공통되는 '문화적 환경'을 제공함으로써 여가생활에서도 최고의 중심에 서 있다. 따라서 언론은 우리의 삶과 깊숙하게 연결돼 있다.

## 2. 여 론

### 1) 여론의 정의

여론이란 사회를 구성하는 다수의 사람들이 공통으로 제시하는 의견이라고 할 수 있다. 노엘 노이만(Noelle-Neumann, 1991)은 여론은 사람들이 다수의 의견으로부터 자신이 고립되지 않도록 하기 위해 어떤 사안에 대하여 공개적으로 나타내는 의견이라고 했다. 여론은 수용자 자신이 속한 사회-경제적 지위와 경험 그리고 이에 따라 조건 지워진 성향과 같은 수용자들의 주관적 인식과 사회현상을 묘사하는 언론매체의 보도내용과 상호 교차하는 지점에서 형성되는 집단적 의견이라고도 할 수 있다. 토크빌(Alex de Tocqueville)은 '여론'이란 반대의 목소리를 질식시키고 개인의 자유를 위태롭게 만드는 '다수'의 견해일 뿐 언제나 '공적(public)' 의견은 아니라고 정의했다(김재범·이계현, 1994).

## 2) 여론과 대표적 이론들

여론과 대중매체의 영향력에 관련한 연구는 단순히 언론매체에 담겨있는 메시지 내용이 수용자들에게 미치는 영향력을 연구하는 수준에 머물러서는 안 된다. 어떤 특정한 이슈가 여론을 형성하는 과정 및 성격과 수용자들의 특성을 다양한 시각에서 설명할 수 있어야 한다. 따라서 이제까지 여론 형성과 관련된 많은 연구들이 있어 왔다. 대표적인 미디어 효과 이론인 의제설정 이론, 점화효과 이론, 프레이밍 효과 이론, 침묵의 나선 이론, 제3자 효과 가설 등을 중심으로 언론과 여론의 관계와 그 영향력에 대해 좀 더 자세히 알아보기로 한다.

### (1) 의제설정 이론

1968년 미국에서 있었던 대통령 선거를 배경으로 맥콤스와 쇼(McCombs & Shaw, 1972/ 양승찬, 2010: 77 재인용)는 뉴스 미디어에 의해서 제공되는 정보가 유권자의 현실 인식에 있어 중요하게 영향을 미칠 수 있다는 것을 제안했다. 사회에서 대중을 이루는 유권자들이 뉴스 미디어가 많이 강조하는 사안을 최고로 중요한 이슈로 인식한다고 맥콤스와 쇼가 주장하면서, 이같은 미디어가 미치는 영향력을 의제설정이라고 제시했다.

의제설정 이론의 시작은 리프먼(Lippmann, 1922)의 저서 여론(Public Opinion)에서 미디어 수용자가 직접적으로 경험하기 어려운 외부 세계의 사건이나 문제들을 보여주는 역할을 하는 미디어가 대중에게 정보를 제공하고 이야기한다고 하는 말에서 출발했다. 이러한 리프먼의 언급에서 의제설정 이론은 영감을 얻어 여론이라는 것은 근본적으로 현실에서 실제로 일어나는 현상에 대하여 반응하는 것이 아니라 미디어가 의제설정을 해 만들어 낸 '유사환경(pseudo-environment)'에 대한 반응이라고 보았다(McCombs, 2004). 따라서 의제설정 이론은 미디어가 전달하는 정보가 비록 진실이 아니더라도 미디어 수용자에게 영향을 미칠 수 있다고 가정한다.

(2) 점화효과 이론

점화효과 이론은 먼저 제안되었던 의제설정 이론의 한계를 극복하려고 인지심리학의 여러 가지 개념과 가정을 바탕으로 등장했다. 인지심리학 분야에서 점화작용이라는 개념을 특별히 강조한 사건이 후속적 자극에 관한 대응에 주는 영향력을 분석하기 위해서 제안됐다(Iyengar & Kinder, 1987; Krosnick & Kinder, 1990; Roskos-Ewoldsen, Roskos-Ewoldsen & Carpentier, 2009/ 양승찬, 2010: 89 재인용).

아이엔가와 킨더(Iyengar & Kinder, 1987/ 양승찬, 2010: 90 재인용)는 다른 것은 무시하고 특정 사안을 강조해 사람들로 하여 이를 주목하게 하고 마음속에 무엇인가 떠오르게 하거나 결정하는데 미디어가 강력한 영향을 준다는 의미에서 점화효과 이론을 제안했다. 즉 특정 사안에 대한 미디어 보도가 정부, 대통령, 정책, 정치인에 대한 평가를 하는데 영향을 주는 점화체로 기능할 수 있다는 것에 주목 인지적인 과정과 의견이 연결되는 부분을 분석하기에 이르렀다.

(3) 프레이밍 효과 이론

기본적으로 의제설정 이론과 점화효과 이론은 여러 가지의 사안과 속성 중에서 특정 사안과 속성을 강조하는 저널리즘 기능에 초점을 두고 있다. 반면, 프레이밍 효과는 어떤 사안이 뉴스 보도에서 "어떻게" 만들어지고 구성되는가에 주목하면서 이렇게 '구성된 현실'이 미디어 수용자에

게 주는 영향력에 초점이 있다(양승찬, 2010: 96). 정리하면 프레이밍 효과
이론은 "어떻게"에 의제설정 이론과 점화효과 이론은 "출현 여부"에 중점
을 두고 분석하는 이론이라고 할 수 있다.

커뮤니케이션 분야에서 프레이밍 효과에 주목하게 된 것은 뉴스 생산
과정에 대한 연구가 계속 이어져 온 것이 주요했다. 인간의 정보 처리 과
정에 대한 사회학, 심리학 등의 이론이 발전한 것도 중요 기반이지만 커
뮤니케이션 메시지 효과 이론의 발전 토대는 커뮤니케이션 메시지 연구
영역의 발전이라고 할 수 있다. 사회학적 접근을 기반으로 언론 조직의
기능과 역할, 기자와 언론사의 뉴스 제작과정을 분석한 연구자들은 단지
뉴스로 선택되는 과정은 물론 메시지가 형성되는 과정도 중점을 뒀다
(Tuchman, 1978/ 양승찬, 2010: 96 재인용).

### (4) 침묵의 나선 이론

1965년과 1972년에 서독에서 있었던 선거 예측 조사와 투표 결과 사이
에 큰 차이가 생긴 현상을 설명하면서 노엘 노이만(Noelle-Neumann, 1991)은
유권자가 공개적으로 의견을 나타낼 수 있는 정도의 차이에 관심을 가졌
다. 여론 환경에서 수적 차이를 비교하는 것보다 의견분위기가 사람들의
정치적 행위에 주는 영향력이 중요하다는 것을 파악 이론화를 시도했다.
즉 지지자들이 공개적으로 의견을 드러내는 에너지, 열정, 확신이 사람들
의 정치적 행위에 영향을 준다는 것이다.

노엘 노이만에 따르면 사회는 다수 사람들로부터 개인의 이탈 행위를
소외라는 압력으로 위협하고, 개인은 지속적인 고립의 두려움을 경험한
다는 것이다. 이런 고립의 두려움 때문에 개인은 항상 통계에 준하는 능
력을 활용해 의견분위기를 평가한다는 것이다. 따라서 매스미디어는 서

로 잘 화합하는 조화로움을 가진 의견분위기를 보여 준다. 사람들은 미디어가 보여주는 의견분위기 평가로 자신의 의견을 공개적으로 표현하거나 침묵하는 행동에 영향을 받는다는 것이다. 언론이 전달하는 내용과 다른 의견을 가진 사람들이 실제로 많을지라도 언론보도의 내용에 따라 자신의 의견이 소수라고 인식되면 공개적으로 자신의 의견을 침묵하게 되거나 언론이 제시하는 방향으로 의견을 바꾸게 되는 현상이 발생할 수 있다는 것이다.

침묵의 나선 이론이란? 매스미디어가 여론에 대한 찬성이나 반대의 의견 분포(예, 여론조사 결과)를 대중에게 공개함으로써 사회를 구성하는 사람들이 어떤 사안에 대한 개인적 의견표명을 공개적으로 하는 것에 영향을 받는다는 것이다. 언론 환경의 여론분위기가 본인이 찬성하는 쪽으로 우세하다고 판단되면 본인의 의견표명을 공개적이고 적극적으로 하려 하지만, 자신의 의견이 다수 의견과 다르다고 생각하면 고립의 두려움 때문에 침묵에 이르는 효과가 있다는 이론이다. 따라서 침묵의 나선 이론은 매스미디어, 여론 과정, 인간의 심리가 어떻게 작동되는 가를 분석한 것이라고 할 수 있다.

### (5) 제3자 효과 가설

언론이 정치, 사회 과정에서 실질적으로 영향력을 행사하고 있다는 통념에도 불구하고 학문적으로는 이러한 일반적 사고를 뒷받침할 뚜렷한 증거를 충분히 내놓지 못하고 있었다. 그런 상황에 1983년 데이비슨(Davison, 1983)이 미디어 영향력에 대한 인식 과정에서 논리적으로 일치하지 않는 것이 발생하는 현상에 대해 여론 전문 학술지 'The Public Opinion Quarterly'에서 '제3자 효과' 개념을 여론과 관련하여 논의하면서 제안했다.

데이비슨은 일반적으로 사람들이 미디어의 메시지가 개인 자신(I)이나 함께 있는 사람(You)에게는 영향을 주지 않는다고 인식하지만 제3자인 타인(Others)에게는 상대적으로 더 많이 영향을 준다고 생각하는 경향이 있다고 주장하면서 이를 제3자 효과라고 소개했다. 또한 데이비슨은 이와 같은 언론의 영향력에 대한 편향된 인식이 개인의 태도와 행동에 영향을 주면서 최종적으로 여론 과정의 변화와 관계가 있음을 시사했다(양승찬, 1999/ 양승찬, 2010: 122 재인용). 펄로프(Perloff, 2009/ 양승찬, 2010: 123 재인용)는 여러 가지 검증을 통해 이론의 정교화에 기여했고, 제3자 효과 가설의 가장 큰 특징은 전통적 미디어 효과 이론과의 차별성에 있다고 주장했다.

## 3. 온라인 여론이란?

온라인 여론은 기본적으로 헤네시(Hennesy, 1981/ 김병철, 2005: 144-145 재인용)가 주장하는 것처럼 온라인에서 "어떤 쟁점에 대해 관심이 있는 상당수의 사람들이 표현한 의견의 집합으로서 측정할 수 있거나 추론할 수 있는 것"이다. 따라서 온라인 미디어 공론장을 통해 여론이 형성되려면 논쟁할 문제가 있어야 되고, 이것을 토론할 대중이 존재해야 하며, 이 문제에 대해 사람들의 의견이 있어야 하고, 그 의견을 겉으로 표현하고, 그리고 여론을 만들 수 있는 대중의 규모가 기본 요소로 있어야 한다.

### 1) 온라인 미디어 공론장 여론 형성 과정

여론 형성 과정에 대한 연구를 헤네시뿐만 아니라 다수의 학자들이 단계별로 구분해 분석하고 있다. 커틀립과 센터(Cutlip & Center)가 구분해 설

명하고 있는 여론 형성 과정에 대한 4단계는 다음과 같다(김정기, 1981: 86):

① 많은 사람들이 어떤 상황을 문제점이 있다고 인정해 무엇인가 대처해
   야 한다고 결정하게 되며 가능한 해결책을 모색하게 된다.
② 문제의 해결을 위한 몇 가지 제안이 제기되며 이에 대한 찬반 토론이
   전개된다.
③ 문제성이 있다고 인정한 상황에 대처하는 최선의 정책 또는 해결책에
   대해 의견이 모아지며 합의와 그것의 용인을 추진키로 결정해 집단적
   의견일치로 유도된다.
④ 계획 사업이 행해지며 이것은 필요한 행동을 얻을 때까지 또는 그 집
   단이 투쟁에 싫증이 나서 구성원이 다른 사업이나 다른 집단에 주의를
   돌릴 때까지 추진된다.

여론 형성 과정에 대한 연구는 커틀립과 센터뿐만 아니라 많은 학자들
이 토론을 거쳐 여론이 형성되는 과정을 몇 단계로 구분해 설명하고 있
다. 학자들 마다 약간의 차이는 있으나 대체적으로 인터넷 신문처럼 온라
인 미디어 공론장에서의 온라인 토론을 거쳐 여론이 형성되는 과정은 쟁
점 제시―토론―합의―사회적 영향력 행사와 같은 네 단계의 기본 과정
을 거친다고 할 수 있다(김병철, 2005: 146).

### 2) 온라인 미디어 여론 형성 영향 요소

온라인 미디어에서 공론장을 통해 여론을 형성하는 과정에는 여러 가
지의 요인들이 작동을 하고 또 영향을 준다. 어떤 요인들인지 자세하게
살펴보면 다음과 같다(김병철, 2005: 148-150):

① 상호작용성 정도
② 토론 참여자들의 공동체 의식 정도
③ 토론 참여자들의 상호 존중 정도
④ 토론 참여자들의 언어폭력 정도
⑤ 토론 참여자들의 합의 정도
⑥ 토론 참여자들의 온라인 및 오프라인 행동 표출 정도

이 장에서는 온라인 미디어 공론장이란 무엇이며, 이 공론장을 통해 여론은 어떻게 형성되는가를 살펴봤다. 더 나아가 여론과 관련한 여러 가지 이론들을 알아봤다. 다음 장에서는 뉴미디어와 시민 저널리즘의 관계와 뉴미디어의 등장은 어떻게 시민 저널리즘에 영향을 주었는지 공부하기로 한다.

토론 및 다시 생각하기

1. 온라인 미디어 공론장은 무엇인가?

2. 다양한 공론장에 대해 정리하시오.

3. 여론이란 무엇인가?

4. 여론 관련한 이론들을 설명하시오.

# 제5장 뉴미디어와 시민 저널리즘

시민 저널리즘이란 무엇이고 뉴미디어와의 관계는 어떠한가를 분석한다. 또한 시민 저널리즘의 등장 배경과 목표는 무엇이고, 우리가 사는 사회에서 시민 저널리즘이 하는 역할에 대해 알아본다.

## 1. 시민 저널리즘이란?

### 1) 시민 저널리즘의 개념

지금까지 시민 저널리즘에 대한 합의된 개념 정의는 부족하다. 시민 저널리즘 자체가 여러 가지 성격을 지니고 있어 그 개념과 성격에 대해 언론학자들 사이에서도 다양한 의견이 존재하기 때문이다. 따라서 로젠(Rosen, 1999)이 주장하는 것처럼 시민 저널리즘을 실천하기 위한 정형화되고 통일된 방법은 없다.

시민 저널리즘 주창자 중 한 사람인 로젠은 시민 저널리즘은 민주주의를 다시 꽃피우기 위한 시도라고 주장한다. 또 다른 시민 저널리즘 주창자인 메리트(Merritt, 1995)도 시민 저널리즘은 민주주의 그 자체의 표현이요 경험 방식인 공공 생활이 제대로 이루어지지 않고 있다는 전제에서 출발한다며 민주주의를 활성화하기 위한 새로운 저널리즘의 역할을 찾는 것이 시민 저널리즘의 시작임을 밝히고 있다. 프리들랜드(Friedland, 2001/ 김병철, 2005: 153 재인용)도 시민 저널리즘은 뉴스와 민주주의의 관계에 대한 운동이라고 설명하며 민주주의가 없다면 언론이 필요 없으며 언론이 없다면 민주주의란 있을 수 없다고 민주주의 발전에 저널리즘 역할의 중요성을 강조한다.

## 2) 시민 저널리즘의 등장

### (1) 시민 저널리즘의 등장 배경

시민 저널리즘의 시작은 1980년대 말 미국 대통령 선거 관련 언론보도에 실망을 한 현직 기자들(예: Whichita Eagle의 편집인 Merritt)과 언론학자들(예: 뉴욕대학의 Rosen교수)이 주축이 돼 이뤄졌다. 시민 저널리즘의 태동은 점점 침체돼 가는 언론 산업의 활성화와 21세기 새로운 저널리즘의 가능성을 찾기 위해 시작되었으나, 오늘날에는 온라인 저널리즘의 확산으로 새로운 국면에 접어들고 있다. 미국의 다수 전통 언론들(신문사 및 방송사)이 80년대 말부터 90년대 중반까지 실시한 여러 가지 시민 저널리즘 프로젝트 및 언론학자들의 연구결과는 시민 저널리즘의 가능성을 충분히 확인하는 기회였다(Merritt, 1995). 반면 기존의 전통 언론들 중심의 언론 환경에서 시민 저널리즘의 현장 실현의 가능성은 어렵다는 엄혹한 현실을 다시 한 번 확인할 수 있는 시기이기도 했다(Charity, 1995; Glasser, 1999/ 최·김· Barnett, 2004: 111 재인용).

## 3) 시민 저널리즘의 목표

시민 저널리즘 운동의 궁극적 목표는 공공의 문제에 대해 깊이 고민하고 이를 함께 해결해 나가는 시민을 길러내는 것(Charity, 1995; Merritt, 1995),

시민들이 사회적 중요문제에 대해 토론하고 참여해 결정할 권한을 갖도록 언론을 활용하는 것, 그리고 시민으로 하여금 정치적 과정에 참여하도록 만드는 것이다(Denton & Thorson, 1998). 즉 시민 저널리즘은 언론을 통한 시민과 공공 생활의 연결이 핵심 목표라고 할 수 있다.

미디어 환경과 시민 저널리즘의 관계를 살펴보면, 신문이나 방송과 같은 전통 언론 환경에서는 사회적 이슈나 공공 문제 등 언론의 의제설정을 언론사에 소속된 기자들이 대부분 한다. 그러나 인터넷이 등장한 이후는 이러한 공공 이슈에 시민들이 댓글이나 토론 등을 통해 참여할 수 있고, 더 나아가 공공 문제를 제기하고 해결하는데 앞장서기도 한다. 이는 인터넷 등 뉴미디어가 시민 저널리즘의 실현 가능성을 열었다고 할 수 있다.


## 2. 시민 저널리즘 모델

지금까지 여러 학자들에 의해 다양한 유형의 시민 저널리즘 모델이 제시돼 왔다. 그 중 대표적인 것들을 중심으로 살펴보기로 한다.


### 1) 국외 시민 저널리즘 모델

#### (1) 어데이(Aday)의 모델

어데이(Aday, 1999/ 김병철, 2005: 157-158 재인용)는 이제까지의 시민 저널리즘 프로젝트 실천 사례 분석을 바탕으로 시민 저널리즘 실천 정도를 다음과 같이 3개 유형으로 구분했다: "동반자 모델(prominent partnership model), 권력이양 모델(enhanced empowerment model), 정보 제공자 모델(integrated information provider model)." 첫째, 동반자 모델은 전통적 저널리즘과 다르게 기사를 1인칭이나 2인칭 화법으로써 일반 시민과 언론을 동일한 위치에 놓는다. 많은 지면을 전적으로 시민 중심 보도에 할애함으로써 가장 야심 찬 시민 저널리즘 모델이라고 할 수 있다. 이 프로젝트는 시민 저널리즘을 위한 모델로 여러 지면을 할애 도표, 컬러, 사진, 그래픽, 로고, 배너 등 여러 가지 시각적 요소들을 사용함으로써 독자의 관심과 주목을 끌기 위해 노력하는 것이 다음 두 모델과 다른 점이다.

둘째, 권력이양 모델은 정부 관료보다 시민 중심적 보도는 하지만 언론과 시민을 동반자로 생각하기보다 기사에 3인칭 화법을 사용 어느 정도 거리를 두고 있는 것이 동반자 모델과 다르다. 또 동반자 모델이 최대한 시각적 요소를 활용하는 반면 권력 이양 모델은 그보다 낮은 수준의 시각적 요소를 사용하는 차이도 있다. 즉 권력이양 모델은 시각적 요소를 일부 사용하는 것은 동반자 모델하고 비슷하지만 기사가 한 면이나 펼쳐진 양면에 그치고 있는 것이 여러 지면을 할애하는 동반자 모델과 다른 점이다.

마지막으로, 시민 저널리즘 프로젝트 실행의 정보제공자 모델은 실제 기사 내용에서 시민 보다는 정부 관료 중심으로 보도하는 등 기존 저널리즘을 그대로 답습하고 있는 최하위 수준의 시민 저널리즘 모델이다. 정보제공자 모델은 시민 저널리즘 기사를 위해 지면은 할애했으나 동반자 모델이나 권력이양 모델보다 적고, 관련 기사에 있어서도 기존에 있던 다른 부분과 통합돼 있어 구별하기도 어렵다. 한 가지 기존 저널리즘과의 차이점은 시민 저널리즘 이념을 보도에 반영하겠다는 의지를 가지고 자사 추진의 시민 저널리즘 프로젝트를 종종 박스기사로 간략한 소개를 한다는 점이다. 그래픽이나 사진 등의 시각적 요소의 활용도 세 가지 모델 중 가장 낮은 수준이다.

## (2) 커파이어스(Kurpius)의 모델

커파이어스(Kurpius, 2000/ 김병철, 2005: 158-159 재인용)는 어데이와 비슷하게 텔레비전 방송의 심층적인 관찰과 인터뷰로 시민 저널리즘에 접근하는 방식으로 "통합(integrated) 모델, 특별 프로젝트(special projects) 모델, 퍼블리시티(publicity) 모델"로 분류하고 있다. 첫째, 통합 모델은 시민 저널리즘을 일상적 보도 과정에 완전히 통합시킴으로써 정기적인 편집 회의를 거쳐 시민 저널리즘을 추구하는 모델이다. 그러나 이 통합 모델은 실제적으로 수행하기가 어려워 이를 성공적으로 추진하고 있는 방송국은 아주 드물다.

둘째, 특별 프로젝트 모델은 프로젝트마다 시민 저널리즘을 추진한다는 것이 통합 모델과 다른 점이다. 특별 프로젝트 모델은 단기간 일회성으로 끝나기도 하지만 몇 개월이나 1년가량 장기적으로 진행되는 프로젝트도 있어 방송국에 따라 접근하는 방식이 다르다. 이 특별 프로젝트 모델은 일정 인원을 시민 저널리즘 프로젝트 팀에 배정함으로써 적극적으로 시민 저널리즘을 추진하기도 하지만 특별한 주제에 제한돼 있고 한정된 인원만을 중심으로 진행된다는 것이 한계이다.

셋째, 퍼블리시티 모델은 시민 저널리즘을 마케팅이나 홍보의 일환으로 소비자나 수용자의 흥미를 불러일으키기 위해 이용하는 약간 부정적의미의 시민 저널리즘 모델이다. 이 모델은 평기자들이 아닌 고위 간부급에서 대부분이 결정되며 시청률을 끌어올리기 위해 자주 시청자의 저속한 욕망에 영합하기도 한다. 또 모종의 타운 홀 미팅을 진행하지만 이는 일반 시민의 의견을 좀 더 잘 이해하기 위해서라기보다는 마케팅이나 홍보 차원의 경우가 많다. 주로 홍보에 중점을 둔 퍼블리시티 모델은 사례

가 아주 드물기는 해도 시민 저널리즘을 부정적인 이미지로 만든다고 해
서 시민 저널리즘 비판론자들로부터 공격을 받을 수도 있다.

(3) 램버스(Lambeth)의 모델

램버스(Lambeth, 1995/ 김병철, 2005: 159 재인용)는 어데이나 커파이어스와
는 다른 접근 방식으로 언론이 시민 저널리즘 프로젝트의 관련 정도에
따라 시민 저널리즘을 세 가지로 분류하고 있다. 첫째는 시민 저널리즘
실현을 위한 시민이나 공중의 목소리 경청을 강조하는 모델이다. 둘째,
공공 문제 및 그 해결책을 위한 지역 사회의 적극적인 토론을 강조하는
모델이다. 셋째, 첫째와 두 번째 양식을 포괄하며 공공 문제 해결을 위해
언론의 적극적인 참여를 강조하는 모델이다.

(4) 패리시(Parisi)의 모델

패리시(Parisi, 1998/ 김병철, 2005: 159 재인용)는 램버스의 세 가지 모델 대신
두 가지 접근 방식으로 "시민 저널리즘(Civic journalism)과 공공 저널리즘
(Public journalism)"을 제시하고 있다. 패리시는 먼저 시민 저널리즘의 정의를
지역 사회가 뉴스 아젠다를 결정하고 공공 생활에 대한 문제를 해결하기
위해 시민의 적극적인 참여 확대를 추구하되 이를 지역 사회의 자원에
한정하는 것이라고 했다.

반면에 공공 저널리즘은 시민 저널리즘과 추구하는 목표는 똑같으나,
시민 저널리즘의 지역 사회에 국한된 자원을 훨씬 뛰어넘어 보다 규모가
확대된 공공의 문제를 해결하는 것을 추구한다는 점이 시민 저널리즘과
공공 저널리즘의 차이라고 할 수 있다.

### 2) 국내 시민 저널리즘 모델

국내 인터넷 언론의 시민 저널리즘은 기자와 시민을 중심으로 언론기사를 쓰는 과정에서 누가 주도적으로 시민 저널리즘을 실행하느냐에 따라 세 가지 모델 기자 주도형 시민 저널리즘, 기자·시민 공동 주도형 시민 저널리즘, 시민 주도형 시민 저널리즘으로 나눌 수 있다.

#### (1) 기자 주도형 시민 저널리즘

기자 주도형 시민 저널리즘은 대외적으로 시민 저널리즘을 내세우며 일반 시민의 관심사를 시민의 관점에서 적극적으로 뉴스를 보도는 하지만 취재 및 편집 결정권이 모두 언론을 운영하는 쪽에 독점돼 있고 토론 과정 또한 전문 직업 기자가 의제설정을 한 뉴스를 중심으로 이루어진다는 점에서 기자의 영향력이 아주 강력하게 작용한다(김병철, 2005: 166).

#### (2) 기자·시민 공동 주도형 시민 저널리즘 모델

기자·시민 공동 주도형 시민 저널리즘 모델은 시민기자 제도를 도입해 전문 직업 기자와 함께 일반 시민도 직접 참여하여 뉴스 제작을 함으로써 의제설정을 기자와 시민이 공동으로 주도한다는 점에서 기자 주도형 시민 저널리즘 모델과 다르다. 기자·시민 공동 주도형 시민 저널리즘 모델은 의제설정 및 토론 과정에 기자와 시민이 동등하게 영향력을 행사함으로써 시민 저널리즘을 실행하는데 양자가 수평적 관계를 유지하는 이상적인 시민 저널리즘 모델로 발전 가능성이 높다. 그럼에도 불구하고 취재나 기사 작성은 전문 직업 기자와 일반 시민이 동등한 자격으로 참여하지만 뉴스의 취사 선택 과정 즉 게이트키핑은 언론사 소속 편집국 직업 기자들이 결정함으로써 전문적 직업 기자의 영향력이 여전히 강력하다는 한계를 보이고 있다. 이는 기자 주도형 모델보다는 진일보한 시민 저널리즘 모델이기는 하지만 완전한 의미의 시민 참여에는 한계를 지니고 있다 (김병철, 2005: 167).

기자·시민 공동 주도형 시민 저널리즘 모델의 대표적인 성공사례는 ≪오마이뉴스≫를 들 수 있다. ≪오마이뉴스≫는 뉴스 게릴라로 불리는 일반 시민기자들과 언론사 소속의 전문적 직업 기자들이 공동으로 뉴스를 생산하고 있다. "모든 시민은 기자다"라는 철학을 기반으로 하는 인터넷 언론 ≪오마이뉴스≫는 일반 시민이 뉴스의 생산과 소비의 주역이 되는 시민 언론을 표방하고 있다.

### (3) 시민 주도형 시민 저널리즘 모델

시민 주도형 시민 저널리즘은 전문적 직업 기자가 없이 일반 시민들만이 기사 작성에 참여하는 것이 기존의 전통 저널리즘은 물론 앞의 두 시민 저널리즘 모델과도 차별화 된다. 시민 저널리즘은 시민기자 제도의 도입을 통해 일반 시민이 기사 작성은 물론 토론을 주도하는 등 시민에 의해 제공된 뉴스를 중심으로 진행된다는 것이 특징이다(김병철, 2005: 168).

이 같은 시민 주도형 시민 저널리즘 모델의 대표적인 예는 ≪뉴스포털1≫을 들 수 있다. ≪뉴스포털1≫(http://www.civilreporter.co.kr)은 (사)한국시민기자협회가 2009년 7월 "시민이 진정한 언론의 주체로서 언론의 자유와 발전에 기여하겠다"며 시작한 온라인 협회지다. (사)한국시민기자협회는 21세기 1인 미디어 시대의 순수한 패러다임으로 시민기자들의 동네소식과 문화를 알리기 위하여 출발했다. 또한 이 협회지는 시대적 요구에 부응하여 시민이 진정한 언론의 자유와 발전에 기여하고, 우리 사회 구성원 상호간의 소통문화에 기여하기 위한 계몽운동 차원에서 시작되었다.

우리나라에서 처음으로 선을 보인 시민 주도형 시민 저널리즘 모델은

≪넷피니언≫을 들 수 있다. ≪넷피니언≫은 1999년 9월 "현대 사회의 주인인 시민이 언론의 주체가 되는 새로운 개념의 시민 저널리즘"을 표방하며 국내는 물론 세계에서 처음으로 전문적 언론사 소속 기자가 없이 단지 실명을 확인하는 절차를 통해 뉴스를 오로지 시민기자들이 생산하는 순수한 네티즌 언론으로 시작했다. ≪넷피니언≫은 전통 미디어에 있는 편집국이나 그 관련 부서가 전혀 없으며 오로지 한사람의 운영자가 즉 사이트키퍼(site keeper)가 사이트를 운영했다. 또 시민기자가 쓴 원고에 맞춤법과 띄어쓰기 등 교열 작업 외에는 기사를 전혀 고치지 않는다는 방침을 가지고 있었다. 그래서 ≪넷피니언≫의 실질적 운영자는 시민이라고 할 수 있었다. 왜냐하면 사이트 운영을 위한 최소한의 사이트 키퍼 기능만 했기 때문이다(김병철, 2005: 168-169).

## 3. 뉴미디어와 시민 저널리즘 실현

### 1) 뉴미디어와 시민 저널리즘 실현 가능성

디지털 시대 과연 시민 저널리즘 실현 가능성은 있는가? 전통 언론들 중심의 미디어 환경에서 시민 저널리즘의 실현에 대한 한계를 절감했음에도 불구하고 시민 저널리즘 실현이 충분히 가능하다는 희망을 준 것이 인터넷과 같은 뉴미디어의 등장이다. 즉 뉴미디어는 시민 저널리즘 실현 가능성을 한층 높여줬다고 할 수 있다.

인터넷과 같은 뉴미디어는 언론기사에 독자 의견 달기와 같은 토론 공간을 제공해 시민의 목소리가 반영된 뉴스 보도를 했다. 이런 보도는 일반 시민들이 공공의 관심사에 대해 함께 토론하고 참여해 토론의 폭을 넓혀 공공 정책 결정에 시민의 의사가 반영될 수 있도록 했다. 이렇게 함으로써 시민이 주체가 되는 시민 저널리즘의 가능성을 충분히 보여주고 있다고 할 수 있다. 이와 같은 뉴스 생산 방식은 신문 방송과 같은 전통 언론들과는 차별화된 중요한 특징으로 인터넷의 상호작용성을 기반으로 한 일반 시민의 참여 폭을 높이고 있다. 즉 시민에 의한 시민을 위한 시민 저널리즘 실현을 한 걸음 더 다가가게 한 것이다.

앨런(Allan, 2006/2008: 191-223)도 시민들의 적극적인 참여로 저널리즘 기능을 하는 ≪인디미디어≫, ≪오마이뉴스≫, ≪위키뉴스≫와 같은 뉴미디어에 주목하며, 이런 뉴미디어들은 시민 저널리즘 실현 가능성에 대한 기대를 가지게 했다고 밝혔다. 미국 언론인 멜라니 실(Melani Sill)도 소셜 미디어를 통한 공유의 가속화와 끊임없이 발전하고 있는 모바일 기술로 인해 저널리즘이 개방되기 시작했다고 밝혔다(Riordan, 2014/2015: 30). 이렇게 뉴미디어의 등장은 전통 언론 중심으로 돌아가는 언론 환경에서 시민 저널리즘의 한계를 절감하고 있던 상황에 시민 저널리즘의 실현 가능성을 한층 높여준 미디어라고 할 수 있다.

또한 뉴미디어는 온라인 상호작용 기능을 활용 저널리즘 서비스의 확대가 가능하다. 예를 들어, 2013년 중반 개방형 저널리즘 시스템인 가디언 위트니스가 등장했다. 이를 계기로 뉴스 수용자들은 언론사에 텍스트, 오디오, 비디오를 보낼 수 있게 되었다. ≪가디언≫은 이 시스템 때문에 개방형 크라우드소스 저널리즘 커뮤니티를 만들 수 있었다(Riordan, 2014/2015: 33). 이와 같이 온라인 미디어는 온라인의 상호작용 기능의 장점을 살려 뉴스 생산자와 소비자를 효율적으로 활용 저널리즘 서비스를 더욱더 확대 발전시킬 수 있다.

## 2) 다양한 시민 저널리즘 실천 방법

이제까지 제시된 시민 저널리즘의 실천 방법은 아주 다양하다. 뉴스 생산의 취재 및 보도 방식에서부터 시민 참여 방식에 이르기까지 여러 가지 형태를 나타내고 있다. 따라서 시민 저널리즘의 목표와 실천 방법은 환경과 시기에 따라 다양한 형태를 보일 수 있다. 온라인 시민 저널리즘은 전통 언론이 추구하는 저널리즘과는 많은 차이를 나타낸다. 메리트(Merritt, 1995)도 미디어 수용자들에게 뉴스를 전달하는데 논쟁 사안을 단지 양극단의 두 가지 견해만을 제시해주는 기존의 전달방식과는 다른 새로운 방식을 개발해야 한다고 주장한다.

### (1) 시민의 뉴스 생산 참여

온라인 저널리즘 실천에 있어 시민들이 뉴스 생산에 참여하는 기본 과정은 전통 저널리즘과 같다. 1차적으로 뉴스원 및 자료를 수집−뉴스가공−최종뉴스(Bass, 1969)의 과정이나, 뉴스인지−정보수집−정보선택−제시(Ward, 2002: 30-64)의 과정, 또는 정보취재−기사 작성−뉴스편집(Sa, 2013b)과 같은 기본 과정이 전통 저널리즘과 같기 때문이다. 즉 시민이 직접 뉴스를 생산한다고 하더라도 그 기본 과정이 전통 저널리즘이 하고 있는 방법과 다른 것은 아니다. 시민의 뉴스 생산 참여를 위해 ≪BBC≫가 실시하고 있는 시민 교육 프로그램이 '저널리즘 칼리지'라는 사실에서도 온라인 시민 저널리즘의 뉴스 생산 과정이 전통 언론의 뉴스 생산 과정과 다르지 않다는 것을 말해준다. 어떤 학자들은 시민이 직접 뉴스를 생산한다는 사실만으로 시민참여의 특성이라고 내세울 수 있을까! 하는 의문을 제기하기도 한다. 그러나 뉴스 생산 과정에서 제작의 초기과정인 취재 단계보다 다음 과정인 기사 작성 단계를 아주 자세하고 세분해서 더 많이 설명하고 있는 것을 주시할 필요가 있다. 사회구성주의적 관점에서 기자 내면의 인식이 직접적으로 더 많이 반영되는 단계는 취재 단계보다 후반의 기사 작성 과정에서 주관적 특징들이 나타날 가능성이 높기 때문이다(정회경·김사승, 2007: 131).

(2) 전통적 제작방식과 주관적 태도의 글쓰기

유명한 블로거 중 한 사람인 힐러(Hiler, 2002/ 정회경·김사승, 2007: 132 재인용)는 본인이 구글의 과학기술 관련기사들을 취재할 때 시도했던 특징적인 글쓰기 세 가지를 다음과 같이 설명하고 있다. 1인칭 화법의 사용과, 개인적 경험담 중심의 기사 쓰기 방식을 썼으며 본인의 생각을 독자들과 함께 공유할 수 있게 했다는 것이다. 이러한 방식은 주관성을 완전하게 나타내는 것이다. 힐러의 이러한 글쓰기 방법은 전통 저널리즘이 중시하는 객관주의 글쓰기와는 전혀 다른 방식이다. 몇 가지 주의할 것은 첫째, 기자의 편견은 어쩔 수 없는 것이고, 둘째, 복수의 정보원/취재원을 통해 충분히 검증하지 못한 정보를 전달하는 것도 불가피할 수 있지만 진실이 아님을 확인한 정보는 절대로 기사화해서는 안 되며, 셋째, 전달된 기사에 대해서 다른 생각을 예기할 수 있는 기회는 반드시 제공해야 한다고 강조했다.

다시 말해 온라인 시민 저널리즘의 뉴스 제작 과정은 전통 저널리즘과 외형적으로 같다. 그러나 기사 작성 방법에서 주관적 태도의 기사 쓰기라는 점이 전혀 다르다고 할 수 있다. 이와 같은 기사 쓰기와 관련해 정회경과 김사승(2007: 132)은 온라인 시민기자의 특성을 제대로 알기 위해서는 실제로 뉴스 제작에 참여하고 있는 시민기자들의 기사 쓰기에 나타나는 특별한 패턴, 특히 주관성의 글쓰기 접근방식을 분석할 필요가 있다고 제안하고 있다.


## 4. 시민 저널리즘의 실현 조건

시민 저널리즘이 실현되고 정착 및 발전을 하기 위해서는 몇 가지 기본 조건이 전제되어야 한다. 첫째, 시민들이 참여할 수 있는 열린 장 및 미디어가 존재해야 한다. 둘째, 시민기자 제도를 실시하는 미디어가 있어 시민의 참여 기회가 많아야 한다. 셋째, 시민들이 제대로 저널리즘 활동을 할 수 있도록 기초교육을 제공해야 한다. 넷째, 시민들 자신도 공공 문제 및 사회적 이슈에 대한 문제제기 및 해결자임을 인식해야 한다.


### 1) 시민들에게 열린 참여의 장 및 언론 존재

시민 저널리즘이 현장에서 실현이 되기 위해서는 먼저 시민이 참여할 수 있는 미디어와 같은 공공의 장이 존재해야 한다. 즉 시민들이 저널리즘 활동을 할 장소 및 언론 환경이 조성되어야 한다는 것이다. 왜냐하면 신문이나 방송과 같은 전통 언론 환경에서는 시민 저널리즘의 현장 실현은 어렵기 때문이다. 전통 언론들은 사회의 중요 문제나 공공 이슈에 대한 의제설정 즉 언론기사로 쓸 것인가 말 것인가를 소속된 기자들이 결정한다. 이런 언론 환경에서 시민을 위한 참여의 장이나 시민을 위한 이슈는 멀어질 수밖에 없다. 그러나 시민들이 참여할 수 있는 공론의 장이 많이 열려있다면 시민 저널리즘은 실현되고 발전할 수 있다. 이런 시민 참여의 장이 마련된다면, 뉴스 내용에 정부 관료나 전문가뿐만 아니라 시민의 목소리는 자연스럽게 반영이 될 것이다(Charity, 1995). 이런 관점에서 국내 온라인 미디어 ≪오마이뉴스≫는 시민 저널리즘 실현을 할 수 있는 아주 좋은 언론 환경을 제공하고 있다고 할 수 있다.

여러 가지 문제 제기에도 불구하고 창간 이후 ≪오마이뉴스≫는 국내외의 주목을 받으며 미래의 저널리즘이 될 가능성까지 보여주고 있다. 2000년 11월 9일 ≪시사저널≫과 ≪미디어리서치≫가 실시한 '2000년 한국을 움직이는 가장 영향력 있는 언론 매체'를 조사한 결과 ≪오마이뉴스≫가 10위로 선정됐다. 또한 2000년 12월 11일 ≪한국일보≫가 선정한 2000년 Hit Website로 선정되기도 했다. 국제적으로는 2003년 2월 24일 ≪가디언≫이 ≪오마이뉴스≫는 "한 국가 내의 영향력 면에서 살펴본다면 세계에서 가장 유력한 뉴스 사이트가 되었다"고 평가했다(Allan, 2006/2008: 204). 또한 2004년 6월 18일자 ≪뉴스위크≫는 ≪오마이뉴스≫가 저널리즘의 미래가 될 것인가에 주목하게 됐다(Allan, 2006/2008: 211)고 보도했다. 이렇게 ≪오마이뉴스≫는 시민기자 제도를 도입 운영하며 시민들의 저널리즘 참여의 장을 마련해 줌으로써 국내는 물론 국제적으로도 주목을 받고 있다. 더 나아가 국내외적으로 미래의 저널리즘이 될 기대뿐만 아니라 시민 저널리즘 실현을 선보이고 있다.

### 2) 시민기자 제도

시민기자 제도는 시민 저널리즘 실현을 가능하게 하는 핵심 요건이다. 시민 저널리즘 첫 번째 조건인 언론이 존재하고 그 미디어가 시민기자 제도를 운영해 뉴스를 생산한다면 자연스럽게 시민들의 참여가 늘고 정보의 내용도 시민의 이야기가 될 것이다. 이것은 곧 시민 저널리즘의 실현이 되는 것이기도 하다. 시민기자는 "특정 언론 매체에 고용된 전문적인 직업 기자와는 달리 자신이 직접 정치, 경제, 사회, 문화, 시사 등에 관한 보도, 논평 및 여론을 전파할 목적으로 자발적으로 소속 언론 매체를 위해 유료 혹은 무료로 언론 활동을 하는 비직업적 기자"라고 할 수 있다(김병철, 2005: 164).

그런 맥락에서 살펴볼 때, 시민기자 제도를 운영하는 대표적인 언론사가 국내의 ≪오마이뉴스≫다. 온라인 시민 저널리즘의 대표 언론인 ≪오마이뉴스≫는 "모든 시민은 기자다"라는 철학을 모토로 창립자 오연호에 의해 2000년 2월 22일 국내에서 창간된 독립형 종합 인터넷 신문이다. ≪오마이뉴스≫의 가장 큰 특징 중의 하나는 기존 언론들과 달리 일반 시민들이 쓴 기사를 중심으로 운영함으로써 다양한 시민들의 삶에 대한 내용들이 담겨있다는 것이다. ≪오마이뉴스≫의 언론기사 내용들은 일반 시민들이 쓴 글 약 80% 정도와 소속된 상근 기자들이 쓴 기사 약 20%로 구성된다(Allan, 2006/2008: 205). 기사는 일반 시민들로부터 제공받은 글들을 ≪오마이뉴스≫ 편집국의 검토를 거쳐 언론기사로 채택하는 방식이다. 편집국 기자들은 ≪오마이뉴스≫에 소속된 상근 기자들로 시민들이 보내준 글의 편집 및 게재 여부를 결정한다. 일반 시민들은 누구나 시민기자로 가입할 수 있고 자신의 글을 투고할 수 있다. 기사의 가치에 따라 '잉걸 〈 버금 〈 으뜸 〈 오름'으로 나눠 게재하는데 '잉걸' 이상의 글은 ≪오마이뉴스≫의 언론기사로 보도된다. '오름'은 기사가치가 가장 높다고 평가된 등급으로, '버금 〈 으뜸 〈 오름' 기사는 메인면에 배치된다. 그러나 ≪오마이뉴스≫의 언론기사로 채택이 안 된 글은 '생나무'로 처리해 언론사가 책임을 지지 않는다.

시민기자 제도의 문제점도 제기된다. 언론기사의 선정성이나 편향성, 그리고 왜곡 보도와 같은 문제가 계속적으로 야기되면서 시민 저널리즘의 한계를 드러내고 있다는 평가를 받기도 했다. 김성해와 반현(2011: 207)은 특히 특정 정치그룹에 대한 노골적이고 편파적인 지지는 시민 저널리즘에 대한 반감을 생기게 하는 요인으로 작용했다고 지적한다. 한편, 우(Woo, 2005)는 온라인 시민기자의 미디어조직 소속여부가 아니라 실질적으로 기자의 역할을 하는지 아닌지로 평가할 수 있다고 주장했다.

시민기자 제도의 여러 가지 문제 제기에도 불구하고 ≪오마이뉴스≫는 일반 시민들의 참여의 장을 높여 시민 저널리즘 실현을 할 수 있는 언론으로 국내외의 주목을 받고 있는 것이 사실이다. 더 나아가 저널리즘의 미래일 수도 있다는 기대까지도 받고 있다. 실제로 ≪오마이뉴스≫를 분석한 박선희(2001)는 뉴스 생산 과정에서 정보통제나 제약이 없고 뉴스 소비자가 직접 생산에 참여 뉴스 생산자가 된다는 점에서 기존 전통 언론 중심의 소통 구조를 변화시키는 대안언론으로 평가했다. 또한 진행남(2002)도 ≪오마이뉴스≫와 기존 언론사 종속형 ≪조선일보≫ 및 ≪한겨레≫ 등의 인터넷 뉴스내용을 비교 분석한 결과, ≪오마이뉴스≫가 언론사 종속형 인터넷 뉴스보다 사회의 소외집단 목소리가 더 많고, 또한 사회운동그룹이 자신들 이익을 대변하고 정체성을 확보해 가며 지배 권력에 대항하는 변론의 목소리를 포함함으로써 대안언론으로서 충분한 가능성이 있다고 평가했다.

### 3) 저널리즘 활동 위한 뉴스 생산 교육 제공

시민 저널리즘이 실현되고 정착 및 발전을 하기 위해서는 시민들이 제대로 언론 활동을 할 수 있도록, 즉 뉴스를 생산할 수 있는 능력을 길러주는 기초교육을 제공해야 한다. 필자가 대학에서 언론 전공 및 비전공자들에게 기회가 있을 때마다 언론기사 쓰기와 출판을 교육하는 것도 이 기초

교육 제공의 일환이다. 일반 시민들은 언론이나 저널리즘과 같은 것이 생소할 수도 있다. 따라서 우리가 사는 사회에서 저널리즘의 역할, 언론 및 저널리즘에 대한 이론 및 배경 지식과 언론기사 쓰기 방법 등 실무 교육을 제공해야 한다. 이런 기초적인 교육을 제공함으로써 일반 시민들이 주변에서 일어나는 다양한 사안들을 언론기사로 쓰는 등 시민 저널리즘 활동을 하도록 해야 한다. 왜냐하면 주변에서 일어나는 많은 중요한 일들이 있음에도 불구하고 일반 시민들은 그것이 뉴스로써 가지고 있는 가치를 인식하지 못해 그냥 지나칠 수도 있기 때문이다. 또한 뉴스가치를 인식했다고 해도 어떻게 일상의 이야기를 언론기사로 전달하는지 몰라 그냥 넘어가는 경우가 대부분이기 때문이다. 따라서 뉴스 생산 등 언론 활동을 할 수 있는 기초교육을 제공해 일반 시민들이 주변에서 일어나는 일들을 공공의 이슈로 만들 수 있다. 시민들의 이런 언론 활동이 가능해지면 온라인 미디어를 통해 시민의 다양한 목소리는 자연스럽게 담길 것이다.

예를 들어, 전문기자단체 '라지마우스(Largemouth)'는 일반 시민들에게 뉴스 생산에 필요한 기초 취재보도기법을 가르친다. 여기에서는 여섯 단계로 나눠 온라인 시민 저널리즘 교육을 진행하고 있다. 첫 번째는 언론보도에 대한 기초로 뉴스는 무엇이고, 저널리즘은 누구와 무엇을 위한 것인가 등을 교육한다. 그리고 자신이 쓰고 싶은 내용의 목록과 뉴스의 인지 및 뉴스보도 계획 등을 수립하는 단계이다. 두 번째부터 여섯 번째 단계는 취재와 기사 작성 등 뉴스 생산 실무 교육이 구체적으로 짜여 있다. 두 번째는 기본적인 기사의 구성에 초점을 두고 저널리즘적 신뢰의 기본은 무엇이고, 사실성, 공정성, 자율성, 그리고 진실성 등에 대한 설명과 기사 작성 교육이 진행된다. 세 번째는 첫 번째와 두 번째를 기반으로 실제적인 인터뷰 방법과 인터뷰를 이끌어 가는 역할 등에 대해 공부하는 단계이다. 네 번째는 앞의 모든 단계를 통해 취합한 정보들을 언론기사에 맞게 작성하는 단계이다. 다섯 번째는 앞 단계의 내용을 본격적으로 발전시키는 과정으로 주제와 흐름에 맞게 뉴스를 작성하는 단계이다. 여섯 번째는 의견기사에 대한 구체적인 기사 작성 방법에 대해 초점이 맞춰져 있다. 이렇게 여섯 단계로 나눠 시민 저널리즘 교육을 진행하고 있다.

온라인 미디어를 통한 시민기자의 뉴스 생산에 대한 참여는 기사기획 및 취재 과정, 취재한 자료를 언론기사로 만드는 기사 작성 등을 통해 이루어질 수 있다. 따라서 시민 저널리즘이 실현되고 정착 및 발전되려면 시민들에게 언론 활동을 할 수 있는 능력을 길러주는 기초 실무 교육, 즉 뉴스를 생산할 수 있도록 교육을 제공해 줘야 한다.

### 4) 공공 문제 주체자로서의 시민 의식

시민 저널리즘이 실현되고 정착 및 발전을 하기 위해서는 시민들 자신이 공공 문제 및 중요한 사회적 이슈에 대하여 문제제기 및 해결의 주체자임을 인식해야 한다. 민주주의 사회에서 특히 인터넷 등 뉴미디어에 의한 정보의 풍요 속에 사는 오늘날 언제까지 뉴스 생산자 소비자가 구분되어 어느 한쪽의 입장에서 일방적으로 뉴스를 생산하거나 소비하며 살아가는 시대는 아니다. 뉴미디어 시대 일반 시민들은 뉴스 소비자이며 동시에 생산자가 될 수 있다. 이는 전통 언론 환경에서 뉴스 소비자로만 살아가던 때와는 엄청난 변화라고 할 수 있다.

시민들이 적극적으로 뉴스 생산에 참여하면 할수록 그들은 더 많은 책임감을 갖게 된다. 이것은 코바치와 로젠스틸(Kovach & Rosenstiel, 2014:

289-299)이 주장하는 저널리즘의 기본원칙 중 하나인 '시민의 권리와 책임' 이기도 하다. 이 원칙은 날로 발전하는 새로운 기술과 함께 더욱더 중요 해지며 또 강화되고 있다. 즉 시민들은 자신이 선택해서 뉴스 생산에 참 여해 권리를 행사할 수 있고, 그에 따른 책임 또한 가져야 된다는 것이다.

시민 저널리즘을 실천하는데 통일되고 표준화된 방법은 없다는 로젠(Rosen, 1999)의 말처럼, 시민 저널리즘은 여러 가지 성격과 개방적인 실천 방법을 유 지할 수밖에 없다. 그런 다양성에도 불구하고 다수 연구자들은 시민 저널리즘 의 근본 목표는 "시민의 공공 참여와 토론(public participation and debate)을 활성 화함으로써 공공 생활의 질을 향상시키기 위한 것"(Coleman, 2000: 19/ 최영, 2002: 39 재인용)이라는 데 동의한다.

시민 저널리즘 실천에 있어 온라인 언론은 일반 시민들이 민주주의 실 현과정에 공공의 문제에 능동적으로 참여하고 적절한 역할을 하도록 충 분한 환경을 제공할 수 있다. 온라인 신문의 가장 좋은 장점 중 하나는 이용자의 참여로 아주 다양한 상호작용 기제를 통한 서로의 의견을 교환 하고 공공 생활에 적극적으로 참여할 수 있는 것이다. 온라인 신문이 갖 고 있는 이러한 상호작용적 특징은 시민 저널리즘의 일상적 실천을 위한 최적의 환경이 될 수 있기 때문이다(최·김·Barnett, 2004: 116).

또한 시민들 스스로도 지적인 사회의 구성원이 되기 위한 능력을 갖추 는 데 지속적인 노력을 해야 한다. 시민과 기자는 서로 경쟁하는 사이가 아니라 함께 도움을 주며 일해야 한다(Kovach & Rosenstiel, 2014: 287-291). 넘 쳐나는 정보의 홍수 속에 뉴스가 권력 집단의 도구가 되어버린 오늘의 현실에서 언론의 화려한 표현 속에 가려진 진실까지 이해하려면 기자와 시민의 협력은 너무도 절실하다. 그렇게 함으로써 새롭게 등장하는 시민

감시인들은 사회 곳곳의 감시자 역할을 할 수 있을 것이다. 이런 것이 가능할 때 시민 저널리즘이 실현되는 것이고 또 정착 및 발전을 할 수 있을 것이다.

이제까지 살펴본 바와 같이 시민 저널리즘이 실현되기 위해서는 4가지 기본조건이 전제되어야 한다. 첫째는 시민들이 참여할 수 있는 열린 장 및 미디어의 존재, 둘째는 언론의 시민기자 제도 실시, 셋째는 시민들에게 저널리즘 활동을 할 수 있도록 기초교육 제공, 그리고 마지막으로 시민들 자신의 주체 의식이 필요하다.

이 장에서는 뉴미디어와 시민 저널리즘의 관계와 시민 저널리즘의 등장배경 및 발전 가능성 등을 알아봤다. 이렇게 함으로써 제1장부터 지금까지는 온라인 저널리즘에 대한 이론 및 배경지식을 공부했다고 할 수 있다. 다음 장부터는 뉴스를 실제로 생산할 수 있는 실무 과정으로 먼저, 뉴스는 어떻게 만들어지는지부터 알아보기로 한다.

토론 및 다시 생각하기

1. 시민 저널리즘에 대해 토론하시오.

2. 시민 저널리즘의 궁극적 목표는 무엇입니까?

3. 시민 저널리즘 모델 정리하기.

# 제6장 뉴스는 어떻게 만들어지는가?

뉴스란 무엇이고 어떻게 만들어지는가를 알아보고, 우리가 살아가는 사회에서 뉴스는 왜 필요한가에 대해 공부한다. 또 온라인 뉴스는 어떤 역할을 하는지, 더 나아가 온라인 뉴스의 특징과 장점 및 단점은 각각 어떤 것들이 있는지 알아본다.

## 1. 뉴스와 뉴스가치

뉴스란 무엇인가? 뉴스란 최근 발생한 새로운 소식이나 신선한 정보 및 일의 보도라고 할 수 있다. 뉴스는 신념의 체계나 규범 그리고 경향에 따라 일반적인 용어인 '뉴스가치'에 의해 세심하게 구성된다. 뉴스가치는 기자와 언론사에서 통용되는 기본적 수단으로 기자들이 그들이 속한 뉴스 회사에 맞게 적당한 주제를 선택하고 기사를 쓰고 하는 비공식적 기본 규칙이다(Harcup & O'Neill, 2001: 261).

전통 언론들은 뉴스가치를 높여주는 속성을 기준으로 기사를 취사 선택 하는 경향이 있다. 그러나 온라인 뉴스의 뉴스가치는 전통 언론의 뉴스가치 속성에 얽매여 있지 않다. 온라인 뉴스는 종종 참여와 반응에 따라 뉴스가치가 설정되는 경우가 있다 보니 대중주의나 선정주의로 빠져

심한 비판을 받기도 한다. 구본권(2005: 68-81)은 이용자의 주목을 받는 온라인 뉴스로 선정적인 오락성 기사, 정보 가치가 큰 뉴스, 특권층에 대한 감시와 비판 및 고발 뉴스, 약자를 무시하는 행위에 관련한 뉴스, 전통 언론이 다루지 않는 내용과 언론 자체에 대한 기사, 객관적인 분석기사보다 직설적 표현의 쟁점 내용, 기자의 직접적인 현장 경험 내용, 특정 정치와 문화의 아이콘이 된 사람에 대한 내용, 논쟁을 불러일으키는 주제, 전통 언론과 전혀 다른 방식의 뉴스 등을 꼽는다. 또한 논쟁적이고 책임감 없는 뉴스 편집자나 많은 사람이 쉽게 신뢰할 수 없는 블로그 뉴스에 대한 불신 등도 온라인 뉴스의 한 예라고 할 수 있다(임종수, 2006: 53).

일반적으로 뉴스가치는 어떤 사안이 뉴스로서 지니는 여러 가지 속성이라고 할 수 있다. 신문, 방송과 같은 전통 미디어 환경에서는 직업 언론인의 전문적 지식과 자율적 판단에 따라 뉴스가치가 높은 주제를 골라 언론뉴스로 전달해 주는 게이트키핑 역할을 한다. 뉴스가치는 언론사나 언론학자마다 무엇에 중점을 두느냐에 따라 약간씩 차이를 보인다. 보통 뉴스가치를 높여주는 속성으로 정보의 시의성, 근접성, 저명성을(임영호, 2010: 29-32; 박래부, 2015: 39), 그 외에 영향성이나 인간적 흥미(임영호, 2010: 32-33), 충격성, 기이성, 문제성, 변화성, 상충성(박래부, 2015: 39) 등을 꼽기도 한다. 이러한 뉴스가치의 속성을 기반으로 시대적·이념적 변화에 맞게 정보의 중요도가 구분된다.

뉴스는 수용자의 심리적 보상에 따라 경성뉴스와 연성뉴스로 나눌 수 있는데, 슈람(Schramm, 1946/ 임영호, 2010: 34 재인용)은 경성뉴스는 이용자들의 노력 등이 필요해 순간은 딱딱하고 지루하고 힘들지(노력, 고통, 공포심 요구) 모르지만 장기적으로는 유익한 것이라고 했다. 예를 들어, 정치·경

제·사회 문제 등 복잡한 사안이나 과학·교육·건강 등이 경성뉴스에 속한
다. 반면, 연성뉴스는 이용자들에게 즐거움(쾌락)을 곧바로 제공해 복잡하
고 골치 아픈 현실세계를 도피하게 해준다. 예를 들어, 섹스, 범죄, 사건,
오락 등이 연성뉴스에 포함된다.

### 1) 뉴스는 왜 필요한가?

우리가 인생을 살아가면서 뉴스는 왜 필요한 것인가? 뉴스는 우리들
각자의 삶과 자신을 보호하기 위해, 서로의 관계를 유지하기 위해, 더 나
아가 친구와 적을 구분하기 위해서도 필요하다. 미국 신문편집인협회
(ASNE)의 모든 신문들이 사시에서 밝히고 있는 것처럼 뉴스 조직의 최우
선 목적은 '시민의 자치 능력 강화'라고 할 수 있다. 저널리즘은 지금 무슨
일이 일어나고 앞으로 또 발생할지에 대한 정보를 전달하기 위해 사회가
고안해 낸 시스템으로, 사람들은 자신이 접하는 뉴스와 저널리즘의 성격
에 대해 궁금해 하고, 뉴스와 저널리즘은 우리 삶의 질과 사람의 생각 및
문화에도 영향을 주기 때문에 필요한 것이다(Kovach & Rosenstiel, 2014: 2).

### 2) 뉴스는 어떻게 제작되는가?

그렇다면 뉴스는 어떻게 만들어지는가? 뉴스는 모든 언론 활동이 자유
로운 환경에서 제작되는 것이 이상적이다. 그렇지 않으면 뉴스를 제작하
는 과정에서 여러 가지 외부적 내부적 요인들이 영향을 미쳐 정보가 아주
쉽게 왜곡될 수 있기 때문이다. 영향을 주는 요인들은 아주 다양하고 많은
데 그 중에서도 대표적인 것은 자본권력이나 정치권력, 광고주, 언론사주,
또는 기자들 자신의 자기검열 등이 있을 수 있다(Sa, 2009a). 그래서 언론의

자유는 미디어가 진실을 전달할 수 있느냐 또는 왜곡된 정보를 만들어 보도하는가와 아주 깊은 관련이 있다. 언론의 자유는 언론사 내부적 또는 외부적 요인은 물론 다른 모든 요인들(기자들이 언론/뉴스 생산을 하는데 있어 망설이게 하는 것들)로부터의 독립이라고 할 수 있다. 요약하면, 언론의 자유 는 언론 활동의 모든 과정에 있어서의 자유라고 할 수 있다. 여기에는 언 론사의 설립에서부터, 정보를 취재하고, 언론기사로 작성해, 뉴스의 편집/ 편성, 인쇄 등을 거쳐 독자 및 미디어 수용자에게 정보를 배포 및 보도하 는 과정까지 이르는 모든 과정이 포함된다(Sa, 2013b). 이런 일련의 여러 가지 제작과정을 거쳐 전통 언론들은 뉴스 및 언론 정보를 생산해 뉴스 소비자에게 제공하게 되는 것이다.

신문이나 방송과 같은 전통 언론들이 뉴스를 제작하는 데 있어 기자들 일과 관련된 일의 주요 세 가지 과정은 정보의 취재, 기사 작성, 그리고 편집/편성이라고 할 수 있다. 취재는 뉴스거리가 될 것과 사람들의 관심 이 있는 정보를 수집하는 기자의 모든 활동을 의미한다(Sa, 2013b: 412). 오 늘날은 뉴스 통신사의 발달 등으로 인하여 개별 언론사들의 능동적이고 직접적인 현장 취재방법의 중요성이 점점 감소하고 있는 추세다(Krause, 2011: 89). 또한 세계화 등으로 뉴스 회사들이 거대 기업화 및 상업화가 되 면서 언론사의 소유권 집중은 점점 더 심화되고 있다. 그러나 이러한 현상 은 건강한 민주주의 사회를 발전시키고 유지하기 위해서는 바람직한 현상 은 아니라고 할 수 있다. 언론사 소유권의 집중은 다양성이 크게 줄어들 수 있는 반면, 뉴스를 왜곡시킬 수 있는 가능성은 높아지기 때문이다.

뉴스를 생산하는 데 있어 기자들과 관련된 주요 업무 중 두 번째 단계 는 취재한 정보를 언론기사로 작성하는 과정이다. 기사 작성은 정보를 사람들(공공)에게 쉽고 효과적으로 전달하기 위해 논리적인 언론방식으로 글을 쓰는 것이라고 할 수 있다(Sa, 2013b: 414). 오늘날 신문은 뉴스 내용이 보도중심에서 점점 분석적이고 심층적인 기사로 바뀌고 있다. 왜냐하면, 신문은 인터넷이나 TV와 같은 디지털 미디어의 속도 및 대응력과 경쟁을 할 수 없기 때문이다.

기자의 업무와 관련한 마지막 단계는 언론기사를 편집 및 편성하는 과정이다. 편집/편성은 뉴스 제목, 활자, 이미지, 사진과 같은 모든 정보 요소들을 사람들이 쉽게 듣고, 읽고, 이해할 수 있도록 알맞게 배치하는 과정이다. 이것은 사진의 선택, 기사 크기의 결정이나 순서(기사가치), 보도 시간, 제목 달기 그리고 기사의 위치와 관련이 있다(Sa, 2013b: 415). 오늘날 신문 편집은 독자의 주목을 끌기 위해 점점 더 많은 색깔을 사용하고, 그래픽 등 이미지를 활용한 파격적인 디자인을 하는 경향이 있다. 이런 추세는 디지털 미디어 시대 수용자의 변화에 대응하는 한 방법이기도 하다.

## 2. 온라인 뉴스

### 1) 인터넷 언론의 등장

인터넷의 등장으로 언론계는 물론 우리 사회 거의 모든 분야에 걸쳐 거대한 변화가 일어났다. 특히 언론계는 1992년 3월 세계 최초의 인터넷 신문인 ≪시카고 트리뷴≫이 미국에서 창간됐다. 몇 년 후 국내에서 ≪중앙일보≫가 1995년 3월 처음으로 신문 종속형의 인터넷 언론을 시작했고, 같은 해 4월 일본에서도 ≪니혼게이자이 신문≫이 인터넷 신문 서비

120

스를 시작했다. 세계 최초 인터넷 방송도 미국에서 1995년 4월 리얼네트 워크(Real Networks)사의 ≪Real Audio≫가 첫 선을 보였다. 최초의 독립 인터넷 방송국은 1996년 개국한 ≪First TV≫다. 국내에서는 ≪KBS≫가 1995년 10월 인터넷 서비스를 처음으로 시작했고, 최초 독립 인터넷 방송 국은 1997년 7월 메가미디어 커뮤니케이션즈에서 ≪m2station≫을 개국 했다(김병철, 2005: 14-15).

### 2) 인터넷과 온라인 뉴스

온라인 뉴스란 인터넷과 같은 온라인 미디어를 통해 전달되는 뉴스를 의미한다. 다시 말해 온라인 뉴스는 글자, 소리, 사진, 동영상 등 다양한 유형의 정보를 0과 1로 표현되는 비트의 조합인 디지털 방식의 뉴스라고 할 수 있다(김병철, 2005: 52). 머래이(Murray, 1997: 56/ 김사승, 2003: 61 재인용)는 인터넷 뉴스는 전통적인 저널리즘이 중시하는 진실(truth)을 추구하는 것 이 아니고 단순히 모순들과 파편적인 사실들, 대립적 논쟁들, 그리고 다 양한 목소리를 나타내는 것이라고 주장했다.

기술의 발달로 온라인 저널리즘이 시작되면서 뉴스의 원칙, 기자와 수 용자의 관계, 또한 기자의 자질 등에 있어 거대한 변화를 가져왔다(Ward, 2002). 또한 뉴미디어 환경에서 뉴스가치와 생산자의 관계도 변화됐다. 뉴 미디어 환경에서는 누구나 뉴스를 생산할 수 있는 상황이 되었고, 뉴스가 치 판단도 생산자의 견해에 따라 달라지는 등 경계가 해체됐다. 즉 뉴스 생산자와 소비자의 구분이 흐려지고 서로 경쟁 및 보완을 하는 상황이라 고 할 수 있다.

더 나아가 뉴미디어 등장에 따른 저널리즘의 위기도 함께 왔다. 저널리즘의 위기는 뉴미디어의 등장으로 뉴스산업의 사업적 가치하락뿐만 아니라 신뢰의 문제 등 뉴스의 질적인 면에서도 많은 문제를 불러오고 있다. 설상가상으로 미디어 소유권의 집중은 갈로(Gallo, 2004)가 지적한 것처럼 다양성의 축소로 이어지고, 이는 뉴스 제작에서 저널리즘의 생산통제를 초래하고 있다. 기자의 개인적 판단에 의한 일방적이고 폐쇄적 생산방식으로 저널리즘의 투명성은 점점 떨어지고 편향성까지 가져올 수 있다.

### 3) 온라인 뉴스의 특성

온라인 뉴스는 신문 및 방송과 같은 전통 언론들이 생산하는 뉴스와는 여러 가지 면에서 다음과 같은 다른 특성을 지니고 있다:

#### (1) 온라인 뉴스는 시·공간 제약 없는 실시간 뉴스

온라인 뉴스는 신문이 가지고 있는 지면의 제약이 없고, 방송이 지닌 시간의 제약이 없이 24시간 언제든지 뉴스의 갱신 및 보완이 가능하다. 마감시간에서 자유로운 온라인 뉴스는 그러나 매체간의 속보 경쟁으로 인한 심층 보도를 제약하는 요인으로 작용할 수 있어 양면성을 지니고 있다. 또 온라인 뉴스는 통신 회선을 타고 빛의 속도로 이동하기 때문에 뉴스가 거리나 장소에 상관없이 신속하게 전송된다(김병철, 2005: 57-58). 그러나 속보성과 관련해 《뉴욕타임스》 시민 편집인 마가렛 설리번(Margaret Sullivan)은 '빠른 것도 훌륭하지만, 바른 것이 더 훌륭하다. 우리는 정확성과 그 친족 개념인 공정성을 위해 최대한 헌신해야 한다'고 밝혔다(Riordan, 2014/2015: 22).

#### (2) 온라인 뉴스는 비선형적 하이퍼텍스트 구조 뉴스

온라인 뉴스는 인터넷이 갖는 하이퍼링크의 기술적 장점을 최대한 이용 관련 내용의 링크를 통해 극대화시킨 하이퍼텍스트(hypertext) 구조의 뉴스다. 그러므로 온라인 뉴스는 관련 기사나 데이터를 한꺼번에 모아 제공할 수 있어 편집을 하는데 공간의 제약이 없다(김병철, 2005: 60). 하이퍼텍스트란 정보란을 마음대로 만들거나 연결시키고 정보를 검색할 수 있게 비순차적으로 기억된 데이터의 텍스트이다. 따라서 뉴스의 길이에 상관없이 무한 편집을 할 수 있다. 또한 중요한 뉴스나 관련된 뉴스의 내용들을 링크해 줌으로써 보다 더 풍부하고 심층적으로 보도할 수 있다.

### (3) 온라인 뉴스는 멀티미디어 뉴스

온라인 뉴스는 문자, 소리, 영상을 이용한 멀티미디어 뉴스다. 즉 텍스트 위주의 종이 신문과 달리 그래픽, 사진, 이미지, 소리, 동영상, 애니메이션까지도 모두 이용해 정보를 전달할 수 있는 멀티미디어 뉴스다. 즉, 온라인 뉴스는 하이퍼텍스트와 멀티미디어가 결합된 하이퍼미디어로서 서로 다른 형태의 미디어들을 연결해 신문과 방송, 통신의 경계를 오가는 멀티미디어 뉴스를 제공하고 있다(김병철, 2005: 61). 따라서 수용자들은 단조로운 신문 뉴스보다 여러 가지 형태의 시스템을 활용한 미디어 정보를 전달받을 수 있어 지루하지 않고 더 흥미롭게 뉴스를 접할 수 있다.

### (4) 온라인 뉴스는 상호작용 뉴스

온라인 뉴스는 신문과 방송 같은 전통 언론들과 다르게 쌍방향 소통을 할 수 있다는 것이 중요한 특징이다. 신문과 방송은 뉴스를 독자나 청취자에게 일방적으로 전달하는 일방향 커뮤니케이션이라고 할 수 있다. 그러나 인터넷 뉴스는 댓글, 게시판, 토론방, 채팅룸 등을 통해 수용자의 의견 및 정보를 전달하고 소통할 수 있는 쌍방향 커뮤니케이션이 가능하다

(김병철, 2005: 62). 따라서 뉴스 생산자와 수용자가 상호작용을 통한 연결이 가능하다는 것이 중요한 특징이다. 풀턴(Fulton, 1996/ 김병철, 2005: 63 재인용)도 밝혔듯이 과거 전통 언론 기자는 주로 어떻게 하면 공익적이고 가치가 있으며 읽기에 재미있는 글을 쓸까를 고민했다. 그러나 인터넷 시대에는 기사 자체보다 사람들과의 연결을 더 중시하는 경향이 있다.

(5) 온라인 뉴스는 데이터베이스(DB) 뉴스

데이터베이스(Database, DB) 기능과 검색 기능도 온라인 뉴스의 중요한 특징 중 하나이다. 데이터베이스는 관련 데이타를 수집, 정리, 통합해 놓은 것을 접속을 통해 이용하도록 한 것으로, 인터넷 신문이나 방송의 기사나 동영상 등 모든 정보들을 저장해두었다 필요할 때 언제든 다시 볼 수 있는 장점이 있다. 따라서 단발성으로 뉴스를 제공했던 전통 언론들과 달리 기사의 DB화를 통해 뉴스의 발생에서 소멸까지 전 과정을 일목요연하게 정리해서 볼 수 있다(진행남, 2002). 따라서 DB화를 통한 접근성이 신문이나 방송보다 뛰어나 부가가치도 창출할 수 있다.

### 4) 온라인 뉴스의 장점과 단점

온라인 저널리즘의 가장 대표적인 형태는 온라인 뉴스라고 할 수 있다. 온라인 뉴스는 디지털 기술을 이용한 뉴스 특성상 신문 방송과 같은 전통적 뉴스와는 차이점을 가지고 있다.

(1) 온라인 뉴스의 장점

먼저 온라인 뉴스의 장점을 살펴보면 다음과 같다(김병철, 2005: 53-55):
  - 링크 기능을 통해 이용자들에게 더 많은 정보를 제공할 수 있다.
  - 기사를 시간에 상관없이 언제나 업데이트할 수 있다.

124

- 기사의 길이에 제한이 없어 심층 보도를 할 수 있다.
- 기사에 오디오나 비디오 등 온라인 고유 형태의 내용을 추가할 수 있다.
- 기사를 아카이브(archive: 파일 저장고) 형태로 저장할 수 있다.

위와 같은 온라인 뉴스의 탁월한 장점에도 불구하고 신문이나 방송뉴스와 비교해 온라인 뉴스의 단점도 존재한다.

(2) 온라인 뉴스의 단점

온라인 뉴스의 단점을 살펴보면 다음과 같다(김병철, 2005: 53-55):

- 신문 지면에 비해 컴퓨터 화면은 크기가 작기 때문에 신문처럼 한꺼번에 모든 정보를 다 보여줄 수 없다.
- TV 뉴스보다 화질이 떨어지는 영상을 보여줄 수밖에 없다.
- 긴 내용의 온라인 뉴스를 읽을 때 불편함을 느낄 수 있다.
- TV와 신문을 동시에 보는 것 같은 눈의 피로감을 더할 수 있다.

이러한 단점에도 불구하고 온라인 뉴스는 디지털 기술의 발달로 우리가 살아가는데 있어 매일 매일의 삶과 아주 밀접하게 연결이 되어 있고, 또 하루도 빠짐없이 우리의 일상에 깊숙이 파고들어 있다.

## 5) 온라인 저널리스트와 전문직

(1) 온라인 저널리스트

온라인 뉴스를 만드는 사람을 온라인 저널리스트라고 할 수 있다. 온라인 저널리스트의 유형은 매우 다양하다. 전문직에서 요구되는 조건들과 직업적 역할 면에서 온라인 저널리스트가 아직까지 전문직으로 발전하지는 못했다. 직업적 역할 면에서 온라인 저널리스트와 전통 언론 기자들과의 차이는 다음과 같다. 온라인 저널리스트는 상호작용 기능을 보다 중요하게 생각한다. 탈전문직주의 경향도 발견된다. 더 나아가 전통적 저널리즘 전문직주의에서 기자들에게 요구되던 전문성과 윤리 규범에서 탈피하는 경향이 있다. 마지막으로 온라인 저널리즘은 신문 방송과 같은 전통 언론 보다 인스턴트 저널리즘적 특성이 나타난다. 또한 기사 작성 과정에서 사실 검증의 확인절차가 줄어들다보니 공동적 협동작업인 편집 과정이 약화되고 기자 개인의 결정이 중요해진다(황용석, 2013: 15-16).

아직까지 온라인 저널리스트가 전문직으로 발전하지는 못했음에도 불구하고, 온라인 저널리스트 역시 기자로서 자기 이름에 대해 책임을 져야 한다. 믿고 신뢰하는 지금 저널리즘에 이르기까지 너무 귀중하고 값진 희생과 헌신이 있었다. 이러한 과거의 진지한 노력과 열의 앞에 온라인·오프라인 저널리즘의 구분은 없다. 언론인 스스로 저널리즘 기본 원칙을 저버리거나, 수용자들이 이를 방치할 때 언론은 설 자리를 잃게 된다. 온라인 저널리스트 역시 저널리즘 기본원칙에 충실하며 언론인으로 윤리적 책임과 의무를 다해야 한다. 이를 위해 온라인 저널리스트는 무엇보다 진실 추구와 다른 사람들뿐 아니라 자기 자신에게도 정직하고, 일반 국민이나 사회에 해를 끼치는 행위 동조나 방관은 있을 수 없다. 소속체가 이 같은 행동을 강요하면 거부하고 언론인은 사익 보다 공익 우선과 인간이 인간답게 살기 위한 건강한 사회를 건설하기 위해 책임과 의무를 다해야 한다.

### (2) 전문직과 기자

전문직이란 전문적인 능력과 권위가 인정되고 존중되는 것을 의미한

다. 즉 특정 직업(occupation)이나 활동이 전문직(profession)으로 인정받으려
면 다른 직업이나 활동 내용이 다르다는 것이 전제된다. 많은 학자들이
전문직의 기준에 대해 다양한 주장들을 한다:

첫째, 특별한 전문 지식과 기술을 갖추어야 한다(Beam, 1990: 3-4; Splichal
& Spark, 1994: 16-29/ 황용석, 2013: 18-19 재인용; Larson, 1977/ 임현선, 2008: 30 재인
용). 스플리찰과 스파크는 기자는 뉴스 제작과 관련한 특별한 지식이 필요
하고, 이는 저널리즘 기능을 수행하기 위한 현장 실천적 조건이라고 했다;
둘째, 공적 서비스(public service) 수행과 같은 사회적 책임과 의무를 다해야
한다(Beam, 1990: 3-4; Splichal & Spark, 1994: 16-29/ 황용석, 2013: 18-20 재인용;
Gross, 1958/ 윤영철, 2004: 14 재인용). 전문직으로서 기자들은 자신 및 특정인
이나 특정 집단의 사적 이익을 위해 일하는 것이 아니라 공익과 사회 발전
을 위해 봉사하고, 취재 및 보도 과정에서 인권 침해가 없도록 특별히 주
의해야 한다; 셋째, 교육기관을 설립 전문직 구성원들이 평생교육에 매진
하는 것이다(Beam, 1990: 3-4; 김영욱, 1999/ 황용석, 2013: 18-21 재인용; Wilensky,
1964/ 윤영철, 2004: 14 재인용; Larson, 1977/ 임현선, 2008: 30 재인용). 후계자 양성
을 위한 교육기관의 설립(대학과 연계) 및 구성원들이 교육에 힘쓰는 것이
다. 예를 들어, 미국의 Poynter Institute와 API(American Press Institue), Ifra
의 Newsplex, 프랑스의 CEPJ, 한국의 한국언론진흥재단 등에서 실시하는
언론 교육을 들 수 있다. 또한 많은 대학들이 온라인 저널리즘을 커리큘럼
에 포함시키고는 있으나 아직까지는 초보 단계의 수준이다(황용석, 2013:
20-21); 넷째, 전문가들로 구성된 협회의 설립이 필요하다(Wilensky, 1964/ 윤
영철, 2004: 14 재인용; 김영욱, 1999/ 황용석, 2013: 21 재인용; Larson, 1977/ 임현선,
2008: 30 재인용). 협회의 설립을 통한 이익을 대변하고 직업수행 능력이 부

족한 사람들을 추출하는 역할 등을 해야 한다는 것이다. 한국에서는 사단
법인으로 (사)한국인터넷기자협회, (사)한국인터넷 신문협회, (사)한국온
라인신문협회가 설립되어 자체 활동을 펼치고 있다; 다섯 번째, 윤리강령
과 같은 직업윤리 제정을 해야 한다(Wilensky, 1964/ 윤영철, 2004: 14 재인용;
김영욱, 1999/ 황용석, 2013: 21 재인용; Larson, 1977/ 임현선, 2008: 30 재인용). 많은
언론 관련단체들은 윤리강령을 통해 기자들이 언론 활동을 실행하는데 있
어 따르도록 하고 있다.

더 나아가 전문직은 해당 직업을 수행하는 사람들이 상근직 및 주직업
으로 하나의 독립된 직업으로 규정해야 한다는 것이다(Wilensky, 1964/ 윤영
철, 2004: 14 재인용; 김영욱, 1999/ 황용석, 2013: 19 재인용). 여러 가지 사회적 활
동들이 통일되고 하나의 직업으로 정착하는 보통의 과정은 특정 활동이
분화(differentiation)되어, 직업이라는 사회적 제도로 정착되는 과정으로 이
해될 수 있다; 또한 전문직 문화를 개발(a professional culture)하는 것 ; 그리
고, 전문가에 의해 만들어진 것은 표준화되지 않는다는 것(Beam, 1990: 3-4/
황용석, 2013: 18-19 재인용) 등을 전문직의 조건으로 제시하고 있다.

기자는 의사나 변호사와 같은 직업과는 다른 전문직이다. 의사나 변호
사가 반드시 통과해야만 하는 전문직 시험이나 꼭 따라야 하는 엄격한
가이드라인도 없고 정규 교육을 요구하는 것도 아니다(Hunter, 2015: 275).
기자의 전문직에 대한 연구에 있어, 멕레오드와 홀리(McLeod & Hawley,
1964: 531/ 윤영철, 2004: 34 재인용)는 전문성이 강한 기자들은 그들의 기술과
지식을 사용하고 자기표현의 자율성을 열망한다는 것이다. 또한 그들은
능력 있는 상사나 동료에 의해 영향을 많이 받는다고도 했다. 반면, 전문
성이 약한 기자들은 보수, 안전성, 승진 그리고 인간관계 같은 요인들에

의해 영향을 더 많이 받는다는 것이다. 기자의 전문가주의는 사회에서 저 널리즘의 역할을 통해 규범화된다(Pihl-Thingvad, 2015: 394). 좋은 저널리즘 에 대한 의견에 있어서 여러 가지 논란에도 불구하고 학자들이 한 목소리 로 강조하는 것은 진실을 보도해야만 한다는 것이다. 이제까지 살펴 본 바와 같이 온라인 뉴스는 전통 언론의 개념에서 이해되는 뉴스의 개념이 나 목적 등이 많이 다름을 알 수 있다.

지금까지 뉴스 생산을 위한 실무 교육의 첫 번째로 뉴스란 무엇이고 어떻게 만들어지는가를 알아보고, 또 뉴스는 왜 필요한가에 대해 공부했 다. 더 나아가 온라인 뉴스의 특징과 장점 및 단점은 각각 어떤 것들이 있는지 살펴봤다. 다음 장에서는 뉴스를 제작하기 위한 주요 과정 중 첫 번째 단계인 온라인 조사와 취재에 대해 알아본다.

토론 및 다시 생각하기

1. 뉴스를 생산하기 위한 주요 과정을 설명하시오.

2. 뉴스는 왜 필요한 것인지 토론하시오.

3. 온라인 뉴스란?

4. 온라인 뉴스의 장점과 단점은 무엇입니까?

# 제7장 온라인 조사와 취재

인터넷을 이용한 자료 조사와 취재 방법 등을 공부한다. 더 나아가 효과적인 조사를 위한 정보 찾기, 인물 찾기, 정보 검증 그리고 정보 분석 등의 과정을 자세하게 알아본다.

## 1. 인터넷 등장과 취재 방식 변화

인터넷과 같은 뉴미디어의 등장은 전통 언론사 기자들이 수행했던 전통적인 방식의 뉴스 생산 과정에 엄청난 변화를 가져왔다. 대표적인 것이 온라인 조사와 취재 방법의 변화다. 또 어떤 언론기사를 쓸 것인가에 대한 새로운 아이디어를 제공해주고 정보원/취재원, 인터뷰 대상자를 아주 쉽고 편리하게 찾게 해주는 등 조사와 취재 과정에서 혁신적인 변화를 주고 있다. 온라인 취재는 인터넷 및 멀티미디어 도구 즉 온라인을 이용 정보를 수집하는 등 저널리즘 활동의 한 과정이다. 이 개념은 온라인 기술이 기자들의 취재활동에 가져온 아주 큰 변화의 한 형태를 보여준다. 취재는 뉴스거리가 될 사안과 사람들의 관심이 있는 이야기를 수집하는 기자의 모든 활동을 의미한다. 취재는 뉴스를 생산하기 위해 필요한 주요 과정 중 하나이며 기자의 일과 관련한 첫 번째 단계로, 전통 언론에서는

---

132

대부분 언론사 외부 요인들과의 관계에서 일이 진행된다(Sa, 2013b: 412).

온라인 취재는 컴퓨터 활용 취재 보도(Computer-Assisted Reporting, 이하 CAR)의 한 영역이라고 할 수 있다. CAR는 온라인 조사와, 뉴스 기사의 정보로 데이터베이스를 분석하기 위해 컴퓨터를 이용하는 방법도 포함하는 포괄적인 개념이다. 최근 들어서는 CAR 영역에서 온라인 검색이나 조사 등 좀 더 구체적인 원격 취재 방법들을 활용한다. 원격 취재는 출입처를 기반으로 한 취재양식에 변화를 주고, 정보원이 다양하게 늘어난다. 취재원과의 관계는 아주 광범위하고 여러 가지 형태로 변화한다. 특히 수용자를 단순한 뉴스 소비자로 인식하지 않고 중요한 정보자원으로 활용함으로써 수용자의 의견이 적극적으로 반영되는 효과가 나타나고 있다(황용석, 2013: 33-34).

**1) 컴퓨터 활용 취재 보도(CAR) 도구**

오늘날은 컴퓨터를 이용한 뉴스 생산이 보편화 되었다. 정보의 취재 과정에서부터 완성된 뉴스를 전달 및 보도에 이르기까지 여러 가지 형태의 새로운 도구들이 활용되고 있다. 주로 많이 사용하는 것들을 중심으로 살펴보면 다음과 같다.

(1) 스프레드시트(spreadsheet): 엑셀, 쿼크로, 로터스 123 등, SPSS, SAS

스프레드시트는 사업을 운영하는데 있어 필요한 다양한 수치 정보를 나타내는 회계 장부이다. 즉 전자 계산표로 이용자가 작업 표에 자료를 입력한 후 원하는 계산 처리, 검색 및 관리, 도표 작성 등을 쉽게 할 수 있게 개발된 응용 프로그램이다. 20세기 말 이후부터 전자적 스프레드시트가 펜과 잉크를 이용한 수기 작성을 거의 모두 대체하고 있다. 그러나 스프레드시트는 회계 자료에 국한되지 않고, 여러 가지 과학적 자료를 표현하고 컴퓨터 계산을 수행하는 데 사용되기도 한다. 최초로 개발된 스프레드시트 프로그램은 1979년에 애플 II 컴퓨터용의 비지칼크(VisiCalc)였다.

(2) 데이터베이스(database): 액세스, 폭스프로, 인포믹스 등

데이터베이스는 여러 가지 자료를 작업하는 경우 자료의 접근·조작·삭제가 쉽도록 조합해 놓은 자료기지나 자료틀이다. 보통 약칭으로 DB라고도 한다. 다수 자료기지의 정보는 자연언어(natural language) 원문으로 기억된다. 사용자가 질문하는 단어나 구절이 컴퓨터 기록 목록에 저장돼 있으면 이것을 바탕으로 정보 검색이 가능해진다. 많은 사람들이 공유해 사용할 목적으로 통합 관리되는 정보의 집합이라고 할 수 있다.

(3) 온라인 자원(online resources): email, listserv/discussion groups, database libraries, news groups, bulletin board system 등

온라인 자원의 대표적인 형태는 메시지를 이용자들이 서로 주고받을 수 있는 전자 우편(email)이 있다. 특정 주제에 대한 토론 그룹(discussion groups) 또는 리스트서브(listserv)라고도 부른다. 정보가 저장돼 있는 데이터베이스 도서관(database libraries), 종종 뉴스 그룹(news groups)으로도 불리는 전자 게시판(bulletin board system) 등을 온라인 자원이라고 할 수 있다 (Houston, 1999: 7/ 김병철, 2005: 83 재인용).

월드와이드웹(world wide web: WWW)은 미국 휴스턴의 데이터베이스 도서관(Houston, 1999/ 이건호, 2006: 136-137 재인용)과 퀸의 유니폼 정보 저장소로(uniform resource locators: URLs, Quinn, 1999/ 이건호, 2006: 136-137 재인용), 기자가 정보를 수집하고 취재하는 과정에서 아주 유용하게 활용할 수 있는 온라인 정보 저장소이다. 여기에서 WWW는 "HTML, 그래픽, 오디오와

134

비디오 파일 등 특별하게 포맷된 정보 자료들을 지원하는 인터넷 서버"를 뜻한다. 보통 웹 브라우저를 직접 방문하는 웹 사이트나 인터넷 페이지를 의미한다.

이메일(email)은 모뎀이나 컴퓨터 시스템을 이용해 사용자 사이에 서로의 정보를 주고받는 전자 메일이다. 웹오피디어에 따르면 이메일을 간단한 표현방식의 소통 네트워크를 거점으로 서로의 메시지를 주고받는 체계의 전자 메일이라고 정리했다. 언론계에서 이메일은 서로에 대해 잘 알지 못하는 정보원, 독자, 시청자 등 뉴스 소비자들이 언론사 기자에게 직접적으로 정보를 제보 할 수 있는 통로라고 할 수 있다(이건호, 2006: 137).

게시판(bulletin board system: BBS)에 대한 아이캇(Aikat, 2000: 60)의 주장은 게시판은 웹오피디어(webopedia)를 이용한 인터넷상의 온라인 메시지 센터, 즉 자신과 다른 사람들이 메시지를 읽고 쓰고 남겨놓을 수 있는 곳이라고 했다. 또한 웹오피디어는 뉴스그룹이며 포럼(forum)과도 같은 토론그룹이라고도 했다. 즉 BBS는 단지 메시지만 주고받는 것뿐만 아니라 뉴스그룹, 토론 그룹 등의 모든 기능까지 하고 있다. 따라서 게시판은 특별 관리센터나 의무적인 등록 및 구독 신청 없이도 무료로 메시지를 주고받는 활동을 통해 여러 가지 사안들을 공개적으로 토론하는 기능을 한다고 정리할 수 있다.

자동우편전달 체계(automatic mailing list servers: AMLS), 웹오피디어는 메일링 리스트 서버를 이용자 그룹의 메일 목록을 관리하는 서버라고 정의한다. 이 개념은 인터넷 정보 교육 전문가들의 '리스트서브(listserv)' 기능에 대한 정의와 비슷하다(Houston, 1999; Quinn, 1999; Holtz, 1999/ 이건호, 2006: 136 재인용). 그러나 '리스트서브'라는 용어는 어느 한 특정 업체의 상업용 프로그램과 이름이 동일한 이유로 이용하는데 혼돈을 가져올 수 있어 사용을 피한다. 따라서 이 용어에 자동적으로 메시지가 전달된다는 뜻이 포함된 AMLS는 기자들의 정보 수집용 온라인 서버 중 하나라고 할 수 있다. 즉 AMLS는 메일 리스트를 관리하며 이 목록에 있는 이용자에게만 메시지를 전달하고, 이 목록에 등록된 이용자들끼리만 집단 메일링 체제를 이용 서로의 생각을 주고받는 온라인 소통 서버라고 정리할 수 있다.

## 2) 온라인 조사와 취재 과정

뉴스를 생산하기 위한 온라인 조사와 취재보도 단계를 워드(Ward, 2002: 68-69)는 다음과 같이 4가지로 구분하고 있다: 정보 찾기, 인물 찾기, 정보 검증, 정보 분석.

### (1) 정보 찾기(finding information)

인터넷으로 기자가 정보를 수집하고 취재하는 단계에서 대표적으로 유용하게 활용하는 것이 월드와이드웹(www)이다. 여기에는 아주 다양하고 엄청난 양의 온라인 정보들이 존재하고 있다. 또한 문서나 자료, 사진, 오디오, 비디오 등은 물론 광범위한 분야의 정보 검색이 가능하다(Ward, 2002: 70).

### ① 검색 엔진(search engine)

오늘날 검색 엔진을 통해 원하는 정보를 찾는 것은 일상이 되었다. 우리가 아주 자주 이용하는 구글(www.google.com) 검색 엔진은 독특한 특성을 가지고 있다. 특정한 핵심 단어나 문구가 있을 경우 아주 쉽고 편리하게 '구글' 검색 엔진을 통해 원하는 정보를 얻을 수 있다(Ward, 2002: 76).

② 메타 검색 엔진(meta search engine)

메타 검색 엔진은 자체의 데이터베이스가 없고 구글이나 야후 등과 연계 각 검색 엔진이 가지고 있는 여러 가지 기능과 데이터베이스를 활용해 원하는 정보를 찾는 검색 도구이다. 이 검색의 장점은 동시에 여러 개의 개별 검색 엔진 정보를 얻을 수 있어 검색 시간을 절약할 수 있고, 이용할 수 있는 모든 정보를 한꺼번에 찾는데 효과적이어서 방대한 양의 정보를 얻고자 할 때 사용하면 아주 좋다. 그러나 폭넓고 광범위한 검색은 할 수 있어도 직접적으로 해당 검색 엔진에서 정보를 찾는 것이 아니라 메타 검색 엔진을 경유해 다른 검색 엔진의 정보를 찾다 보니 속도가 느릴 수 있는 단점이 있다(Ward, 2002: 77-80).

③ 주제별 디렉토리 검색(subject directory)

주제별 디렉토리 검색은 보통 검색어 입력창에 핵심 단어 입력을 바탕으로 수많은 웹 페이지들을 각각 검색하는 방법으로 정보를 찾는 방법이다. 이 검색의 장점은 원하는 정보에 대한 사전 지식이 없더라도 정보의 종류만 알면 디렉토리를 이용 편리하게 정보를 얻을 수 있다. 또한 걸러지고 불필요한 자료 없이 보다 정확하고 수준 높은 정보를 얻을 수 있다. 그러나 주제별로 분류된 목차를 따라가 정보를 검색하다 보니 디렉토리를 정확하게 찾아가야 하고 또한 여러 단계를 통해 정보를 얻는 불편한 단점이 있다(Ward, 2002: 80).

(2) 인물 찾기(finding people)

기자들이 언론기사를 쓸 때 취재원/정보원에 대한 인물정보를 종종 이용한다. 사람을 찾는 것은 물론 그 사람의 쟁점 내용, 지금의 생각 및 최근까지의 동향 등을 아주 광범위하게 검색 가능하다. 예를 들어 정부 기관이나 주요 기업 인사를 취재원으로 할 경우. 또한 정부의 주요 정책이나 사회의 현상 및 쟁점에 관련한 전문가의 견해를 듣기 위해 전문가 검색이 가능하다(김병철, 2005: 72).

국내에서 인물에 대한 정보를 검색하고자 할 때는 ≪조선일보≫ 인물검색 사이트인(http://db.chosun.com/people)를 이용하거나, 또는 ≪중앙일보≫의(http://people.joins.com) 인물정보 사이트를 통해 사람을 찾을 수 있다. ≪조선일보≫ 인물정보 네트워크에는 정계, 재계, 학계, 법조계, 종교계, 문화 예술계 등 한국 사회의 각계 주요 인물에 대한 정보가 방대하게 수록돼 있다. 또한 ≪중앙일보≫ 인물정보 사이트도 우리사회 각계각층의 주요 인물정보가 종합적으로 제공되는 인물정보 DB라고 할 수 있다. 포털로는 ≪네이버(Naver)≫의 인물검색 사이트(http://people.search.naver.com)가 사람에 대한 일반적 인물정보, 프로필, 뉴스, 인터뷰 내용 등을 제공하고 있다.

### (3) 정보 검증(checking information)

온라인 조사와 취재는 우리가 원하는 정보를 정확하고 빠르게 찾는 것뿐만 아니라 신뢰할 수 있는 정보를 얻는 것이 더 중요하다. 온라인상에 나와 있는 관련 자료를 이용한 정보 점검 및 확인도 필요하다. 인터넷은 정보의 홍수로 넘쳐나 잘못된 정보나 불필요한 정보도 많이 흘러 다니다 보니 신뢰성 판단이 아주 중요하다(김병철, 2005: 74).

### ① 온라인 정보의 평가 기준

온라인상에 떠다니는 정보들 중 정확하고 올바른 정보를 제대로 찾는 것은 아주 중요하다. 그렇다면 어떤 정보가 믿을 수 있는 정보인가? 김병철(2005: 75-76)은 공신력, 정확성, 객관성, 시의성 그리고 범위를 온라인 정보

평가 기준으로 제시하고 있다:

  - 공신력(authority)
  웹 페이지 만든 주체 및 연락처가 있는가?
  공식 사이트인가?
  자료 게시자가 누구이며 자격은 어떠한가?

  - 정확성(accuracy)
  사실에 입각한 모든 정보의 출처가 명기돼 있어 곧바로 확인 가능한가?
  편집이 잘 되어 있는가?

  - 객관성(objectivity)
  편견이나 선입견이 나타나 있는가?
  정보 내용과 광고를 쉽게 구분할 수 있게 구성되었는가?

  - 시의성(currency)
  웹 페이지가 언제 작성 게시되었고, 언제 업데이트 되었는지 알 수 있
  는가?

  - 범위(coverage)
  무엇을 말하려는지 명확하게 나타나 있는가?
  해당 분야의 중요 정보를 제대로 다루고 있는가?
  중요한 이슈들이 생략돼 있지는 않은가?


(4) 정보 분석(analysing information)
  온라인을 통해 찾아낸 관련 정보나 데이터 자료를 올바로 분석해 수용
자에게 전달해야 한다. 언론 기자들은 온라인에서 얻은 복잡한 정보나 데
이터 자료를 일반 시민들이 쉽게 이해할 수 있게 논리적이고 다양한 각도
에서 분석해 설명한 것들을 언론기사로 써서 대중에 제공해야 한다.

## 2. (온라인) 뉴스 생산과 뉴스 조직

뉴스 생산과 관련한 연구의 주요 사안들은 기자와 언론사 외부 정보원과의 관계, 기자와 언론사 내부 간부와의 관계다(Schudson, 1996). 기자와 조직 내 간부관계에 대한 연구는 대부분 간부들이 기자를 통제 및 간섭하는 것에 초점을 두고 있다(Crouse, 1973; Gitlin, 1980; Hallin, 1986/ 김사승, 2006: 123 재인용). 몇몇 경험적 사례연구를 통해 확인된 것은 기자들 스스로가 뉴스 조직 내부의 사회화 과정 등을 통해 간부들의 통제에 맞춰 미리 자기검열을 한다는 것이다(Breed, 1955; Mortensen & Svendsen, 1980/ 김사승, 2006: 123 재인용; Sa, 2013b).

뉴스 조직을 맥쾌일(McQuail, 2000)은 일반 기자와 간부들이 함께하며 여러 가지의 목적과 각기 다른 가치관이 서로 충돌하는 장이라고 했다. 뉴스 생산 관행이나 의사결정 과정이 조직 구성원에 따라 차이가 있고, 이들 사이에 내적 긴장과 갈등이 계속적으로 존재한다. 기자들 입장에서 이런 갈등은 표현의 자유나 뉴스 생산 과정의 자유 및 창의성을 위한 것이라고 할 수 있지만, 간부들 입장에서는 상업적 이익을 위해 언론사의 정해진 위치와 지위의 범위 내에서 기자들의 요구에 대응하는 것일 수 있다. 간부의 주요 역할은 뉴스 생산의 질적, 양적 일관성을 지키고 수용자들의 요구를 받아들일 수 있는 조직적 능력을 가지는 것이다(Wilson, 1996).

일반적으로 신문이나 방송과 같은 전통 뉴스 조직에서 기자들은 취재 및 편집 등으로 분업화 되어 일을 분담해 뉴스 생산에 참여한다. 신문의 경우, 취재기자가 취재를 통해 쓴 기사는 간부급 기자에게 넘겨져 점검을 한 후 편집부로 넘겨진다. 언론사에 따라 곧바로 취재부 기자가 작성한 언론기사를 면별 담당 편집기자에게 넘기기도 한다. 이렇게 넘겨진 기사

들은 취사 선택(간부급이나 편집기자) 즉 게이트키핑을 거쳐 최종적으로 그
날의 뉴스로 선택된다. 편집부로 넘어온 기사들은 편집기자의 제목 뽑기,
디자인 등의 편집 과정을 거친다. 편집한 결과는 간부 기자(대부분 부국장
및 국장)의 최종적인 의사결정을 마친 후 마무리 과정을 거쳐 뉴스로 인쇄
되어 대중에게 전달된다.

　뉴스는 대량으로 생산되고 작업 과정은 표준화 되어 있다. 뉴스 생산
과정에 있어 자율성이 중요함에도 불구하고 뉴스 조직은 위계질서를 가
지고 있다. 이런 위계질서 상황에서 간부의 엄격한 통제가 가능하기 때문
이다. 그럼에도 불구하고 다른 시각에서 고피와 스케이스(Goffee & Scase,
1995/ 김사승, 2006: 126 재인용)는 뉴스 조직은 일관생산라인에 의한 선형적
제작과정이 아니라 복잡한 구조를 가지고 있어 뉴스 제작 과정에 대한
점검 및 통제 상황을 측정하는 것이 쉽지 않다는 것을 밝혀냈다. 뉴스 조
직의 위계질서에도 불구하고 간부들은 일방적인 통제보다 기자의 개별적
자율성을 존중하며, 기자들과의 합의를 통해 조직을 운영하고자 하는 경
향이 있다고 했다. 이는 예측할 수 없는 뉴스 제작 상황 때문에 기자의
자율성을 인정해야 한다는 지적들(Soloski, 1989; Tunstall, 1971/ 김사승, 2006:
126 재인용)에서도 확인할 수 있다. 언론사 뉴스 조직의 간부는 근본적으로
통제와 동시에 타협과 합의에 이르는 조직운용 태도를 가지고 있다.

　그러나 디지털 기술에 의한 비선형적 온라인 뉴스 제작 과정은 간부의
통제관행에 변화를 가져왔다. 왜냐하면 온라인 뉴스에서는 간부의 접근
이 안 되는 영역과 제한되는 영역이 있기 때문이다. 언론기사에 대한 온
라인상의 댓글이나 기자의 개인 블로그는 수정 및 후속 생산 과정이라고
할 수 있는데 이곳에서는 간부의 통제가 미칠 수 없기 때문이다. 또 기사

를 자주 업데이트하기 위한 마감시간의 증가는 과거보다 간부의 통제 역
할을 제한하게 만든다(김사승, 2006: 128).

## 1) 기자들의 취재 경향

다수의 학자들이 밝혀낸 연구결과는 기자들은 사안에 대해 잠정적으로
결론을 내려놓고 정보원을 취사 선택하거나, 취재에 들어가는 경우가 많
다는 것이다(Donsbach, 2004; Lasorsa & Dai, 2007; Stocking & Gross, 1989; Stocking
& LaMarca, 1989; Tuchman, 1978/ 민정식, 2010: 6 재인용). 그러나 이러한 연구들
은 기자들에 의해 만들어진 기사 내용이나 기자들이 활동하는 뉴스 조직
내부에만 중점을 둬, 기자 개인의 내적 정보처리 상황에 대한 자세한 분석
이나 설명을 거의 하지 못했다. 지금까지 저널리즘 연구가 이뤄온 성과에
비해 실제로 기자들의 인지처리의 기제에 대한 연구는 미미한 편이다(민정
식, 2010: 6).

### (1) 정보원/취재원과 인터뷰 취재

언론기사를 쓰려면 일반적으로 정보원/취재원을 통해 정보를 얻는데
가장 대표적인 방법이 인터뷰라고 할 수 있다. 정보원/취재원은 기자에게
언론기사를 쓸 수 있는 정보 및 자료를 주는 원천이다. 또한 정보원/취재
원은 특히 첨예하게 대립되는 쟁점일 경우 복수의 다양한 목소리를 언론
기사에 담는 것이 단수의 정보원/취재원을 담는 것보다 언론기사가 한쪽
으로 편향될 수 있는 위험에서 벗어날 수 있다. 따라서 정보원/취재원은
언론기사를 생산하는 언론사 및 기자에게 있어서는 아주 중요하다. 어떤
정보원/취재원이냐에 따라 언론기사가 특종이 되기도 하기 때문이다. 따
라서 기자들은 이런 특종의 정보가 나올 수 있는 정부 및 공공기관 관련

정보원/취재원들을 선호한다. 이 정보원/취재원들로부터 고급정보가 지속적으로 나올 수 있기 때문이다. 또한 인터뷰 취재도 기자가 정보를 얻기 위한 중요한 취재 행위 중 한 방법이다. 인터뷰 취재를 통해서도 중요한 정보를 얻을 수 있고 더 나아가 자세하고 현장감 있는 사실이나 정보를 얻을 수 있기 때문이다.

## 2) 인터뷰 취재

### (1) 인터뷰 유형과 목적

인터뷰는 누구를 대상으로 할 것인가에 따라 당사자, 관계자, 전문가, 시민 등으로 나누기도 한다. 또한 원하는 정보의 성격과 인터뷰하는 대상 사이에는 일정한 정도의 관련이 있다. 인터뷰의 유형과 목적을 인터뷰를 통해 얻고자 하는 정보의 성격에 따라 남재일과 이재훈(2013: 38-42)은 크게 세 가지로 구분했다. 이 세 가지 인터뷰 유형을 살펴보면 다음과 같다:

### ① 정보적 차원

정보적 차원의 인터뷰는 단순하게 정보의 수집 및 사실 확인이 인터뷰의 목적이라고 할 수 있다. 다시 말해, 인터뷰 내용에 대한 정보 전달이 목적일 때를 가리킨다. 정보적 차원의 인터뷰 대상은 당사자, 관계자, 전문가 등 여러 사람이 될 수 있다. 어떤 사건 자체에 대한 진실을 밝히는데 도움이 되는 정보는 주로 당사자나 관계자와의 인터뷰를 통해 그들의 의견을 인용한다. 전문가 인터뷰는 어떤 특정 사안에 있어 전문적 지식이나 정보가 필요할 때 그 분야의 참고할 만한 전문가 견해를 들어 전달한다. 살인사건이나 화재 기사 등 사건 사고에 대한 기사에서는 목격자 진술이 아주 중요하고 이때 필요한 것이 '관계자'의 인터뷰라고 할 수 있다.

② 평가적 차원

어떤 사안에 있어 그에 대한 평가를 할 수 있는 사람을 대상으로 인터뷰를 하는 것이다. 기사가 어떤 종류인가에 따라 평가의 유형도 달라지는데, 사회 현상에 관련한 도덕적 평가, 국가 정책에 있어서의 정책적 평가, 특정 작품을 미학적 관점에서 평가하는 등 여러 가지 형태가 포함된다. 기사의 종류로는 사실 전달을 목적으로 하는 보도기사보다는 해설, 기획, 칼럼 등 기자의 주관적 의견이 개입하는 의견기사에서 많이 나타난다. 인터뷰 대상은 평가를 할 만한 자격이 있는 사람들로 제한되는데 대체적으로 전문가들이 포함되고, 특히 대학교수가 많이 선정된다. 이는 기자가 쓰는 기사의 관점과 주장을 논리적인 설명을 위해 사회적으로 공신력 있는 사람의 말을 인용해 증명하기 위한 것이라고 할 수 있다.

③ 정서적 차원

어떤 사안에 있어 정서적 대응이 필요할 때 하는 인터뷰다. 일본 정계의 독도관련 발언이나 세월호 사고처럼 사회의 정서가 일반적으로 일치할 때 주로 하게 된다. 정서적 차원의 인터뷰 목적은 국민적 공감이 요구될 때로 주로 캠페인 기사 등에서 많이 볼 수 있다. 정치적 의견이나 주관이 뚜렷한 기사에서 주로 논리를 증명하기 위해 정서적 반응을 많이 이용한다. 정서적 차원의 인터뷰는 특정 사안과 관련된 사람들을 대상으로 인터뷰하기 때문에 '관계자'가 많다. '관계자'는 대부분 국민 모두가 포함되므로 '일반 시민'이 인터뷰 대상이 될 수 있다. 이런 경우의 인터뷰는 다양한 연령과 계층을 대상으로 하게 돼 시민 전체를 대표하는 샘플을 찾아 수행하기도 한다.

144

(2) 인터뷰 절차와 방법

정보원/취재원 인터뷰를 통해 원하는 정보를 얻으려면 주제 및 내용에 맞는 인터뷰 대상자를 잘 선정하고, 또 어떤 내용들을 질문할 것인지 사전에 충분히 준비해야 실속 있는 인터뷰를 할 수 있다. 실제로 인터뷰하는 절차와 그에 필요한 것이 어떤 것들이 있는지 미리 알아두면 큰 도움이 될 것이다. 이와 관련 남재일과 이재훈(2013: 52-54)이 소개한 '인터뷰 내용과 대상 선정' 방법은 다음과 같다:

① 사건의 중심인물을 인터뷰 한다.
② 어떤 일이 진행되고 있을 때 그 일을 추진하고 있는 관계자를 인터뷰 한다.
③ 새로운 사회 현상을 대표하는 인물을 인터뷰 한다.
④ 사람 자체가 관심 대상이 될 때 그 대상을 인터뷰 한다.
⑤ 인간적으로 흥미가 있는 요소를 가진 사람을 인터뷰 한다.
　－이미 알려진 저명한 인물
　－새롭게 부상한 대중적 인물
　－한 영역에서 저명하지만 대중적이지 않은 인물
　－평범하지만 평범하지 않은 행위를 한 인물
　－평범한 인물로 어떤 집단의 대표성을 갖는 인물
　－평범한 인물로 어떤 사회적 트렌드의 대표성을 갖는 인물

위의 사항을 참고하여 주제에 맞는 인터뷰 대상자를 선정했다면 본격적으로 인터뷰에 들어가야 된다.

(3) 인터뷰 취재 요령

정보원/취재원을 만나 중요한 정보를 얻기 위해서는 여러 가지 세밀한 신경을 많이 써야 하고 최대한 예의를 갖춰야 한다. 정보원/취재원을 인

터뷰해서 취재를 할 때 유의할 점으로 박래부(2015: 113)는 다음과 같은 사항을 강조한다:

- 사전 준비를 철저히 해야 함.
- 의미 있는 답을 이끌어낼 질문.
- 예의를 갖추고 신뢰를 주어야 함.
- 기울여 듣고 정황을 넓게 파악해야 함.
- 공격적 인터뷰는 좋으나 훈계나 논쟁으로 흐르지 않도록 주의.
- 편파적인 질문만 하거나 비난 받을 사람을 일방적으로 대변하지 않는가에 주의.
- 중요한 부분은 상대가 피하더라도 답을 요구할 것.
- 피차 시간을 절약해야 함.

위에서 살펴본 바와 같이 인물을 대상으로 인터뷰를 할 때는 여러 가지 현장 상황에 따라 예기치 않게 발생할 수도 있는 점을 고려해 각별히 주의를 해야 한다. 아래 내용은 박래부(2015: 113-114)가 소개한 구체적인 질문 방법으로 어떻게 현장 상황에 대처하는지 살펴보기로 한다:

- 쉽고 편한 질문에서 어려운 질문으로 나아감 기본적 정보는 필수: 나이, 직업, 긴 기사에서는 살아온 역정 등.
- 질문도 중요한 기사다. 군더더기 없이 간결할 것. 그러나 단순한 질문보다 깊이 있는 질문이 중요.
- 상대의 의도나 정서를 면밀하고 주의 깊게 파악하며 질문.
- '노코멘트'에는 다양하게 대응.
- 분위기가 되면 난처한 질문도 서슴지 않음.
- 전문가 앞에서 해당 분야에 대한 나의 무지를 감출 것은 없음.
- 예상 방향과 달라도 좋은 기사는 가능함.

   - 인터뷰를 끝낸 후에도 전화 확인 등의 추가 취재를 통해 기삿거리는
      찾아짐.

앞에서처럼 인터뷰는 많은 준비와 세심한 주의가 필요하고 그 방법 또한 정보원/취재원의 대응이나 분위기에 따라 달라질 수 있다. 가변적인 현장 상황에 따라 기자가 명석하고 현명한 대처로 원하는 답을 얻도록 최대한 유도해야 한다.

이 장에서는 뉴스를 생산하기 위한 주요 과정 중 첫 번째 단계인 온라인 자료 조사와 취재 방법 등을 살펴봤다. 또 효과적인 조사를 위한 정보 찾기, 인물 찾기, 정보 검증 그리고 정보 분석 등의 과정을 알아봤다. 다음 장에서 살펴보고자 하는 것은 뉴스 생산을 위한 주요 과정 중 두 번째 단계로 취재 등을 통해 수집한 정보를 언론기사로 작성하는 방법을 공부한다.

1. 온라인 정보의 평가 기준에는 어떤 것들이 있습니까?

2. 효과적인 조사 및 취재 과정을 설명하시오.

3. 인터뷰 취재 유의점과 질문 방법은?

# 제8장 언론기사 작성하기

　　정보를 효과적으로 미디어 수용자에게 전달하기 위해서 언론기사를 어떻게 작성해야 하는가를 공부한다. 언론기사에는 어떤 종류가 있으며 또한 종류별 언론기사의 특성과 각각의 기사 작성 방법을 알아본다.

## 1. 언론기사 쓰기란?

　　뉴스를 생산하는 과정에서 언론기사 작성 단계는 취재 바로 다음 순서로 주로 언론사 외부에서 모은 정보를 내부 간부와의 조율 및 방향제시 등을 토대로 일이 진행된다. 언론기사 쓰기는 정보를 사람들에게 쉽고 효과적으로 전달하기 위해 논리적인 언론기사 방식으로 작성하는 것을 의미한다(Sa, 2013b: 414).

　　흥미롭지 못한 방법으로 흥미 있는 언론기사를 쓰는 것은 고도의 역량이 요구된다. 이 기량을 발전시키려면 많은 시간과 연습 그리고 선생의 지도가 필요하다. 저널리즘 학생들이 기자 정신과 뉴스거리에 접근하는 것을 발전시키려면 한 학기 내내 또는 그 이상의 반복적인 비평법이 필요할 것이다. 단과수업 ─비록 이것이 부수적인 읽을 자료들, 비디오, 그리고 강의/토론 세션이 뒤따른다 해도─ 으로는 아마도 부적합 할 수도 있

다. 편견과 공정에 민감한 학생들은 아마도 더 많은 노력을 해야 할 것이
다(Weber, 2016: 171).

추가하자면, 좋은 글쓰기를 위한 조언 중 가장 널리 그리고 지금까지도
보편적으로 많은 사람들이 알고 있는 것이 중국 송나라 때 구양수의 조
언, '많이 읽고 많이 쓰고 많이 생각하라'이다. 언론기사를 잘 쓰는 것도
위의 일반적인 좋은 글쓰기의 조언과 크게 차이는 없다. 다만 언론기사는
꼭 들어가야 될 기본적인 요소들이 있고, 또한 기사의 종류에 따라 세부
적인 사항과 방법에서 조금 차이가 있을 수 있다.

### 1) 언론기사의 종류

언론기사에는 여러 가지 종류의 글이 존재한다. 언론기사는 글을 쓰는
이(기자)의 의견이 반영되느냐 마느냐에 따라 크게 보도기사/스트레이트
기사(이후 보도기사라 함)와 의견기사/피처기사/박스기사[1](이후 의견기사라 함)
로 나눌 수 있다 〈그림 1 참조〉. 보도기사는 육하원칙(누가, 언제, 어디서, 무엇
을, 어떻게, 왜)에 따라 객관적으로 글을 쓰는 즉 기자의 주관적 입장이 개
입되지 않는 글쓰기다. 보도기사는 현재 시점을 중심으로 시간에 많은 영
향을 받는다. 반면, 사설, 칼럼, 기자수첩, 기획기사, 특집 등 여러 형태의
의견기사는 글을 쓰는 기자의 주관적 입장이 반영될 수 있고, 현재를 중
심으로 시간에 크게 영향을 받지 않는다고 할 수 있다.

뉴스와 같은 객관적인 보도기사를 잘 쓰려면 정보를 선명하고 논리적

---

[1] 박스기사란 과거 신문을 편집할 때 보도기사와 박스기사로 구분을 해 편집을 한 것에
서 유래한다. 지금은 신문을 편집하는데 있어 구분선이 없어졌지만, 과거 필자가 신문
편집을 했던 1990년대만 해도 보도기사는 기사의 단과 단 사이에 단선을 넣어 편집했
고, 의견기사는 단선 없이 편집을 하거나 박스로 처리해 독자들이 보도기사와 의견기
사를 쉽게 구분할 수 있도록 신문을 편집했다.

으로 빠짐없이 전달하기 위해 먼저 취재한 자료들을 육하원칙에 따라 정리하는 것이 효과적이다. 주관적 입장이 담길 수 있는 의견기사를 잘 쓰려면 신문의 사설, 논설, 칼럼 등의 기사를 꾸준히 읽는 것이 많은 도움이된다. 또 언론기사를 단순히 그냥 읽고 끝나는 것이 아니라 정형권(2014: 67)의 조언처럼 기사 문장의 구조를 익히고, 글의 소재를 생각하고, 개요를 계획하는 등 고민하며 정독을 하는 것이 많은 도움이 된다. 더 나아가글쓰기가 잘 되지 않을 때는 기사를 베껴 쓰는 것도 하나의 방법이라고할 수 있다. 책을 매일 베껴 쓰거나 신문의 사설 및 칼럼 등을 베껴 쓰는것은 글을 쓰는 힘과 능력을 키우기 위한 여러 가지 방법 중 하나이다.

〈그림 1〉 언론기사의 종류

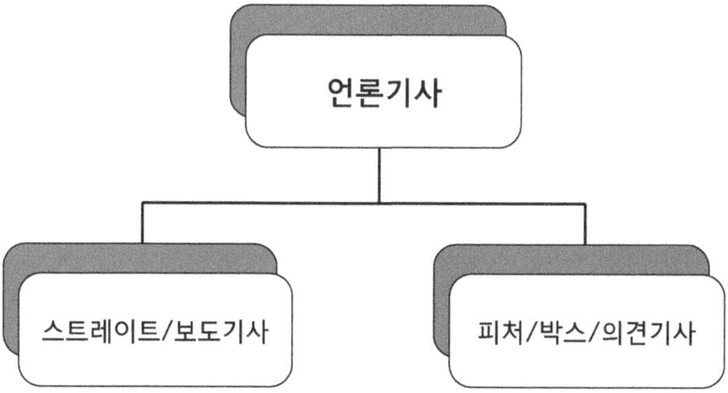

## 2) 언론기사의 구조

언론기사의 구조는 기사 성격에 따라 미디어 수용자에게 정보를 빠르고 효과적으로 제공하기 위한 것이다. 언론기사의 구조는 다음과 같이 세가지 유형으로 설명할 수 있다.

### (1) 표준 역피라미드형

표준 역피라미드형 언론기사 쓰기는 기사의 첫 도입 부분에 중요 핵심을 먼저 기술한 후 본문에서 그것을 보충하는 내용 및 세부 사항 등을 전개하는 형식이다. 즉 중요한 정도에 따라 순서대로 나열하고 주로 객관적 보도기사에 많이 쓰인다. 바쁜 수용자들을 위해, 또 편집의 편의성을 위해 중요 핵심을 앞에 배치한다. 신문 방송과 같은 전통 언론이 특히 마감시간을 앞두고 뉴스를 제작하는 뉴스룸은 시간과의 싸움을 하는 곳이다. 신문의 경우 편집국에서 마감시간에 쫓기며 편집기자가 편집 등의 작업을 하는 과정에 취재기자가 써서 넘긴 글을 처음부터 끝까지 모두 읽고 난 후 기사의 제목을 뽑고 디자인을 하고 할 충분한 시간이 없는 경우가 있을 수 있다. 표준 역피라미드형 언론기사 쓰기 방법은 중요 핵심 부분을 기사의 앞에 배치함으로써 마감시간에 쫓기며 마무리 작업을 하는 편집기자가 앞에 중요 부분을 읽고 제목을 뽑는 등 편집 작업을 수월하게 할 수 있도록 하기 위한 언론기사 쓰기의 한 방법이기도 하다.

### (2) 피라미드형

피라미드형 기사 작성법은 언론기사의 전개 방식이 처음 발단에서 시작하여 시간적으로나 논리적인 순서로 서술한 다음 끝에 결론으로 도달하는 글쓰기 형태다. 객관적 글쓰기의 보도기사보다는 의견기사나 해설기사에 주로 많이 이용된다. 미디어 수용자의 관심을 계속적으로 이끌어 갈 수 있다는 장점이 있기 때문이다(박래부, 2015: 45). 역피라미드형 기사쓰기와 반대로 중요한 부분이 맨 마지막에 배열된다. 따라서 시간성을 따지는 보도기사에는 좋은 언론기사 쓰기 방법이 아니고, 시간성과 상관이 없는 사안을 의견기사로 써서 대중에게 전달할 때 이용하면 효과적인 기사 쓰기 방식이라고 할 수 있다.

### (3) 변형 역피라미드형

앞의 두 언론기사 쓰기 형태 역피라미드형과 피라미드형을 혼합한 형식이다. 표준 역피라미드형과 같이 기사의 중요 핵심은 앞의 첫 부분에 쓰되 본문은 피라미드형처럼 시간적이거나 논리적인 순서로 전개하는 언론기사 쓰기 형태라고 할 수 있다. 객관적 보도기사보다는 의견기사에서 주로 많이 활용하는 기사 쓰기 방식이다(박래부, 2015: 46). 변형 역피라미드형 기사 쓰기 방식은 역피라미드형과 피라미드형의 좋은 점들을 혼합하여 언론기사 종류에 맞게 기사를 쓰는 방식이라고 이해하면 된다.

## 2. 종류별 언론기사 쓰기

### 1) 보도기사/스트레이트 기사 쓰기

보도기사는 사실을 있는 그대로 육하원칙—누가, 언제, 어디서, 무엇을, 어떻게, 왜—에 따라 기자의 주관적 의견이 개입되지 않게 객관적으로 쓰는 언론기사를 말한다. 보도기사 쓰기는 특히 저널리즘에서 아주 중요한 글쓰기로 위의 육하원칙 요소들을 빠짐없이 전개하는 것이 핵심이다. 또한 보도기사를 쓸 때는 객관성, 정확성, 균형성, 간단명료성 그리고 최근성 등을 고려해서 글을 작성하는 것이 특징이다.

### (1) 육하원칙 요소

#### ① 누가(Who)

누가는 일이나 사건의 당사자, 행사 및 기자회견의 주최 등이다. 언론

기사에서 누가의 범위는 개인이나 단체 또는 정부 기구 등이 될 수 있다.

② 언제(When)

언제는 일이나 사건 등이 발생한 정확한 시간으로 보통 언론기사에서는 연도, 월, 일, 시간으로 표시한다. 시간은 사건 사고와 같은 정확한 사안에서는 자세하게 제시해 주는 것이 원칙이지만, 사안과 주제의 정확성과 확정 정도에 따라 생략될 수도 있다.

③ 어디서(Where)

어디서는 일이나 사건이 이루어지거나 발생한 장소를 말한다. 어디서도 사안과 주제의 정도에 따라 언론기사를 쓸 때 표현하는 정도가 달라진다. 그러나 가능한 정확하고 자세한 장소를 제시해 주는 것이 타당하다.

④ 무엇을(What)

무엇은 일이나 사건의 사실이나 대상을 의미한다. 언론기사에서 어떤 사실 혹은 어떤 내용에 대해서 기사를 쓸 것인가의 목적이 된다. 다양한 내용과 여러 가지의 표현 방식으로 쓸 수 있지만 간결하고 구체적인 방식으로 풀어간다.

⑤ 어떻게(How)

어떻게는 일이나 사건에 대한 글을 어떤 방법이나 방식으로 쓸 것인가를 의미한다. 언론기사에는 보도기사나 논평, 칼럼, 특집 등 여러 종류의 글이 있고 종류별 글쓰기 방법 또한 너무 다양하다.

⑥ 왜(Why)

왜는 일이나 사건이 발생하게 된 이유를 말한다. 즉 언론기사에서는 원인 분석 등으로 무슨 이유 때문에 어떤 일이나 사건이 일어나게 된 것인

지 동기에 해당한다고 할 수 있다. 다양한 이유가 있을 수 있고 설명이
아주 길어질 수도 있다. 따라서 가능한 6가지 요소 중 맨 마지막에 위치
시키는 것이 좋다.

(2) 보도기사 쓰는 방법

보도기사를 쓸 때는 육하원칙이 아주 중요한 핵심 요소이기 때문에 글
의 맨 앞에 오도록 쓴다. 즉 글의 구성이 역피라미드 형식으로 기사의 가
장 중요한 부분을 맨 앞에 놓고, 그 다음 중간에 본문을, 그리고 자세한
사항은 맨 뒤에 설명하는 식으로 글을 쓰는 것이 효율적이다〈그림 2〉참조).
또 그 뒤에는 전망이나 대책 등이 있으면 추가할 수도 있다. 이를 그림으
로 정리해 보면 다음과 같다.

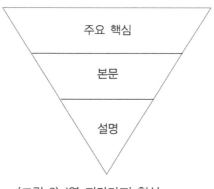

〈그림 2〉 '역 피라미드' 형식

(3) 보도기사 쓸 때 주의사항

앞에서 살펴본 바와 같이 보도기사는 글을 쓰는 기자의 주관적 의견이
나 입장이 개입되지 않게 육하원칙에 따라 객관적으로 작성하는 것이 핵
심이다. 따라서 보도기사를 쓸 때는 다음과 같은 점을 각별히 주의해서
써야 한다:

- 기사는 정확한 사실을 바탕으로 쓴다.
- 기사는 객관적으로 육하원칙에 따라 쓴다.
- 육하원칙 요소들을 글의 맨 앞부분에 오게 한다.
- 글을 쓰는데 주관적 감정이나 정서적 표현은 금한다.
- 글의 문장은 간결하고 표현은 명료해야 한다.
- 논쟁적 주제는 다양한 관점을 소개 균형과 공정을 기한다.
- 가급적 최근에 발생한 것에 초점을 두고 쓴다.
- 효율적인 기사의 이해를 위해 사진, 도표, 그림 등을 활용한다.

### 2) 의견기사/피처기사/박스기사 쓰기

객관적인 보도기사 쓰기와 달리 의견기사의 글쓰기는 주관적인 기자의 생각과 판단 등이 개입될 수 있다는 것이 특징이다. 의견기사에는 객관적으로 기사가 작성된 보도기사를 제외한 모든 기사가 포함된다. 의견기사에는 특별 사안에 대한 문제를 심층적이고 깊이 있게 다룬 기획기사나 특집기사, 사건의 원인과 배경, 전망 등이 담겨있는 해설기사, 아름다운 이야기로 수용자에게 감동을 줄 수 있는 미담기사 등 다양한 종류의 기사들이 포함된다.

#### (1) 의견기사 쓰는 방법

의견기사를 쓰는 방법은 기사의 종류마다 다양한 전개방식을 활용할 수 있다. 여러 가지 의견기사 전개방식 중 대표적인 몇 가지를 살펴보면 다음과 같다. 첫째, 글을 결론에서 시작해 증거를 제시하며 기사를 전개하는 방식; 둘째, 증거를 먼저 내세우고 결론으로 이르는 글쓰기 방식; 셋째, 문제점을 먼저 제기하고 결론으로 도달하는 기사 작성 방법; 넷째, 반대론을 먼저 제시하고 결론에 이르는 기사 쓰기 방법이 있을 수 있다.

### ① 결론 → 증거 제시

쓰고자 하는 기사의 주제에 대한 결론을 먼저 내세운다. 그런 다음에 그 결론을 뒷받침 할 수 있는 증거나 예시를 전개하면서 결론으로 도달하는 기사 쓰기 형식의 방법이다.

> 예문: 경제 민주화는 필요하다. 왜냐하면, 현 우리나라 경제 구조에서는 양극화 등 여러 가지 산적한 경제적 문제를 해결하기가 어렵기 때문이다.

### ② 증거 제시 → 결론

쓰고자 하는 기사 주제에 대한 증거나 예시를 앞에 먼저 제시하고, 그 다음에 이유를 설명하면서 글이 결론에 이르는 기사 쓰기 방식이다.

> 예문: 국가경쟁력을 높여 줄 부패방지권익위법(김영란법)은 강력하게 시행돼야 한다. 그래야만 우리 사회 부패가 사라지고 보다 투명한 나라로 세계 국가들과 당당하게 경쟁할 수 있기 때문이다.

### ③ 문제 제기 → 결론

글의 시작 부분에서 기사의 주제에 대해 의문을 먼저 제기하고, 그에 대한 해답을 설명해 가며 결론을 이끌어내는 기사 쓰기 전개방식이다.

> 예문: 주입식 위주의 한국 교육 이대로 좋은가? 글로벌 시대 경쟁력을 갖기 위해서는 창의성이 중요하다. 그러나 주입식 교육에서는 창의력이 길러지기 어렵다. 따라서 우리나라 교육방식은 변화해야만 한다.

### ④ 반대론 → 결론

먼저 쓰고자 하는 기사의 주제에 대한 반대론을 앞에 제시하고, 이것을 파괴하면서 결론에 도달하는 기사 쓰기 방식이다.

> 예문: 로스쿨 찬성론자(반대론자)의 찬성(반대)의 근거는 ~~~증거/이유~~~이다. 그러나 이것은 ~~~이러러한 이유~~~로 찬성(반대)의 근거로는 정당하지 못하다. 따라서 로스쿨 전면 재검토(로스쿨의 존치)가 타당하다.

(2) 의견기사 쓸 때 주의사항

객관적인 보도기사와는 다르게 의견기사는 기자의 주관적 입장이 담길 수 있다는 것이 특징이다. 의견기사는 아주 다양한 형태의 기사들이 있기 때문에 글쓰기 방법 또한 여러 가지가 활용된다. 그럼에도 불구하고 의견기사를 쓸 때 주의할 사항은 크게 다르지 않으므로 다음과 같은 것을 고려해야 한다:

- 기사 자료는 정확하고 풍부해야 한다.
- 찬성이나 반대에 대한 자기주장을 명확하게 한다.
- 기사 방향을 정해놓고 논리를 전개한다.
- 문장 구성은 단순하고 논지는 명료해야 한다.
- 기사 문장은 간결하고 쉬운 용어를 사용한다.
- 기사는 중학생이 이해할 수 있을 정도로 쉽게 풀어쓴다.

(3) 주요 의견기사 쓰기

① 사설

사설은 한 언론사의 얼굴이라고 할 수 있다. 그 언론사의 정책 및 논조, 편집/편성과 제작 방향이 담겨 있기 때문이다. 신문에서는 1면이나 2면 등 중요한 면에 사설을 배치하고 있다. 방송에서는 논평이라 부르기도 하며 보도기사가 방송된 후 배치된다. 사설은 그날 전달된 보도기사나 최근의 이슈 중에서 아주 중요한 이슈에 집중적으로 초점을 두고 다루기 때문에 의제설정과 게이트키핑 기능을 하고 있다. 사설은 보통 경험이 많고 오래된 기자인 편집국장이나 그에 준하는 논설위원 등이 쓴다.

사설은 편집회의 등을 통해 주제와 집필 방향을 정하기 때문에 한 개인의 의견이 아니라 언론사의 정책이나 제작 방향을 나타낸다. 편집회의에서는 여러 가지 주제가 제시되고 조율되며, 선택된 주제를 어떤 방향으로 쓸 것인가를 두고 다양한 의견이 오고간다. 사설 주제가 아주 예민한 사안일 때는 논쟁이 치열하고 격하게 이뤄지기도 한다. 사설의 종류는 보통 절차에 의해 정해지는 일반 사설, 창간 기념일이나 명절 등 특별한 날이나 특정 사건에 초점을 둔 긴 분량의 특별 사설, 그리고 상대적으로 가벼운 소재의 내용이지만 글의 감각이 중요한 변형 사설 등이 있다(박래부, 2015: 157).

## 가. 사설 쓰기 방법

사설에는 냉철한 분석과 균형 감각, 명료한 주장이 담겨야 한다. 신랄하고 예리한 비판을 하면서도 품위와 예의를 기본적으로 지키는 문장을 유지해야 한다. 사설은 상투적이고 고루한 표현은 하지 말아야 한다. 글을 쓰는 이의 주장을 강하게 표현하기 위해 고답적이고 권위주의적인 문체가 사용되기도 하지만 이런 글쓰기보다는 이해하기 쉽도록 문장이 간결하고 주장이 분명해야 한다. 언론인 장기영은 "사설은 쉽게 써야 한다. 사설 제목은 시와 같아야 한다"고 강조하기도 했다. 또한 사설은 글을 쓰는 사람이 누구인지 드러나지 않기 때문에 지나치게 감정적이거나 비열한 어법으로 전개될 충동이 생길 수도 있으나 이는 절대 금지해야 한다. 명쾌한 분석과 논리적인 주장, 더 나아가 미적 감각까지 갖춘 문장이라면 독자를 잘 설득할 수 있으며 충분히 매력을 느낄 것이다. 전통적이고 권위 있는 언론사일수록 사설에서도 일관성 있는 철학과 주장을 유지하고 있다. 다음은 박래부(2015: 157-158)가 제시한 사설을 쓸 때 주의할 사항을 그대로 옮겨본다:

- 가장 많이 사용되는 사설 쓰기 형식: 문제제기(서론)- 사안 분석, 증명, 단정(본론)- 주장과 대안제시(결론).
- 사안에 대한 긍정적 내용이 앞에 오면 뒤에는 부정적 비판이, 이와 반대로 앞에 부정적 내용이 제시되면 뒤에는 긍정하는 방식이 집필하기에 편리해서 널리 쓰임.
- 서두에 '결론부터 말하면' 하는 단정적 방식이나, 또는 '첫째' '둘째' '셋째' 등 논리 위주의 전개방식도 있으나 독자가 부드러운 글맛을 느끼기는 어려운 단점이 큼.
- 자사 주장이나 논조에 반대하는 주장을 다시 반박할 경우: 상대의 반대론 소개- 이에 대한 반박- 자기주장에 대한 재강조.
- 실제 집필할 때는 사실 열거와 논증, 자기주장을 각각 어느 분량만큼 배분할 것인지 많이 고려하게 된다.
- 변형 사설이 아니더라도 수필식 사설을 많이 시도하는 것도 바람직하다.

위와 같이 사설을 쓸 때 주의해야 할 사항은 여러 가지가 있다. 더 나아가 문장가로 유명한 상허 이태준은 〈문장강화〉라는 논설문(사설) 쓰기를 통해 "논설문은 혼자 즐기려 쓰는 글이 아니다. 언제든지 민중을 독자로 한다. 대세를 자극해 여론의 선봉이 될 것을 이상으로 한다"고 주장한다. 그리고 그는 사설 쓰기의 기준으로 다음과 같이 다섯 가지를 제안하고 있다(박래부, 2015: 159):

- 공명정대할 것.
- 열의가 있어, 먼저 감정적으로 움직여 놓을 것.
- 확실한 실례를 들어 의심을 살 여지가 없이 신뢰를 받을 것.
- 논리 정연하여 공리공론이 없고 중언부언이 없을 것.
- 엄연미가 있을 것.

사설이나 칼럼 쓰기를 연습하는 것은 꼭 언론학도가 아니더라도 우리
가 살아가는 데 있어 아주 실용적이고 의미도 많다. 연습을 통해 자기주
장을 논리적으로 전개함으로써 남을 설득할 수 있는 아주 효과적인 방법
을 알게 되기 때문이다. 특히 사설이나 칼럼 쓰기에서는 분석적이고 문학
적 글쓰기를 조화롭게 결합함으로써 이들의 배분을 균형감 있게 하는 것
이 더 많은 공감과 효과적인 설득력을 가질 수 있다. 일반적으로 우리나
라의 신문 사설은 제목에서부터 주장을 강하게 드러냄으로써 직설적이며
조급하게 설명하려는 경향이 있다. 즉 독자에게 차분히 시간을 가지고 생
각할 여유를 제공해주지 않는 것이다. 이런 반면에 미국이나 일본의 신문
들은 제목에서 가치판단을 가급적 피하거나 중립적인 입장을 나타내는
특성이 있다(박래부, 2015: 159-160).

② 칼럼

일반적으로 칼럼은 시사, 사회, 문화 등에 대한 짧은 평을 하는 것을
말한다. 사설과 비교해 주관적이고 개인적인 언론기사이기 때문에 시점
의 흐름에 따르는 사안이 아니라 어떤 주제에 대해 좀 더 근원적이고 기
본적인 접근으로 전개해 나갈 수 있다. 칼럼은 시사성을 담은 의견을 나
타내고 사건의 원인을 분석하여 문제를 찾고 해결방안을 제시한다는 면
에서 사설과 수필의 중간 정도라고 할 수 있다. 따라서 칼럼은 너무 논리
적인 주장과 증거만을 제시하는 방향으로 글이 흘러서도 안 되고 그렇다
고 논지도 명료하지 않으면서 개인의 느낌과 생각만을 표현하는 식으로
글을 써서도 안 된다(정형권, 2014: 118).

162

## 가. 칼럼 쓰기 방법

칼럼을 쓰는 방법이 표준화 되어 있지는 않다. 그럼에도 불구하고 신문
이나 잡지 등과 같은 인쇄매체에서 보는 칼럼은 보통은 구성이 비슷하게
전개된다. 일반적으로 칼럼은 도입 부분에 명언이나 경구 또는 글쓴이 자
신의 경험이나 일화를 이용하기도 한다. 그러나 이런 것들을 너무 많이
인용하게 되면 글이 진부하고 상투적인 인상을 주고 설득력이 떨어져 독
자들 관심이 멀어질 수 있다. 사건을 제시하고 독자의 관심을 불러일으킨
다음에는 최대한 그 사안에 대한 분석 및 평가를 하는 전개를 하는 것이
좋다. 그런 후에는 글을 쓰는 이의 시각에서 그 주제에 대한 생각이나 주
장을 설명한다. 문장은 짧고 간결하게 하는 것이 좋으며 문투는 지나치게
화려하지도 또 건조하지도 않게 하도록 한다(정형권, 2014: 119). 즉 칼럼을
쓸 때는 문학적 글쓰기와 분석적 글쓰기를 조화롭게 혼합해 배분하고, 논
리적인 설득력을 서로 잘 융합해 글을 읽는 사람들의 관심을 불러일으켜
야 한다(박래부, 2015: 176). 매력이 넘치는 칼럼을 쓰기 위해서는 글을 쓰기
전에 다음과 같은 사항을 점검하라고 정형권(2014: 118)은 제안한다:

 - 설명하거나 설득하려는 주제가 분명한가?
 - 주제에 비추어 내용이 적당한가?
 - 객관적이고 정확한 정보를 바탕으로 하고 있는가?
 - 쉽게 이해할 수 있도록 구성되어 있는가?
 - 흥미가 있거나 도움을 주는 내용인가?

### ③ 인터뷰 기사

인터뷰 기사는 언론기사로서 여러 가지 의미의 특징을 인터뷰 대상인
한 사람이 가지고 있는 경우에 쓰는 언론기사를 말한다. 즉, 한 사람을

인터뷰하는 것만으로도 언론기사가 될 가치가 충분히 있을 경우에 인터뷰 기사를 쓴다. 인터뷰 기사는 보통 인물 관련 자료를 많이 활용하기도 하지만, 질문과 답변 중심으로 기사를 작성하기 때문에 충분한 인터뷰 준비로 원하는 답변을 얻어 내는 게 아주 중요하다. 인터뷰 기사는 보도기사에 비해 기자 개인의 역량을 발휘할 수 있는 경우가 많다. 반면 그만큼 기자 자신의 한계가 드러날 소지도 상당히 높다.

## 가. 인터뷰 기사의 유형

남재일과 이재훈(2013: 54-55)은 인터뷰 기사의 유형을 일문일답식, 서술식 그리고 혼합식으로 다음과 같이 구분한다:

### 일문일답식

간단하게 인터뷰의 취지를 설명하고 질문-답변을 중심으로 기사를 작성한다. 흔히 스트레이트 인터뷰라고도 하는데, 인터뷰이의 답변 자체가 새로운 뉴스가 되거나 독자들이 궁금해 하는 사실을 담고 있는 경우에 쓴다.

### 서술식

인터뷰한 내용을 인용하면서 기자가 스토리를 엮어가기 때문에 인용식이라고도 한다. 스트레이트성 뉴스가치보다 화제로서의 뉴스가치가 높은 경우에 주로 사용한다. 연예인이나 화제의 주인공을 인터뷰할 때 주로 사용한다.

### 혼합식

일문일답식과 서술식을 혼합한 방식으로 인터뷰 분량이 긴 경우에 자주 사용한다. 잡지에서 인물탐구 형식으로 한 인물에 집중 조명을 할 때 주로 쓴다.

164

위의 어떤 방식을 선택하든지 간에 인터뷰 기사를 쓸 때 고려해야 할 중요한 점은 개인적인 사소한 경험담에서 시작해서 보다 넓은 사회적인 담론으로 이야기를 전개해야 한다는 것이다. 아주 자세하고 세밀한 부분에서 사회적 의미를 담은 이야기로 가는 것이 좋은 인터뷰 기사라고 할 수 있다. 따라서 좋은 인터뷰 기사를 쓰기 위해서는 근본적으로 인터뷰 할 사람에 관한 자세한 정보와 세심한 관찰이 필요하다(남재일·이재훈, 2013: 56).

나. 인터뷰 기사 쓰기 방법

인터뷰에는 우호적 만남과 비우호적 만남이 있을 수 있다. 기자와 인터뷰 대상 인물이 서로 선의를 가지고 대화하는 것을 우호적 만남이라고 하고, 비리나 혐의 등을 확인하는 단계의 비우호적 만남도 있다. 두 가지 모두 직접적이고 깊은 정보와 함께 생생한 분위기를 살리는 현장감에 묘미가 있다. 기자는 가능한 많은 질문을 기반으로 여러 가지 정보를 얻어낸 다음, 다양한 소재 중 의미가 적은 부분은 생략하고 중요 핵심적 사실을 선택해서 기사를 쓴다. 당연히 써야 될 지면이 적으면 주요 핵심 내용만 쓸 수밖에 없다(박래부, 2015: 112-113).

일반적으로 인터뷰 기사를 작성할 때, 특별한 상황이나 분위기가 아니라면 '~합니까?' '~입니다' 등의 경어체 문장은 잘 사용하지 않는다. 시간과 공간, 인과관계 등 자세한 정보를 서술할 필요가 있다. 인터뷰 기사에서도 글의 앞부분에 전체 내용을 요약해 소개한 다음 답변 내용을 순서대로 성실히 서술하는 방식이 주로 많이 사용된다. 또 질문과 응답을 차례대로 풀어 쓰는 방식 등 다양한 종류가 있다. 그러나 주로 기사 전체의 구성, 짜임새, 강조점, 미학 등을 참고하여 기자가 말한 모든 내용을 서술하지는 않고, 읽기 편리하게 전개하거나 위치시킨다. 그래서 정보를 그냥 풀어서 쓰기보다는 대화나 지문을 사용해 입체적으로 구성하는 것도 중요하다. 'Q'와 'A'형식으로 기사를 쓸 때도 있으나, 지면을 보다 효과적으로 활용하기 위해서라면 이는 가급적이면 쓰지 않는 편이 좋다(박래부, 2015: 114-115).

인터뷰 기사는 다양한 방식이 있어 표준화 된 기사 쓰기 방법이 없다. 그럼에도 불구하고 인터뷰 기사로서 포함해야 할 기본적인 요소는 있다. 남재일과 이재훈(2013: 61-66)이 정리한 기본 요소를 소개하면 다음과 같다:

서두에 인터뷰하는 이유가 명확하게 제시돼야 한다

인터뷰하는 인물을 왜 지금 이 시점에 인터뷰하는지, 인터뷰를 통해 얻고자 하는 내용은 무엇인지를 명확히 해야 한다는 것이다. 달리 말하면 인터뷰의 주제가 분명해야 한다.

문답은 되도록 자연스럽게 논리적으로 연결되도록 구성해야 한다

문답이 전체 스토리텔링 구조와 무관하게 나열식으로 배치되면 글이 초점 없이 산만해진다. 그래서 애초에 질문의 순서를 배치할 때 이 점을 염두에 두고 배치하는 것이 좋다.

문답에 반영되지 않은 현장 분위기, 인터뷰이의 어법이나 표정 등을 적절히 묘사함으로써 문답에 직접적으로 나타나지 않는 인터뷰이의 캐릭터를 해석하려고 시도해야 한다.

예컨대 '나는'이라는 주어를 유난히 많이 쓰는 어법은 에고가 강하다는 의미로 해석할 수 있다. 물론 묘사를 통한 해석은 독자의 몫으로 맡겨야지 필자가 직접 해석하면 안 된다. 예컨대 "그는 '나는'이란 주어를 유난히 많이 썼다"라고 해야지 "그는 '나는'이란 주어를 많이 쓰는 에고가 강한

사람으로 보였다"라고 쓰면 안 된다는 것이다.

말미에 인물에 대한 전체적인 해석을 압축적으로 정리해 주어야 한다.
인터뷰로 얻은 내용, 인터뷰하면서 관찰한 사실, 필자의 느낌을 종합해서 글 전체의 서사를 분명하게 해 주라는 예기다. 인터뷰는 아무리 필자가 논리적으로 구성하려 해도 상대의 말을 기본 재료로 삼아야 하기 때문에 문답 과정의 정리는 어느 정도 산만할 수밖에 없다. 이 점을 보완해 주는 방법이 서두에서 인터뷰 방향과 내용을 선명하게 초점화 하는 것, 그리고 말미에 전체적인 해석으로 주제를 부각시키는 것이다.

다. 인터뷰 내용 정리와 인용의 유형
인터뷰는 타인에게서 들은 정보를 나의 글쓰기에 인용하는 언론기사 쓰기 방법이다. 그래서 인터뷰를 마치고 마무리 단계는 인터뷰 내용을 어떻게 잘 정리해 언론기사로 쓰느냐가 관건이다. 인터뷰 내용은 남으로부터 얻은 정보이므로 '인용'을 통해 언론기사로 나타난다. '인용'은 인터뷰 내용을 얼마나 어떤 식으로 글 속에 가져오느냐에 따라 직접 인용, 간접 인용, 부분 인용으로 구분할 수 있다.

직접 인용
직접 인용은 인터뷰한 내용을 쓰고 있는 기사에 그대로 가져올 때 직접 인용 부호 "..."를 사용하여 인용하는 방법이다. 그러나 직접 인용이 인터뷰 대상의 말을 그대로 옮기는 것이 원칙이기는 하지만 오자 등 수정이 꼭 필요한 경우는 어쩔 수 없이 바로잡아야 하기 때문에 작은 수정은 할 수 있다. 인터뷰 기사의 경우 가능한 직접 인용을 기본으로 한다. 그렇다면 직접 인용은 어느 때 이용해야 하는 것인가? 남재일과 이재훈(2013:

43-45)이 제시한 직접 인용을 사용해야 할 때는 다음과 같다:

- 인용 내용이 그 자체로 뉴스가치가 높은 정보를 담고 있어서 작은 표현도 의미가 있는 경우. 스캔들의 당사자, 사건의 열쇠를 쥐고 있는 관계자 등을 인터뷰하는 경우가 여기에 속한다.
- 인터뷰 대상의 사회적 권위가 중요한 역할을 할 경우. 이 경우 직접 인용은 인터뷰 내용에 기자의 주관이 개입돼 있지 않다는 물증 역할을 한다. 전문가 인터뷰가 대표적인 경우다.
- 현장감을 살려야 하는 경우. 에피소드나 사례를 인용할 경우 현장감을 높이기 위해서는 당사자의 말을 직접 인용하는 것이 좋다. 사건 사고 기사에서 목격자 증언이 대표적인 경우라 할 수 있다.
- 인터뷰하는 사람의 성향, 심리 등을 드러내는 경우. 인물을 인터뷰할 때 인터뷰이의 특성을 상징적으로 잘 나타내 주는 말은 직접 인용을 한다. 인터뷰 기사, 특히 인물론과 같이 인터뷰 대상자 개인의 특성이 중요한 기사의 내용이 되는 경우가 여기에 해당한다.

### 간접 인용

간접 인용은 언론기사를 쓰는 기자가 인터뷰 한 내용을 정리해서 미디어 수용자에게 전달할 때 사용하는 방법이다. 간접 인용을 사용하는 경우는 인터뷰 대상의 말이 직접 인용하기에 너무나 길거나, 내용이나 용어가 전문적인 분야라서 너무 어렵고, 또 내용이 아주 산만해 정리가 필요하다고 생각될 때 기사를 쓰는 기자가 인터뷰 한 내용을 정리해서 수용자에게 전달하는 방법이다. 간접 인용을 언론기사에서 이용할 경우 간접 인용 부호 '…'를 사용해 직접 인용과 쉽게 구분할 수 있도록 하고 있다.

### 부분 인용

부분 인용은 인터뷰 한 내용 중 인터뷰 대상이 한 말의 일부분만 언론

기사에 옮기는 인용 방법이다. 부분 인용을 사용하는 경우는 언론기사를 쓰는 데 있어 글의 흐름에 맞게 인터뷰 내용 중 한 부분을 가져오는 경우가 대부분이다. 또는 인터뷰 내용 중 아주 인상적인 부분이 있어 수용자에게 제공함으로써 공감을 얻어 감동을 불러일으킬 수 있는 경우 그 부분만을 사용한다. 부분 인용은 직접 인용 형식이나 간접 인용 형식 모두 사용할 수 있다. 인터뷰 대상의 말 일부분을 그대로 가져올 때는 직접 인용 형식("...")을, 인터뷰 내용을 요약 및 정리해서 사용할 때는 간접 인용 형식('...')을 이용한다.

④ 인물론 쓰기(피처 인터뷰)

인물론 쓰기는 글을 쓰는 사람이 어떤 한 인물에 대해 주관적인 의제설정으로 접근하는 인터뷰 기사로, 보통 '피처 인터뷰'라고 한다. 일반적으로 인터뷰 기사가 사람을 통해 특정 주제에 대해 다루는 것이 주된 목적인데 반해, 인물론은 사람에 초점을 둔 이야기라는 것이 다른 점이다. 따라서 피처 인터뷰는 인물 묘사에 필요한 문학적 소양과 논리적 필력을 동시에 요구하는 유형으로, 인터뷰 중에서 가장 어려운 기사 쓰기다. 역설적이게도 기자 개인의 필력을 발휘하기 아주 좋은 기회의 기사이기도 하다. 독자들이 점점 갈수록 단순 정보전달보다 깊이 있는 해설이나 여러 가지 종류의 읽을거리를 선호하는 최근의 성향을 고려하면, 기자에게 피처 인터뷰는 미래에 아주 중요한 글쓰기 영역이라고 할 수 있다(남재일·이재훈, 2013: 66-67).

인물론을 잘 쓰기 위해서는 먼저 왜 이런 기사 장르가 생겼을까 생각해야 한다. 이 장르는 인물에 관해서 독자들의 호기심을 채워주기 위해 생겨났지만, 그렇다고 해서 단지 독자가 원하는 정보만을 전달하는 데 머물러서는 안 된다. 이 사람의 활동이나 생각뿐만 아니라 더 나아가 사회적으로 의미 있는 메시지를 만들어 내야 한다. 사회적으로 무의미한 단순 사실은 언론기사로서 가치가 별로 없기 때문이다. 그런데 대부분의 뉴스는 사건이 발생하고 난 후 육하원칙의 사실이 주어져야 그때서 언론기사로 작성된다. 따라서 사건의 형태로 발생하지 않는 구조적인 사회 문제를 환기시킬 필요가 있을 때는 다른 형태의 접근 방식이 필요한데 이때 인물론이 잘 어울리는 기사 쓰기다(남재일·이재훈, 2013: 67).

### 가. 인물론은 누구를 쓸까?

보통 인터뷰는 무엇을 인터뷰 하는가에 따라 크게 두 종류로 구분한다. 인물이 얼마나 저명한 가에 기반을 두고 인터뷰하는 경우와 인물의 행위나 살아온 길의 특수성에 초점을 맞춰 인터뷰하는 경우가 있다. 쉽게 말하자면 전자는 '대단한 사람의 아무것도 아닌 이야기'로 후자는 '아무것도 아닌 사람의 대단한 이야기'로 설명할 수 있다. 정치인, 연예인, 스포츠 스타에 대한 일상생활을 인터뷰하는 상업적 저널리즘의 인터뷰가 전형적인 '대단한 사람의 아무것도 아닌 이야기'다. 이 같은 이야기는 단지 대중의 호기심을 만족시키고, 부풀려 만든 이야기로 사람들의 호기심을 유발하는 상업적 저널리즘의 전형적 행태의 인터뷰다. 이런 인터뷰는 기사 쓰기가 어렵지 않고 많이도 읽지만, 사회적 의미가 아주 약하다(남재일·이재훈, 2013: 68).

'아무것도 아닌 사람의 대단한 이야기'는 평소 유명하지 않은 평범한 사람의 삶, 그러나 이야기는 사회적으로 큰 반향과 감동을 줄 수 있다. 그렇다고 모든 피처 인터뷰가 '아무것도 아닌 사람의 대단한 이야기'만 있는 것은 아니다. 평소 유명한 사람, 영화배우나 작가, 영화감독 같은 예술가

나 정치인의 이야기를 피처 인터뷰로 쓸 때도 종종 있다. 이런 경우를 피처 인터뷰로 쓴다면 '아무것도 아닌 이야기'로 써서는 안 된다. 이제까지 잘 알려지지 않은 숨은 사실들, 솔직한 감정과 생각을 바탕으로 새로운 느낌의 인물 이미지를 설명할 수 있어야 된다. 그러므로 인물론은 누구보다는 무엇을, 어떻게 쓰느냐가 더 중요하다고 할 수 있다(남재일·이재훈, 2013: 68-69).

나. 인물론 인터뷰 내용 및 방법

인물론은 한 사람이 살아온 인생 특징을 묘사하는 것이다. 한 부분에 치우친 정보를 전달하거나 특정 행위만 초점을 두고 의미부여를 해서는 안 된다. 요약하면 인물에 대한 미디어 수용자들의 호기심을 충족시켜줄 뿐만 아니라, 인물의 이미지를 묘사함으로써 사회적 의미를 부여해야 한다. 따라서 일반적인 인터뷰가 주로 외형적 활동에 중점을 두는 것과 비교해, 피처 인터뷰는 그 보다 훨씬 많은 여러 가지 질문을 해야 한다. 그렇게 함으로써 수용자들에게 개인적 성취를 넘어 사회적 역할과 의미를 구체적으로 느낄 수 있도록 해야 한다. 일반적인 인터뷰와 피처 인터뷰의 질문은 대부분 비슷한 내용이지만, 특히 인물론 인터뷰를 할 때 주의해야 할 사항을 남재일과 이재훈(2013: 69-70)은 다음과 같이 제시한다:

외형적인 활동보다 이념, 주장, 기억, 상처, 꿈과 같은 내면 중심으로 질문하라 외형적인 활동은 이미 알려져 인터뷰 하는 사람이 이미 알고 있다. 질문의 형태가 외형적인 활동을 예시하고 내면의 동인을 묻는 형태가 되는 것이 일반적인 피처 인터뷰의 질문 형태다.

### 인간관계에 천착하라

내가 어떤 사람인지, 정체성이 궁금하면 지금 내가 어떤 사람을 만나고, 그들과 어떤 관계를 맺고 있는가를 톺아보라는 말이 있다. 그래서 인터뷰하는 사람이 누구인지 알고 싶으면, 그 사람이 일상적으로 맺고 있는 인간관계의 행태를 보면 된다는 것이다. 누구와 관계를 맺고, 그들을 어떻게 대하는지를 보라는 말이다. 사회적 강자와 철저하게 도구적 관계를 맺고 있는 사람과 약자와 친밀성의 관계를 맺고 있는 사람은 전혀 다른 인간성의 소유자일 공산이 크다.

### 밝은 현실보다 어두운 현실에 대해 질문하라

사람의 진면목은 작별할 때 안다는 말이 있다. 밝은 현실이란 도덕적 제스처가 현실적 이익이 되는 상황이다. 이런 상황에서는 사람을 알 수 없다. 하지만 도덕적 태도가 명백하게 손해를 보는 상황이 되면 인간의 실체가 적나라하게 드러난다. '어두운 현실'을 상황으로 주고 태도를 읽어보라. 가끔씩은 '어두운 현실'의 양자택일 상황을 주고 선택을 질문해 보라.

### 질문자 스스로 악역을 자처하라

피처 인터뷰는 부담스런 내면의 이야기를 자연스럽게 하도록 분위기를 연출하는 것이 관건이다. 그러기 위해서는 질문자가 인터뷰이가 친밀감과 신뢰감을 느낄 수 있도록, 솔직한 자기표현으로 먼저 시범을 보이는 악역을 자처할 필요가 있다. 대답하기 좀 부담스런 질문의 서두에 "제 경우는 이런데…어떠신지?"와 같은 형식으로 질문하는 것이 한 사례가 될 수 있다.

172

다. 인물론 기사 쓰기 방법

인물론은 사람의 특정 행위나 살아온 인생이 가지고 있는 사회적 의미를 올바로 담아내는 것이 아주 중요하다. 즉 흔히 볼 수 있는 인물관련 인터뷰에서 부분적인 면에 초점을 두고 흥미위주로 이야기를 써 나가는 것이 아니라는 것이다. 따라서 인물론 기사 쓰기를 할 때 특히 주의해야 할 것은 사실적이고 호감 가는 묘사, 인물이 살아온 삶이 사회적 의미로 주는 것에 중점을 두고, 작고 자세한 것에 주목하고 의미 부여를 하는 것이라고 할 수 있다. 이에 대한 남재일과 이재훈(2013: 70-74)의 방법을 살펴보면 다음과 같다:

사실적이고 호의적인 묘사

인물론은 진솔한 생각과 감정을 말하도록 하고, 이를 제대로 묘사하는 것이 중요한데, 여기에 요구되는 것이 '사실적이고 중립적 언어로 인물에 대해 호의적으로 묘사하는 문장'이다. '사실적이고 중립적인 언어'는 '호의적 묘사'와 얼핏 모순돼 보이지만, 그렇지 않다. 왜냐하면 우리가 사용하는 일상어는 편견을 강화하는 편향된 언어가 매우 많기 때문이다.

인물의 삶과 현실이 충돌하는 지점에 대한 강조

인물론은 인터뷰 대상의 삶과 존재가 현실과 부딪치는 지점에서 주제가 나온다. 모든 사람이 힐링을 마음의 평화를 얻기 위한 수단으로 인식하는 세태에서 자신의 상처를 치유하기 위해 더 불행한 이를 사랑하는 방식으로 이를 극복한 인물이 있다면, 이 사람은 피처 인터뷰 대상으로 적자다. 이런 인물의 존재는 그 자체로 "애정 결핍의 유일한 치료제는 타자를 먼저 사랑하는 것. 더 많이 받으려는 기존의 힐링으로는 도움 안 돼" 같은 제목과 동시에 나타난다. 지적하고 싶은 현실을 온 몸으로 거부하며 자신만의 방식을 창조한 인물이기 때문에 존재 자체가 사회 현실과 충돌하며 의미를 만들어 내는 것이다. 피처 인터뷰는 이런 인물을 찾아내는 게 관건이고, 이런 인물의 의미를 부각시키는 것이 기본이다. 대개 작가와 같은 예술가들이 피처 인터뷰 대상으로 흔히 선정되는 것도 그들 삶의 방식이나 주장이 창의적이어서 현실을 자극할 수 있기 때문이다. 그런데 그 인물이 현실에 어떤 의미를 던져주는지 강조하는 작업은 글 전반에 걸쳐 주제의식으로 녹아 있어야 하지만, 특히 글 서두에서 명확히 하고 들어가야 한다.

### 작고 구체적인 것에서 출발해야

인물론은 그 인물의 고유한 개별성을 추론해 내서 사회적인 의미를 구성하는 작업이다. 한 인물의 고유한 개별성을 구성하는 작고 구체적인 단서들을 찾아내서 사회적 의미 부여로 나아가는 절차가 매우 중요하다. 고유한 개별성은 다른 사람과의 차이로 구성되고, 그러한 차이들은 작고 구체적인 단서로 제시될 수밖에 없다는 점을 명심해야 한다. 그리고 무엇보다 기자가 쓰는 글은 기자는 보고 듣는데, 독자는 보고 듣지 못하는 점을 늘 환기하면서, 기자가 직접 보고 들은 사실을 기본 재료로 글을 쓰는 것이 중요하다.

### 라. 인물론 기사의 구성

대부분의 인물론은 혼합식 기사 양식으로 쓰지만, 드물게 서술식으로 글을 전개하는 경우도 있다. 하나의 이야기로 길게 이어지는 서술식 기사는 문답 형식으로 전개되는 기사보다 기자가 원하는 메시지를 효과적으로 전달할 수 있는 장점이 있다. 그러나 고도의 글쓰기 능력이 필요하고 잘못하면 주관성이 지나치게 나타날 수 있다. 그런 반면, 혼합식은 비교적 쉬운 글쓰기로 보통 서두, 문답, 마무리 등 3부분으로 구성된다. 일반적인 구성 전개는 서두에서 질문으로 인물이 어떤 사람인지로 시작하고, 그에 대한 답을 통해 설명해 주고, 마무리 부분에서 기자가 정리 및 종합하는 논리적 구성을 보여준다. 남재일과 이재훈(2013: 75-82)이 정리한 각 부분에 들어가야 할 내용과 주의사항은 다음과 같다:

서두

서두에 들어갈 내용은 인터뷰 대상에 대한 기본적인 소개, 어떤 점에 포커스를 맞추어서 새롭게 인터뷰를 하는지 인터뷰의 주제, 그리고 인터뷰의 신뢰도를 높이기 위한 인터뷰 과정에 대한 안내 등이 포함돼야 한다. 이 중에서 가장 중요한 것은 두 번째 왜 인터뷰를 하는지 그 인터뷰의 초점을 설득력 있게 구성하는 것이다.

문답

문답 과정은 단순한 정보의 취재 과정이 아니라 필자가 얻고자 하는 정보를 말하게 유도하는 과정이며, 문답 배치는 글 전체의 논리적 구성에 따라서 진행해야 한다. 질문지를 작성하면서 문답이 논리적 진전이 나가도록 구성하는 게 매우 중요하다. 하지만 막상 인터뷰를 하다 보면 인터뷰어가 의도한 대로 진행되는 경우는 흔치 않다. 그래서 인터뷰 내용을 두고 기사를 작성하려고 하면 문답 내용이 그대로 글로 옮겨 놓기에는 산만한 경우가 대부분이다. 그래서 기사 작성 과정에서 문답의 연결이 자연스럽게 흘러가도록 인터뷰 내용을 정리할 필요가 있다. 물론 이런 식의 정리가 가능하려면 질문 단계에서 바로 그 앞의 답변 내용을 다시 질문 소재로 삼는 '맥락에 맞는 질문 던지기'가 전제돼야 한다.

마무리

서두와 문답까지 기사가 진행되면, 인터뷰한 인물에 대한 서두의 질문이, 문답 과정을 통해 답으로 제시된 상황이다. 하지만 독자가 알 수 없는 것은 문답 언어적 과정 이외의 인터뷰 대상자 표정이나, 화법, 현장 분위기 등이다. 마무리는 이런 항목 중에 인물의 성격을 드러내 주는 단서들과 문답과정에 대한 필자의 해석을 가미하여 글 전체의 주제를 부각시키는 것이 좋다. 또 경우에 따라서는 공식적인 인터뷰를 마치고 저녁이나 술자리를 갖게 되는 경우가 있는데, 이런 자리에서 필자가 받은 인상을 포함시키는 것도 인물의 캐릭터를 자연스럽게 부각시키는 좋은 방법이다.

⑤ 기획기사

기획기사는 특정 사안에 대한 주제를 기자가 먼저 선정하고 그 주제에 대해 심층취재 등을 통해 작성하는 언론기사를 말한다. 보도기사처럼 단순한 사실을 육하원칙에 따라 객관적으로 전달하지 않고 기자의 주관적인 의견을 담을 수가 있는 것이 특징이다. 따라서 기자의 주관적인 주장의 논거에 대한 증거를 뒷받침하는 것이 기획기사의 중요한 핵심이다. 그러므로 기획기사는 글 쓰는 사람의 주장에 대한 증거를 전개하는 글쓰기 연습에 아주 좋다. 기획기사는 기자가 직접 눈으로 본 사실, 또는 다른 사람을 통해 들은 이야기, 그리고 각종 통계자료 등을 모두 이용해 기자가 자신의 주관적 의견을 전달하는 것이다.

가.  역피라미드형 기획기사

의제 선정

기획기사는 우선적으로 어떤 현상을 쓸 것인지 의제를 선정하는 것에서부터 출발한다. 평소 아는 사람들로부터 전해들은 것, 인터넷에 떠도는

176

이야기, 보도기사에서 다루지 않은 사건의 배경, 각종 공공 기관이나 연구 기관의 연구 결과와 통계 자료, 방송 등을 통해 사람들의 관심을 불러일으키고 있는 사안 등 사회 곳곳에서 일어나는 여러 가지 현상이 주제 선정을 위한 기반이 된다. 이런 토대를 바탕으로 찾아낸 현상 중에서 언론기사 가치가 있는 것이 기획기사가 되는 것이다. 중요한 핵심은 사회에서 이 현상이 새롭게 등장한 것인가이다. 비록 다수의 사람과 관련된 현상이라고 할지라도, 이미 많은 사람들이 알고 있고, 또 언론에서 많이 다뤘던 주제라면 기획기사로서의 가치가 감소한다. 그러나 이미 알려진 현상이라 할지라도, 현상의 다른 면을 부각시킴으로써 편견을 깨는 기사라고 하면 기사가치는 충분하다고 할 수 있다. 그 현상 속에서 자세하게 전개되고 있는 미시적 현상을 발굴하는 것 또한 중요하다(남재일·이재훈, 2013: 168).

무슨 주제를 가지고 기획기사를 쓸 것인가에 대한 도움이 될 남재일과 이재훈(2013: 169-170)의 설명을 소개하면 다음과 같다:

- 기획기사의 제목: 어떤 제목, 즉 어떤 주제를 가지고 기획기사를 쓸 것인지 자세하게 설명.
- 기획기사의 뉴스가치: 이 기획기사의 뉴스가치가 무엇인지, 독자들이 왜 이 기사를 읽어야 하는지, 사회적인 의미는 어떤 것이 있는지 상세하게 설명.
- 기획기사의 주제에 대한 찬반 토의: 기획기사의 주제를 두고 주제가 다루려는 현상의 문제점에 대해 찬성과 반대를 임의로 나눈 뒤 이에 대한 찬반 토론을 벌여봄.

핵심 포인트
- 주어진 두 개의 기사를 봤을 때 이 사건과 현상 뒤에 어떤 제도적

혹은 시대적 배경이 있는지 생각해 본다. 이를 토대로 이 사건의 공
통점이 무엇인지 생각해 본다.
- 기사에 나타난 사건에 대해 현재 진행되고 있는 사회적 논의의 방향
에는 어떤 것이 있는지 사전 취재해 본다. 사건의 원인에는 어떤 것
이 있고, 사건에 관한 법적 제도적 정책방향에 대해선 어떤 논의가
있는지 살펴본다.
- 주어진 사안에 대해 잘 알고 있는 전문가가 있는지 살펴보고, 이들
의 관련 인터뷰나 관련 칼럼, 관련 서적 등을 찾아본다.

**취재계획서 작성 및 기사 작성**

무엇에 대해 쓸 것인지 주제를 선정했으면 실질적으로 취재계획서를
작성한다. 기획기사는 흔히 나오는 보도 자료가 없고, 또 사건과 관련된
정보원이 미리 정해져 있지 않기 때문에 기자가 주도면밀하게 계획을 세
워야 한다. 다음과 같은 사항을 참고해 보자(남재일·이재훈, 2013: 171-172):

- 사례 3개 이상: 사례를 어떤 방식으로 할 것인지 결정. 에피소드 형
식으로 할 것인지, 인터뷰 형식으로 할 것인지 등을 서술.
- 관련 통계 수치: 어디서 어떤 내용의 통계 수치를 얻을 것인지 서술.
- 관련자 및 전문가 인터뷰: 현상에 대한 원인 진단과 대안적 정책 방
향을 제시할 인터뷰를 누구로 할 것인지 서술.
- 기타: 가해자 인터뷰, 각종 문헌자료 등 역피라미드 기사의 전형적
구조에 포함되지는 않지만, 기사에 필요한 다른 취재원과 취재 내용
서술.

역피라미드형 기획기사에 대한 취재계획서가 작성되면 토론을 거쳐 이
계획서가 타당한지 검토를 받는 것이 좋다. 일반적으로 실제 언론 현장에
서는 데스크가 취재계획서를 검토하고 수정 및 보완을 위한 취재 지시를

178

한다. 이렇게 해서 취재계획서가 완성되면 본격적으로 취재가 시작되고, 취재하는 동안에 계획이 수정되기도 한다. 취재계획서의 주제가 취재가 가능하면 기사를 작성하고, 이 주제가 여러 가지 여건상 취재가 불가능하면 조금 더 취재가 쉬운 사안을 주제로 변경 동일한 과정을 거쳐 기획기사를 작성한다. 기사의 구조는 기본적으로 다음과 같은 형식으로 이야기를 풀어가는 방식이 무난하다(남재일·이재훈, 2013: 172-173):

- 리드
- 실태: 사례예시-통계수치 제시(통계수치가 없거나 약할 경우 관련자 인터뷰)
- 원인: 문헌자료 분석, 전문가 인터뷰
- 대안: 전문가 인터뷰, 대안사례 예시

핵심 포인트
- 기사의 리드가 새로운 사회적 현상의 존재를 명확하게 개념화해서 표현하고 있는지 확인한다.
- 사례를 어떻게 조합하는 것이 가장 효율적인 예시가 될 수 있는지 생각해 본다. 사례는 어떤 사회현상이 '심각'하다는 의미를 전달해야 하기 때문에 정도의 심각성을 가장 잘 나타내주는 것으로 선정하는 것이 일반적이다.
- 통계수치는 주제가 된 사회현상이 '만연'하다는 것을 의미해야 하기 때문에 여기에 맞는 방식으로 서술돼야 한다.
- 원인과 대안 제시는 관계자나 전문가 인터뷰를 통해서 하게 되는데 다양한 시각을 종합적으로 반영하는 것이 좋다.
- 사례와 통계수치, 또 전문가 인터뷰의 논리적 연결 관계가 자연스러운지 확인한다.

나. 참여관찰형 기획기사

또 다른 종류인 참여관찰형 기획기사는 기자가 직접 현장에서 보고 듣고 느낀 점을 중심으로 언론기사를 쓰는 기획 스케치라고 할 수 있다. 기사의 형식도 주제 별로 아주 여러 가지가 될 수 있다. 그러나 인터뷰 내용과 스케치를 중심으로 구성된다는 것은 같다. 그래서 참여관찰형 기획기사는 눈으로 보고 쓰는 스케치와 귀로 듣고 쓰는 인터뷰의 혼합 방식으로 원하는 이야기를 모두 하는 기사 유형이라 할 수 있다. 기사의 구성은 인터뷰가 더해진 스케치라고 간주할 수 있으며, 또는 인터뷰를 강조할 경우는 스케치가 더해진 다중 인터뷰 기사라 할 수 있다(남재일·이재훈, 2013: 174).

참여관찰형 기획기사에 대한 기획안을 남재일과 이재훈(2013: 174-175)은 다음과 같이 제시하고 있다:

- 기사의 주제
- 스케치 포인트와 내용
- 인터뷰 대상과 내용
- 기타 관련 자료

핵심 포인트
- 취재 장소의 특성과 유동 인구의 특성을 사전조사하고, 장소와 대상을 최소한으로 좁히는 것이 좋다.
- 특정한 장소에 대해 가장 잘 알고 있는 사람은 관할 파출소나 관할 동사무소, 관련 이익단체 등이다. 이곳에 물어보면 취재 장소나 취재 대상에 대해 재미있는 정보를 들을 수 있다.
- 역시 자신이 생각하고 있는 장소를 주제로 이전에 어떤 기사가 나온 적이 있는지 검색해보고, 유사한 기사가 있는지 찾아서 읽어본다. 같은 주제의 반복을 막아 주고, 새로운 아이디어의 밑거름이 된다.

— 기사 작성 때는 자신의 감상보다는 눈으로 보고 머리에 기록한 장소
  에 대한 구체적인 스케치와 현장에서 귀로 들은 사람들의 이야기를
  중심으로 르포르타주를 쓴다고 생각하고 작성하는 것이 좋다.

— 다양한 인물 군상을 나열하기 보다는, 기사에 쓸 인물 서너 명 가운
  데 인상적인 한 명의 이야기에 좀 더 비중을 두고 작성하면 지루한
  전개를 피할 수 있다.

### 3) 온라인 기사 쓰기

온라인 기사는 온라인 미디어를 통해 어떠한 사실이나 정보를 대중에
알리는 글이다. 따라서 온라인 기사라고 일반적인 신문 방송 같은 전통
언론기사 쓰기와 크게 다르지 않다. 이 같은 사실은 잘 쓴 온라인 뉴스
역시 전통적 언론기사 쓰기로부터 시작한다는 다수 언론 전문가들의 의견
으로도 확인된다. 그러나 온라인 기사는 전통 언론이 가지고 있는 지면의
한계나 시간의 제한이 없기 때문에 이러한 특성을 최대한 활용해 기사를
쓸 수 있다.

온라인 뉴스 편집자 조나단 듀브(Jonathan Dube/ 임종수, 2006: 47 재인용)는
전통적인 언론기사 쓰기 방식을 바탕으로 온라인 이용자를 잘 이해하고
온라인의 성격에 맞게 정보 수집 및 취재 방법, 기사 작성법, 그리고 편집
방침 등을 적용하라고 조언한다. 워드(Ward, 2002: 102-120)도 마찬가지로
온라인 글쓰기는 전통적 방식의 뉴스 기사 쓰기 장점을 최대로 활용하여
온라인에 적용하라고 제안한다. 이렇게 온라인 미디어의 장점을 최대한
살려 언론기사를 제공한다면 대중은 더 풍부한 정보들 가운데 원하는 것
을 온라인 기사로부터 얻을 수 있을 것이다.

(1) 온라인 기사 쓰기 방법

① 문장은 짧고 간결하되 기사는 길어도 무방

온라인 기사는 일반 신문 방송과 같은 전통 언론들이 가지고 있는 지면과 시간의 제한이 없다. 따라서 온라인 기사는 길이에 상관없이 글을 전개할 수 있는 장점이 있다. 그러나 문장은 짧고 간결하게 쓰는 것이 좋다. 이는 온라인 기사뿐만 아니라 일반적인 언론기사의 기본이다. 온라인 사용자들은 가능한 빠르게 정보를 얻으려는 경향이 강하지만 컴퓨터 화면으로 글을 읽을 때는 종이로 읽을 때보다 속도가 느릴 수밖에 없다. 따라서 가급적이면 문장을 짧고 간결하게 쓰는 것이 좋다(Nielson & Morkes, 1997/ 김병철, 2005: 87 재인용). 온라인 이용자는 언론기사를 읽을 때 더 읽을 것인지 말 것인지를 스크린 위에서 대충 훑어본 후 결정한다. 그래서 온라인 기사를 쓸 때는 문장과 문단, 그리고 절의 길이가 짧아야 하고 글의 표현에 있어서도 간결하고 이해하기 쉽게 써야 한다(남시욱, 2001: 332).

② 긴 기사는 소제목을 활용 몇 개로 나눈다

웹에서의 정보 검색은 특정 사이트를 직접 찾아 들어가 관심 있는 내용을 클릭해 스캐닝 하듯 대충 훑어본 뒤 또 정보를 찾아 다른 사이트로 이동하는 '히트 앤드 런' 방식이 일상적이다. 따라서 독자들 관심을 끌기 위해서 긴 기사의 경우 기사를 소제목을 이용 몇 개 덩어리로 나누는 것이 좋다. 이는 이용자들이 다른 곳으로 스크롤 하지 않고 모니터 안에서 모든 정보를 읽을 수 있게 해주는 것이다(Killan, 1999/ 김병철, 2005: 89 재인용). 또 소제목을 이용해 기사를 몇 개로 구분하면 독자가 필요한 부분만을 찾아서 읽을 수 있기 때문에 잠재적인 독자까지도 늘릴 수 있다(Ward, 2002).

③ 기사를 나누지 않고 길게 써야할 땐 단락별 띄어쓰기 활용

기사를 소제목을 활용해 나누지 않고 하나로 길게 써야만 하는 경우가 있다. 이런 경우는 기사를 읽는 이용자의 피로감을 덜어주고 가독성을 높여주기 위해 단락을 바꿀 때마다 한 줄씩 띄어 쓰는 단락별 띄어쓰기를 활용하면 효과적이다. 또 중요한 부분이나 관련 자료 등을 추가할 때는 색깔을 이용해 가독성을 높여주는 것도 필요하다. 온라인상에서의 글 읽기는 정독보다는 훑어보기이므로 이용자들이 원하는 정보를 쉽게 찾을 수 있도록 중요한 단어를 밝게 하거나 중점 내용은 소제목을 다는 것도 효과적이다(황용석·이홍철, 2000: 112).

④ 정보가 많을 경우 게시판식 글쓰기 활용

온라인 기사는 종이 신문에 비해 가독성이 상대적으로 많이 떨어진다. 따라서 온라인 기사의 가독성을 보완하기 위해서 정부 자료나 각종 자료를 많이 열거해야 할 경우에는 게시판식 글쓰기를 이용하면 보다 효과적으로 정보를 미디어 수용자에게 전달할 수 있다. 게시판식 글쓰기는 중요한 정보를 항목별로 구분하고 이를 하이픈과 같은 기호를 이용해 훑어보기 좋도록 하기 위한 것이기 때문에 많은 자료를 열거해야 할 경우 이용하면 좋다(김병철, 2005: 90).

⑤ 기사를 계속해서 갱신 보완하라

인터넷 신문과 방송인 온라인 미디어의 가장 큰 장점 중 하나는 마감시간이 따로 없다는 것이다. 따라서 신문과 방송 같은 전통 언론과 다르게 24시간 실시간으로 뉴스를 제공할 수 있다. 온라인 뉴스는 온라인 이용자들의 실시간 업데이트 뉴스 욕구 충족을 위해 지속적으로 기사를 갱신 및 보완해 주는 것이 중요하다.

### 4) 언론기사 쓰기 연습

#### (1) 언론기사 쓰기 연습할 때 주의사항

객관적 보도기사나 주관이 개입된 의견기사나 모든 언론기사 쓰기는 일반적으로 어떤 주제를 선택할까 고민을 하고 현황을 파악한다. 그런 다음 선택된 주제에 대한 윤곽을 잡고 취재에 들어간다. 취재를 통해 수집한 자료나 정보를 정리해 원고를 작성하고, 작성된 언론기사는 취재기자의 수정을 거쳐 간부급 기자의 승인을 받은 다음 편집/편성을 위해 편집부로 넘겨진다(Sa, 2013b). 이것이 전통 언론들이 뉴스를 생산하는 과정이다. 언론기사 쓰기 연습을 할 때 주의할 사항으로 박래부(2015: 44)는 다음과 같은 내용을 강조하고 있다:

- 글을 짧게 끊어 간결한 문장을 쓰고, 문단도 길지 않게 할 것.
- 도입 부분(리드)을 매력적으로, 종결 부분을 인상적으로 할 것.
- 객관적 보도기사(스트레이트 기사)와 주장, 의견 등을 담은 논평 기사를 구분할 것.
- 같은 단어의 중복 사용을 피하고, 한자식 표현을 적게 할 것.
- 그리고, 그러나, 따라서 등의 접속사 사용을 가능한 한 자제하여 글을 경제적이고 속도감 있게 할 것.
- 복수 표현도 최대한 삼갈 것(국민들-국민, 대중들-대중, 학생들-학생).
- '~기에' 등 지나치게 옛날식의 표현을 현대적이고 구어체 단어로 대신할 것 (~기에-, ~기 때문에, ~이므로, ~이어서).

#### (2) 언론사 공채 시험 현장 취재 연습

언론사 공개채용 시험 가운데 실습 과정인 현장취재는 참여관찰형 기획스케치 기사를 쓰는 것이다. 현재까지 언론사 시험에 출제된 현장취재는 광화문, 명동, 남대문시장, 북한산, 서울역, 신촌 등 유동인구가 많이 있는 특정 장소에서 지원자들에게 3~5시간 동안 현장취재를 하게 한 다음 기사를 작성하게 하는 방식이었다. 특별히 주제는 정해주지 않거나, 간단한 핵심 단어 몇 개를 제시한다. 그래서 가장 중요한 핵심은 현장에서 기사를 쓸 주제를 찾아내는 것이다. 눈으로 현장 주변을 둘러보고 의제가 생각나지 않으면, 주변 사람들에게 여러 가지 물어보고 기사 쓸 주제를 선정해야 한다. 언론사 공개 채용 현장 취재 실습 주요 핵심은 다음과 같다(남재일·이재훈, 2013: 175-176):

- 현장에서 관찰하고 인터뷰할 대상은 성별과 나이대별로 다양한 이들을 선택해 범주화해 두는 것이 좋다.
- 가능한 한 많은 사람을 인터뷰하는 것이 좋다.
- 어떤 사람과 인터뷰했는지 그 사람의 이름과 나이(현재 연도-출생연도), 직업, 주소(동 단위까지), 연락처 등을 꼼꼼히 적어두는 것이 좋다.
- 가끔 현장 취재를 바탕으로 어떤 기사를 쓸 것인지 계획을 쓴 기획안, 그리고 취재 수첩을 취재 보고서 격으로 함께 제출하라고 하는 언론사도 있다.
- 만난 사람들에 대한 정보와 그들의 이야기는 물론이거니와, 자신의 시간대별 이동 경로, 취재하면서 느낀 점 등을 꼼꼼하게 기록해 두는 것이 좋다.
- 만약 취재 장소의 범위가 한정되어 있지 않다면, 적어도 두 곳 이상은 취재하는 것이 좋다.
- 인터넷 등에서 검색 가능한 정보를 찾기보다는, 발로 뛰어서 만난 사람들 이야기나 관련 전문가 인터뷰를 삽입하는 것이 더 낫다.
- 인터뷰 대상의 명함을 받을 수 있다면, 받아서 제출하는 취재 수첩에 따로 붙여 정리해 두는 것도 방법이다.

이 장에서는 뉴스 생산을 위한 주요 과정 중 하나인 언론기사 쓰기 단계 즉, 정보를 효과적으로 미디어 수용자에게 전달하기 위한 다양한 언론 기사 쓰기 방법을 공부했다. 다음 장에서는 이렇게 언론기사로 작성한 글을 마무리 하는 과정인 편집/편성에 대해 알아보기로 한다.

토론 및 다시 생각하기

1. 효과적인 보도기사 작성법을 설명하시오.

2. 보도기사를 쓸 때 주의점은 무엇입니까?

3. 효과적인 의견기사 작성법을 설명하시오.

4. 의견기사를 쓸 때 주의점은 무엇입니까?

5. 온라인 기사 쓰기 방법에 대해 정리하기.

# 제9장 뉴스 편집/편성

언론기사로 작성한 뉴스를 출판하기 위해서는 편집/편성(이후 편집이라
함) 과정을 거쳐야 한다. 뉴스 편집은 어떻게 하고, 온라인 이용자의 특성
을 감안한 편집 및 세심한 주의사항 등은 무엇인지 공부한다.


## 1. 뉴스 편집

### 1) 뉴스 편집의 발전 및 변화

기술이 날로 발전하면서 뉴스를 제작하는 방식에 엄청난 변화가 생겼
다. 앞에서 살펴본 바와 같이 취재를 하는데 있어 인터넷을 이용한 이메
일 인터뷰가 가능해 지고 이메일 대담과 더 나아가 화상 대담까지도 가능
한 시대가 되었다. 기사 작성도 마감시간이 따로 없이 24시간 언제라도
뉴스를 제공할 수 있게 되었고, 또 올린 뉴스를 지속적으로 갱신 보완할
수 있다. 편집도 취재와 기사 작성과 마찬가지로 거대한 변화가 찾아왔
고, 그 단면은 과거 손으로 하던 일(수작업이라고도 함)과 부분적인 컴퓨터
이용에 그쳤던 작업 과정이 컴퓨터 편집 제작기를 활용해 모두 온라인상
에서 완성이 된다는 것이다.

오늘날, 뉴스 편집은 사람들의 시선을 끌기 위해 점점 더 파격적으로

188

변화하고 있다. 뉴스 제목은 보다 자극적이고, 디자인은 더욱 더 원색적 칼라를 많이 이용하고, 사진, 그래픽, 도표 등 이미지 사용이 점점 늘어나는 등 날로 시각화가 심화 되고 있다. 예를 들어, 신문 편집 레이아웃에 있어, 독자들의 주목을 끌기 위해 자극적 감각적 제목을 뽑고, 강력한 색깔을 사용하는 등 시각적으로 디자인 하고, 별로 중요하지도 않은 뉴스 기사는 사진과 함께 중요한 위치에 배치되기도 한다. 이렇게 뉴스 편집이 시각적, 감각적, 자극적으로 변화하는 현상은 미디어 수용자들이 인터넷, TV, 잡지와 같은 시각적 매스컴에 익숙해지다 보니 인쇄 매체인 신문 독자들의 기대 또한 변화했기 때문이다(Sa, 2013b: 415).

### 2) 뉴스 편집이란?

신문이나 방송과 같은 전통 언론은 지면과 시간의 제한 때문에 취재부에서 편집부로 넘어온 모든 정보를 그날의 뉴스로 전달하지 못한다. 그래서 편집국장, 부장, 차장, 기자들은 뉴스가치에 따라 그날 보도할 뉴스를 취사 선택하게 되는데 이를 게이트키핑이라 한다(Sa, 2013b: 416). 언론사에 따라 약간의 차이는 있지만 편집기자도 게이트키핑을 하기도 한다. 이렇게 선택된 기사들은 편집부 편집기자의 편집을 거친다. 일반적으로 신문사의 편집기자는 기사가치에 따라 기사를 레이아웃(디자인) 하고, 제목을 뽑고, 활자를 정하고, 사진 이미지 등 관련 자료들을 배열한다.

신문 방송 같은 전통 언론에서 뉴스 편집은 언론기사의 제목, 활자, 이미지, 사진, 영상 등 모든 정보 자료들을 미디어 수용자들이 쉽게 보고, 듣고, 읽고, 이해할 수 있도록 알맞게 잘 배치하는 과정이다. 즉 기사의 중요도(기사가치)에 따라 기사 크기나 위치 및 순서를 결정하고, 제목 달기,

사진 및 도표와 같은 이미지 자료를 선택해 위치를 정하는 것과 관련된 작업 과정이다(Sa, 2013b: 415).

앞에서도 간략하게 언급했듯이 종이신문에 있어서 편집 작업의 디자인은 텍스트(본문), 사진, 도표, 그래픽 등의 요소들을 독자들이 쉽고 효율적으로 읽도록 배열하는 것이다. 일반적으로 신문은 기사 내용 10단과 광고 5단을 기준해 총 15단으로 편집한다. 여기에서 단의 개념은 과거 신문이 세로로 편집(종편집)을 할 때 15단으로 나눠 각 단 사이에 공목(공간)을 주고 편집한 것에서 유래한다. 보도기사의 경우 단 사이에 선을 그어 표시를 했고, 의견기사는 선이 없이 편집을 해 박스기사라는 표현을 하기도 했으며, 이렇게 편집을 함으로써 보도기사와 의견기사를 구분해 줬다.

광고가 커질수록 기사 내용의 단수/크기가 줄어들고, 총 15단이 전면 광고로 채워지는 경우도 많이 있다. 또한 칼라 면과 흑백 면의 차이도 주로 광고에 따라 결정이 된다. 광고 단가의 가격은 칼라이냐 흑백이냐에 따라 크게 차이가 나고, 칼라 광고는 흑백 광고보다 가격이 훨씬 비싸다. 광고 단가 역시 1면이냐 또는 내지(속지) 면이냐에 따라서도 많은 가격 차이가 발생한다. 방송에서 시간의 길이에 따라 또 어느 시간대에 광고가 나가느냐에 따라 광고 가격이 많은 차이가 나는 것과 같은 방식으로 이해할 수 있다.

신문기사의 편집은 기사의 중요도(가치)에 따라 톱기사, 중간톱, 좌톱, 우톱기사, 3단기사, 2단기사 및 단신기사로 구분하기도 한다. 기획기사 및 인터뷰 기사 등은 한 주제로 신문 한 면을 구성하기도 한다. 1면은 종합면으로 그날에 일어난 일 중 상대적으로 중요하다고 선정된 기사들로 구성된다. 신문사별로 기사가치 기준에 따라 같은 내용의 기사 크기가 달라질 수가 있다. 따라서 똑같은 사안의 기사가 어떤 신문사에서는 1면 톱으로 다뤄지는가 하면 다른 신문사에서는 내지 면에 작은 단신으로 편집되는 경우도 발생한다. 기사 내용 및 주제별로 정치면, 경제면, 사회면, 문화면, 건강 및 의료, 환경, 스포츠면 등으로 나누기도 한다. 디자인 및 제목 뽑기 등의 편집 방식 또한 일률적이지 않고 어느 면이냐에 따라 면별 특성에 맞게 다양하게 편집된다.

## 2. 온라인 뉴스 편집

### 1) 온라인 뉴스 편집의 특징

온라인 뉴스 편집은 해당 기사를 클릭해 직접 방문해 들어온 이용자의 시선을 머물게 하기 위해 기사를 전체적으로 한눈에 쉽게 볼 수 있도록 해야 한다. 미네소타 대학 조사 결과에 따르면, 8초 내에 온라인 방문객의 관심을 끌지 못하면 방문자들은 곧바로 다른 사이트로 이동을 하고, 또한 어느 특정 사이트에 방문자들이 머무르는 시간은 7분 정도라고 했다(김병철, 2005: 97). 따라서 온라인 기사는 온라인 미디어의 특성을 감안해 방문자들이 관심을 가지고 보다 쉽게 뉴스를 찾을 수 있고 읽을 수 있게 편집을 해야 한다.

온라인 뉴스는 텍스트(기사 본문) 위주의 신문이나, 소리 및 영상 중심의 방송과 달리 다양한 요소들을 활용해 뉴스를 편집할 수 있다는 장점이 있다. 따라서 텍스트(기사 본문), 소제목, 차트, 사진, 소리, 이미지, 애니메이션, 동영상, 테이블, 그래픽 등의 요소들을 이용해 보다 효과적으로 온라인 뉴스를 대중에게 전달할 수 있다.

온라인 뉴스 편집은 전통 언론과 분명한 차별성이 있다. 가장 두드러진 특징은 늘어난 정보량 때문에 대충 훑어보며 읽는 편집 기법을 많이 활용한다. 일반적으로 종이에 비해 스크린 위에서 읽는 것은 속도가 느리고 피로감이 크며, 종종 대충 보기를 하고, 변덕스러운 것으로 나타났다. 대충 훑어보기(browsing)는 인터넷과 같은 온라인 이용자들의 기본적인 특징이다. 이는 온라인의 비선형적 구성 때문인데, 여기서는 도입부든, 중간이든, 끝부분이든 어디에서나 기사 내용의 의미를 이해할 수 있어야 한다. 그래서 온라인에서는 효과적인 뉴스 읽기 전략이 필요하다. 이 때 가장 많이 활용하는 방법이 소제목을 달아 잡지형식처럼 핵심 내용별로 '나누기'하여 주목도를 높이는 전략이다. 또는 기사 전체 내용을 알 수 있는 '편집자 주' 방식을 이용하기도 한다. 이 형식은 개별 소제목이 독립된 하나의 기사로 구성돼 독자가 읽을 가능성을 크게 높인다. 결국 하나의 기사가 전체 분량은 늘어났지만 3~4개의 개별 기사가 합쳐져 구성되고 이 기사들은 또한 각각 독립적으로 기능한다(임종수, 2006: 47-48).

이러한 뉴스 편집 관행은 뉴저널리즘 개혁 이후 기존의 편집 방식을 벗어나는 계기가 되었다. 짧은 시간 안에 해당 면의 뉴스를 소비하려는 온라인 방문자에게 효과적인 뉴스를 제공하기 위해서 눈에 띄는 제목과 소제목을 활용 이용자의 이해를 쉽게 해야 한다. 이 방식은 하나의 제목 아래 종속적으로 전개되는 기사형식과는 분명히 차이가 있다. 하나의 거시적 뉴스 주제가 개별적으로 독립된 작은 내용으로 나눠지는 글쓰기 및 편집방식이 많이 활용되는 것이다(임종수, 2006: 48).

## 2) 온라인 뉴스 편집 주의사항 및 요령

전통 언론인 종이 신문의 지면과 온라인 미디어 페이지의 편집 방식은

차이가 있을 수밖에 없다. 온라인 뉴스를 편집할 때 주의할 사항 및 요령을 살펴보면 다음과 같다:

(1) 직설적인 제목을 뽑아라

뉴스를 편집할 때는 표제(언론기사의 주요 제목)와 부제(언론기사의 부제목)를 적절히 활용하는 것이 효과적이다. 온라인 기사의 제목은 방문자들이 짧은 시간 안에 빠른 결정을 할 수 있게 직설적인 제목을 뽑는 것이 좋다. 인쇄 매체와 마찬가지로 온라인 뉴스 방문자들도 기사 제목만 보고 다른 곳으로 이동하는 경우가 많다. 그렇기 때문에 온라인 방문자들이 제목 한 줄만으로도 기사 내용을 파악할 수 있어야 한다. 이러한 온라인 수용자의 특성을 감안 인쇄 매체 기사를 온라인상에 가져갈 때는 직설적 제목으로 바꿔 게재하는 것이 효과적이다(김병철, 2005: 103).

(2) 기사의 핵심 내용을 강조하라

기사의 핵심 내용을 본문보다 더 큰 활자를 쓰든가 아니면 고딕체를 이용 강조해 편집하라. 이용자들은 기사를 처음부터 끝까지 다 읽기 전에 제목과 중요 부분을 읽고 그 기사를 읽을 것인지 말 것인지 판단을 하게 된다. 따라서 중요한 부분을 전체 기사의 본문과 다른 서체나 활자를 크게 해서 방문자들이 한눈에 알아볼 수 있도록 강조해 편집하는 것도 방문자들의 빠른 판단을 도와주는 한 방법이라고 할 수 있다.

(3) 긴 글의 기사는 소제목을 이용해 나눠라

기사 내용이 길 경우 소제목을 이용해 여러 부분으로 나누는 것도 방문자들의 가독성을 높여주는 한 방법이다. 즉 소제목에 따른 여러 개의 작은 기사들이 하나의 긴 기사로 완성되는 것이라고 할 수 있다. 소제목을 활용해 편집을 시원하게 잘 하면 이용자들이 소제목을 훑어보면서 자신이 필요한 부분을 찾아서 읽을 수 있는 장점이 있기 때문이다.

(4) 링크를 이용해 관련 정보를 충분히 제공하라

온라인을 통해 뉴스를 제공할 때는 링크를 이용해 관련 내용에 대한 충분한 정보를 전달할 수 있는 장점이 있다. 이때 활용할 수 있는 자료로는 관련 기사는 물론 동영상, 그래픽, 통계자료 등 다양하다. 따라서 정보를 심층적으로 더 많이 원하는 이용자를 위해 관련 내용에 대한 링크를 연결해 줌으로써 자신들이 선택하도록 해 정보 욕구를 충족시켜 줄 수 있다.

### 3) 온라인 뉴스 디자인

전통 언론들도 마찬가지이지만 온라인 뉴스는 온라인 미디어 이용자를 위한 편집을 해야 한다. 온라인 뉴스 편집 및 디자인의 핵심은 이용자들이 가능한 편하고 쉽게 뉴스나 정보를 찾아볼 수 있게 하는 것이다. 아무리 전문가적 입장에서 잘 된 디자인이라 해도 방문자가 찾지 않는 불편한 편집은 실패할 수밖에 없다. 일반적으로 온라인 뉴스의 디자인은 구조 설계, 내비게이션, 레이아웃, 텍스트 등 4가지 요소로 구분할 수 있다(황용석·이홍철, 2000: 64-71; 우병현, 2001: 126-129).

(1) 온라인 뉴스 디자인 요소

① 구조 설계(Structure)

온라인 뉴스 편집 및 디자인에서 가장 핵심은 기사 내용을 어떻게 구조적으로 설계할 것인가이다. 구조 설계(information architecture)는 건축에 비유하면 건물의 설계도로 웹 디자인을 위한 기초라고 할 수 있다. 일반적으로 웹 사이트 구조는 가계도처럼 계층적인 구조가 보통이다. 또한 A에서 B로 B에서 C로 연결되는 순차적 구조, 격자 모양의 그리드 구조, 거미줄 모양의 거미줄 구조 그리고 네트워크 구조 등 여러 가지 형태의 구조를 활용할 수 있다(Ward, 2002: 188-190).

② 내비게이션(Navigation)

내비게이션은 사이트 구조에서 방문자들이 자신이 원하는 정보나 뉴스를 쉽고 빠르게 찾도록 길을 안내하는 시스템이라고 할 수 있다. 내비게이션은 사이트의 구조별로 형태가 달라지므로 사이트 구조를 세밀하게 고려해야 한다(황용석·이홍철, 2000: 65-67). 내비게이션의 주요 체계는 메뉴 방식, 검색 방식, 링크 방식 등이 있다(우병현, 2001: 129).

③ 레이아웃(Visual Layout)

온라인 뉴스의 레이아웃은 본문과 사진 및 그래픽 등의 요소들을 웹 페이지에 온라인 방문자들이 흥미롭고 편안하게 볼 수 있도록 적절하게 배치함으로써 웹 페이지 공간을 시각적으로 만드는 것이다. 웹 페이지는 대칭, 비대칭, 방사 모양의 시각적인 균형과 일관성을 유지하는 것이 중요하다. 뉴스 사이트는 L자형(혹은 뒤집힌 L자형)이나 I자형(종종 T자형)의 레이아웃을 이용하는 경우가 많이 있다(Ward, 2002: 204-205).

④ 텍스트(Text)

타이포그래피는 웹 페이지에서 글자와 글자 사이의 효율적인 조합으로 언어 소통과 시각적 커뮤니케이션을 하는 복합 기능을 통해 사용자들이 형식을 제대로 파악하고 내용을 잘 이해할 수 있도록 도움을 준다(황용석·이홍철, 2000: 69).

(2) 온라인 뉴스 디자인 요령

앞에서 온라인 뉴스 디자인의 중심 요소인 구조 설계, 내비게이션, 레이아웃, 텍스트를 알아봤다. 이 4가지 요소를 중심으로 실제적으로 온라인 뉴스 편집 및 디자인을 하는데 있어 주의사항 및 요령을 살펴보면 다음과 같다(황용석·이홍철, 2000: 72-93; 공훈의, 2001: 76-106; 우병현, 2001: 122-147):

① 구조 설계 요령

**가. 이용자 중심 구조설계를 하라**

구조 설계를 하는데 있어 가장 중요한 것은 이용자가 원하는 것이 무엇인지와 이들의 행동을 잘 파악해 온전한 사용자 중심의 구조 설계를 하는 것이다. 이는 구조 확정 전·후 시기에 상관없이 지속적으로 진행돼야 하는데 사용자 등록 정보, 로그 파일 분석, 커뮤니티를 이용한 피드백, 온라인 설문조사 등으로 정보를 파악할 수 있다.

**나. 흐름도를 만들어라**

뉴스가 경유하는 흐름도를 만들어라. 각 페이지들이 서로 연결되는 경로와 각 기능 등을 자세하게 확인함으로써 사이트 구조를 더욱더 정확하고 섬세하게 설계할 수 있다.

**다. 각 페이지에 들어갈 콘텐츠 요소와 링크를 정리하라**

뉴스 텍스트, 사진, 이미지, 사운드, 비디오, 오디오 등 각 페이지 별로 모든 자료들을 항목별로 나열한다. 그런 다음 이 콘텐츠 목록 중에 특정 페이지에 넣을 것과 종합 페이지에 포함시킬 것을 다시 분류해 페이지의 일관성을 유지하도록 한다.

② 내비게이션 디자인 요령

**가. 일관성을 유지하라**

일관성을 유지하는 것이 내비게이션의 첫 번째 원칙이다. 생산자는 여러 가지 많은 정보를 제공하고 싶어 하지만 첫 번째 임무로 제공할 것은 일관성이다. 생산자가 제공한 다양한 정보들을 이용자들이 찾아 볼 수 있기를 원한다면 사이트를 여행하며 쉽게 길을 찾도록 명료하고 일관된 길 안내 내비게이션을 제공해야 한다(Ward, 2002: 193).

나. 배우기 쉽게 해라

내비게이션은 이용자들이 짧은 시간과 노력으로 이용할 수 있는 도구들을 쉽게 익히고 배울 수 있도록 가능한 단순하게 디자인하는 것이 좋다. 웹에서 방문자들은 특정 사이트를 들어가 관심 있는 정보가 있으면 클릭해 대충 훑어본 뒤 또 다른 정보를 찾아 이동하는 '히트 앤드 런' 방식으로 사이트를 옮겨 다닌다. 그래서 내비게이션이 복잡하면 사용자들이 곧바로 사이트를 떠나 다른 곳으로 이동할 수 있다.

다. 피드백 장치를 제공해 줘라

방문자의 마우스가 특정한 아이콘이나 어떤 대상을 지나다닐 때 링크에 밑줄이나 색깔 변화 등의 반응을 표시하는 장치를 해 현재 사용하고 있는 위치에 대한 정보를 제공하라. 이것이 내비게이션의 대표적 피드백 실현 방법의 하나다.

라. 링크로 다양한 선택권을 보장해 줘라

대중은 천차만별이고 온라인 이용자들의 취향은 아주 다양하다. 그렇기 때문에 기사 내용에 관련 기사 및 자료와 사이트 맵이나 검색창 등 사용자가 원하는 여러 가지 정보를 선택해 찾을 수 있도록 링크를 제공해 사이트 접근성을 높여주는 것이 좋다.

마. 명확하고 이해하기 쉬운 메뉴명을 사용해라

사용 메뉴 이름은 이용자들이 즉각 알아차릴 수 있도록 쉽고 명료해야 한다. 도로 표지판이나 휴게소 안내판 등에서 사용하는 아이콘처럼 웹에서도 알맞은 메타포(metaphor)를 이용한 시각적 메시지를 전달할 필요가 있다.

③ 레이아웃 요령

가. 한 웹 페이지 안에 너무 많은 정보를 담지 마라

한 페이지 안에 너무 많은 정보나 자료를 넣으려 하지 마라. 특히 첫 페이지는 사이트의 첫 인상을 좌우하는 아주 중요한 얼굴이다. 따라서 첫 페이지에 너무 많은 내용을 넣어 방문자들에게 부담을 주거나 그래픽을 너무 많이 사용해 다운로드 속도가 느려지면 이용자들은 짜증을 내며 곧 바로 다른 사이트로 이동할 확률이 높다. 즉 웹에서는 정보의 내용이 가장 중요하고 개성이나 독특한 디자인 보다 그림을 최소화해 속도를 빨리 하는 것이 아주 중요하다(Ward, 2002: 164-165).

나. 웹 페이지 상단에 가장 중요한 것을 집중적으로 배치해라

방문자들이 웹 페이지를 처음 방문했을 때 마우스를 사용하지 않고도 볼 수 있는 첫 화면 상단에 가장 중요한 뉴스와 그래픽, 링크를 집중 배열하는 것이 좋다. 즉 톱뉴스나 최신 뉴스, 사이트 이미지를 압축해 보여줄 로고나 방문자들이 자주 사용하는 중요 링크들을 첫 화면에 배치함으로써 이용자들의 관심을 유도해야 한다(김병철, 2005: 109).

다. 콘텐츠와 내비게이션의 특성을 고려 레이아웃 형태를 결정해라

보통 가장 많이 이용하는 웹 레이아웃은 L자형(또는 뒤집은 L자형)과 I자형(또는 T자형)이다. L자형과 뒤집은 L자형은 보통 주목할 것이 많은 양의 내비게이션이 필요한 뉴스 사이트에 많이 사용된다. L자형 레이아웃은 보통 왼쪽에 내비게이션 요소들을 수직으로 나열하고 하단에 광고나 추가

내비게이션을 제공하는 형식이다. I자형과 T자형 레이아웃은 전달할 정보의 양이나 메뉴가 많을 때 아주 경제적으로 활용될 수 있는 방법이다. T자형 레이아웃은 사이트에 특별히 강조할 핵심이 없고 여러 범위의 서비스를 제공하고자 할 경우에 적당하다. 화면의 중앙에는 주요 뉴스를 양쪽 끝에는 내비게이션을 배열하는 것이 좋다. 이런 경우 왼쪽 내비게이션은 주로 사이트내 내비게이션으로, 오른편 내비게이션은 섹션 내 내비게이션으로 할당된다(Ward, 2002: 204-205).

라. 여백을 잘 활용하라

좋은 웹 디자인은 정보 내용은 물론 배경 즉 여백에도 정성을 기울인다. 여백은 본문 내용이나 이미지가 가지는 의미 이상일 경우가 있고, 여백 그 자체로 시각적인 큰 의미를 가지기도 한다. 데이비드 시겔(David Siegel)의 주장처럼 여백은 메시지의 일부분으로 어디가 시작이고 끝이며 또 다른 섹션의 시작을 보여준다. 그러므로 체계적인 여백의 활용은 정보를 효율적으로 나타내 방문자들에게 보다 쉽게 읽고 이해할 수 있게 돕는다(Ward, 2002: 199-200). 그렇다고 해서 웹 페이지에 지나치게 많은 여백을 두는 것은 웹 페이지를 낭비하는 결과를 낳을 수 있다.

④ 텍스트(타이포그래피) 요령

가. 적합한 서체와 글자 크기를 사용하라

우리말로 서체는 글꼴이라고도 하며 영어로 폰트(font)라고 한다. 서체는 정보 전달에 있어 아주 중요한 역할을 한다. 서체는 굵기나 너비 등 다양한 모양으로 된 글자의 모음을 가리키는 것으로 정보 전달에 독특한 느낌을 나게 한다. 서체를 고를 때 고려해야할 핵심은 가독성과 명확성이다. 일반적으로 인쇄 신문에서는 기사의 본문은 명조 계열의 서체가 주로 사용되지만 웹의 컴퓨터 화면에서는 해상도가 낮을 때는 명확성이 감소할 수 있다. 그러므로 웹 페이지 서체로는 컴퓨터 화면으로 정보를 읽는 이용자들의 특성을 고려해 돋움체, 굴림체와 같은 고딕 서체를 많이 이용한다(황용석·이홍철, 2000: 91). 또 종이 면의 경우 10, 11, 12 포인트 크기의 글자가 본문용 글자로 많이 활용되지만 웹 페이지 화면에서는 12 포인트 이상의 큰 글자를 사용하는 것이 좋다. 컴퓨터 화면으로 글을 읽을 때는 종이로 읽을 때 보다 글 읽는 속도가 25% 정도 느리다(Nielson & Morkes, 1997/ 김병철, 2005: 110 재인용). 따라서 웹 페이지는 온라인 사용자의 가독성을 생각해 종이 신문보다 좀 더 큰 글자를 이용하는 것이 바람직하다. 그렇다고 너무 큰 글자는 역효과를 가져올 수 있으므로 적당한 크기의 글자를 사용해야 한다.

나. 가독성을 떨어뜨리지 않는 적당한 행 길이와 줄 간격을 유지하라

린치와 호튼(Lynch & Horton)이 주장한 것처럼 일반적인 독서는 눈의 가시 초점 영역이 약 3인치(약 8cm) 정도의 폭이 된다. 따라서 한 줄 길이가 이보다 길면 이용자들은 본문의 긴 행을 따라 머리를 움직이거나 눈의 근육에 힘을 줘야 한다(Ward, 2002: 203-204). 그래서 행의 길이가 너무 길면 가독성을 저하시킬 수 있으므로 약 8cm 이내로 하는 것이 효과적이다. 또 줄 간격(행간)과 자간도 가독성에 영향을 주므로 적당한 행간과 자간을 유지하는 게 좋다. 또 행과 행 사이가 너무 좁으면 줄의 혼돈을 가져올 수 있으므로 되도록이면 160% 이상 주는 것이 좋다. 그렇다고 행 사이의 간격이 너무 넓어도 가독성을 감소시킬 수 있으므로 시야를 산만하게 하지 않도록 적당한 행간을 유지할 필요가 있다(김병철, 2005: 110).

다. 일관성 있는 정렬 방식을 유지하라

웹상에서의 본문 내용 정렬은 양쪽 정렬, 왼쪽 정렬, 오른쪽 정렬, 가운데 정렬 등 여러 가지 방식을 활용할 수 있다. 이 중 한 가지 정렬 방식을 선택해 일관성 있게 사용하는 것이 바람직하다. 여러 정렬 방식을 복합적으로 사용하면 이용자들에게 혼란을 줄 수 있다. 다만 한 가운데로 집중된 텍스트는 읽기가 어려울 수 있으므로 웹 페이지에서 타이포그래피 조절 기능이 보다 정교해질 때까지는 본문과 제목을 왼쪽 끝에 맞추는 왼쪽 정렬 방식을 활용하는 것이 효과적이다(Lynch & Horton, 1999/ 황용석·이홍철, 2000: 88 재인용).

라. 뉴스의 전달을 방해하지 않는 적절한 색상을 사용하라

보통 흰색 바탕에 검정색 글자는 읽기가 편하지만 역으로 검정 바탕에 흰색 글자는 눈에 쉽게 띄기는 해도 눈이 긴장돼 쉽게 피로해져 가독률이 50% 정도까지 줄어든다고 한다(Beaumont, 1993/ 황용석·이홍철, 2000: 93 재인용). 디자이너 입장에서 색상은 아주 강력한 도구지만 텍스트에 색상을 잘못 사용하면 정보를 올바로 읽기 힘들 수 있다. 그러므로 너무 많은 색상과 지나치게 화려한 색상을 사용하기 보다는 이용자들이 원하는 것이 무엇인지 주의 깊게 고려해야 한다. 뉴스의 전달을 방해하지 않으면서도 이용자의 관심을 유도할 수 있는 조화로운 색상을 활용하는 것이 중요하다(Ward, 2002: 200-201).

## 3. 뉴스 편집 점검

### 1) 뉴스 기사의 제목

뉴스 기사의 제목은 기사 내용만큼이나 중요하다. 제목은 다양한 역할

을 하고, 또한 이제까지 많은 학자들이 이와 같은 기사 제목의 기능들을 제시하고 그 중요성을 논의해 왔다(김정림, 2005; 방영덕·박재영, 2009; 이준웅 외, 2007; 정영재, 1995; 정태철, 1995; Emig, 1928; Tannenbaum, 1953/ 양정애, 2012: 117 재인용).

(1) 기사 제목의 역할

지금까지 문헌을 통해 논의된 기사 제목의 기능은 기사의 내용에 대한 정보 전달 및 요약, 기사의 상대적 뉴스가치와 중요도 제시, 이용자들로부터 기사에 대한 관심 유발 및 열독 유도 등을 꼽을 수 있다. 앞의 두 가지는 이용자 입장의 역할이고, 마지막은 언론사나 기자 등 뉴스 생산자 입장에게 중요한 기능이라고 할 수 있다(이재원, 2008/ 양정애, 2012: 117 재인용). 요약하면 뉴스 생산자 입장에서 기사 제목의 핵심 역할은 이용자의 관심과 주목을 불러일으켜 해당 기사를 클릭하게 하는 것이라고 할 수 있다. 이 같은 관심유도 기능은 다른 기능들과 상충될 경우가 크고, 제목의 선정성을 높여 역기능도 강하다. 다수의 국내외 경험적 연구 결과 많은 제목이 기사 내용을 성실히 반영하지 못하거나 오류가 있는 것으로 나타났다(윤영태·이준호, 2006; 이준웅 외, 2007; 임동욱·정미정, 2006; Andrew, 2007; Griggs & Cater, 1968; Marquez, 1980/ 양정애, 2012: 117 재인용). 각 연구 결과를 요약해 보면, 분석대상 중 제목이 부정확하거나 모호하게 사용된 경우가 최소 20%대에서 최대 70% 정도에 이르렀고, 사실을 왜곡한 제목 또한 10%~30% 정도로 나타났다(양정애, 2012: 117).

(2) 기사 제목 달기

앞에서도 언급한 것처럼 언론기사의 제목은 기사 내용만큼이나 아주 중요하다. 따라서 언론기사의 내용을 어떻게 하면 보다 효과적으로 잘 전달할 수 있는가는 제목을 어떻게 붙이느냐가 관건이 될 수 있다. 보다 좋은 제목을 붙이는데 도움이 될 만한 아래 사항들을 참고하자:

- 사실 기반의 제목을 붙인다.
- 보도기사는 육하원칙 내에서 제목을 붙인다.
- 의견기사 제목은 인상적인 인터뷰 내용 중 직접인용해도 좋다.
- 문화면 제목은 시적, 감성적 등 문학적 표현도 효과적이다.
- 과장된 언어 사용을 삼간다.
- 글자 수는 가능한 10자 내외가 효과적이다.

### (3) 온라인 뉴스 제목의 기능

#### ① 온라인 뉴스 제목의 중요성

기술을 바탕으로 하는 온라인 뉴스는 웹의 구조적 특성 때문에 제목의 기능과 중요성이 더욱 증가한 매체이다. 종이신문 기사는 선형적 형태로 전개되는 반면, 온라인 뉴스는 시작 면에 기사 제목이 목록 형으로 이어져 있고, 제목을 클릭해야만 기사 내용으로 이어지는 하이퍼텍스트 구조이다. 종이신문이나 온라인 뉴스가 제목을 선택해 기사를 보고 읽는 것은 비슷하지만, 종이신문은 제목에 더해 리드나 부분적인 기사 내용(조수선, 2005/ 양정애, 2012: 118 재인용), 또 기사의 중요도를 나타내는 편집 요인들인 기사의 길이나 지면의 배치, 게재면 등에 의한 선택이 이뤄질 수도 있다(Knobloch-Westerwick, Hansen & Alter, 2005/ 양정애, 2012: 118-119 재인용). 그런 반면, 온라인 뉴스는 신문지면 보다 훨씬 작은 컴퓨터 화면에 많은 제목들을 집중해서 나열함으로써 동시에 많은 뉴스를 볼 수 있다. 그래서 이용자의 관심을 불러일으키기 위한 제목의 중요성이 더욱 더 크다고 할 수 있다(김경희, 2010; 김경희·이소현, 2011; 방영덕·박재영, 2009; 조수선, 2005/ 양정애,

2012: 119 재인용).

② 사실 바탕에 제목 달기

특히 기사 제목을 붙이는데 있어 중요한 것은 사실에 바탕을 두고 기사 내용과 다르지 않아야 한다는 원칙에서 자유가 허용돼야 한다는 것이다. 일반적으로 육하원칙 요소 중에서 제목을 다는 것도 한 방법이라고 할 수 있다. 이 같은 맥락에서 언론기사 제목의 문제를 제기하고 그것들을 다수의 경험적 연구로 보여준 것뿐만 아니라, 올바른 제목의 조건 및 제목달기의 기준을 제시하는 연구들(김선진, 2010; 임준수, 1995; 한국편집기자협회, 2001/ 양정애, 2012: 137 재인용)도 있다.

## 2) 뉴미디어 환경에서 오보 줄이기 전략

뉴미디어와 뉴스의 흐름은 정보의 재전송을 아주 쉽게 하고 뉴스 흐름의 속도도 더욱 빠르게 했다. 그러나 이 양자의 결합으로 오보가 확산될 가능성 또한 매우 높아졌다. 포인터연구소의 선임연구자인 로이 피터 클라크(Roy Peter Clark)와 동료들은 뉴미디어 환경에서 기자들이 사실과 허구 사이에서 가능한 한 오보를 줄이는데 필요한 몇 가지 주의사항을 현대 사회의 현실에 맞게 정리했다(Kovach & Rosenstiel, 2014: 111-112).

### (1) 추가하지 마라(Do not add)

첫째, 발생하지 않은 일을 절대로 추가하지 마라는 것은 "지어내지 마라" 또는 창작하지 마라는 것 그 이상의 의미이다. 이는 뉴스를 제작하는 과정이 시간과 공간을 함께 엮어 사건을 재구성하고 또한 일, 인물, 그리고 사건을 서로 혼합하는 저널리즘 활동 행위를 포함하기 때문이다(Kovach & Rosenstiel, 2014: 113).

### (2) 속이지 마라(Do not deceive)

둘째, 수용자를 절대로 속이지 마라는 것은, 감추는 것 또한 속이는 행위의 하나라고 했다. 감춤으로 해서 수용자를 속이는 행위는 저널리즘이 진실을 대중에 알려야 하는 의무가 있다는 진실성과 맞지 않기 때문이다. 이 원칙은 첫 번째 추가하지 마라는 원칙과 밀접하게 연관돼 있다(Kovach & Rosenstiel, 2014: 113-114).

### (3) 최대한 투명하라(Transparency)

셋째, 투명하게 하라는 것은, 기자들이 수용자에게 최대한 정직하고 진실해야 하는 것으로 기자들이 알고 있는 것과 취재원과 취재 방법 등을 최대한 알릴 의무가 있다는 것이다(Kovach & Rosenstiel, 2014: 114). 리오르단 (Riordan, 2014/2015: 74)도 투명성은 정보를 수용자에게 전달하는데 있어 혹시 있을 수 있는 비의도적 편향성을 없앨 수 있다고 주장했다. 그리고 과거 객관성처럼 투명성은 신뢰도를 높여준다고도 했다. 더 나아가 투명성은 저널리즘의 주요 핵심 가치들인 사실 확인, 정확한 인용, 새 정보의 발견, 거짓 고발과 결합되어야 한다는 것이다.

### (4) 자신이 한 취재에 의존(Originality)

넷째, 사람들은 저널리즘이 좀 더 투명하기를 원하는 것을 넘어서, 우리가 생산하고 소비하는 언론기사가 무엇인가 다르기를 기대한다는 것이다. ≪뉴욕타임스≫의 워싱턴 지국장이던 마이클 오레스크스(Michael Oreskes) 기자는 기자의 일을 스스로 하라고 강조했다. 기술의 발전으로 타인의 글을 너무 쉽게 전파할 수 있게 된 오늘의 사회 현실에서 이것은 특히 더 중요해졌다. 더 나아가 사실(facts)이 세월이 가면 갈수록 더욱더 그 가치를 상실해 가는 것 같은 오늘의 미디어 환경도 이 주장의 의미를 강화시켜 준다(Kovach & Rosenstiel, 2014: 122-124).

### (5) 겸허한 자세(Humility)

마지막으로, 겸허한 자세는 기자들이 자신의 실력을 아주 겸손(Humility)한 자세로 받아들여야 된다는 것이다. 즉 기자들은 스스로 보고 타인으로부터 듣는 것에 대해서도 의심을 해야 하고, 또 중요한 것은 기자들이 보고 들은 것이 무엇을 뜻하는지를 제대로 파악하고 자신의 능력도 회의적으로 사고해야 한다는 의미이다(Kovach & Rosenstiel, 2014: 124-126).

언론은 기본적으로 정확한 정보를 전달해야만 한다. 그러나 앞에서도 설명했듯이 짧은 시간 내 마감시간에 쫓기며 뉴스를 제작하다 보면 본의 아니게 오보가 발생하는 경우가 생길 수도 있다. 이런 오보를 생산할 수 있는 가능성에도 불구하고 사실 확인을 하는 검증작업을 철저하게 해 가능한 오보를 줄이기 위해 최선의 노력을 해야만 한다.

벌써 오래 전 2005년 중반 ≪BBC≫ 뉴스는 수용자가 보내오는 정보에 대해 사실 확인 작업을 위한 작은 팀을 구성했다(Turner, 2012/ Riordan, 2014/ 2015: 30 재인용). 2014년 당시 ≪BBC≫ 사용자 제작 콘텐츠(UGC)허브는 편집국의 핵심 부분이 되었으며, 24시간 내내 국내외 뉴스에 걸쳐 이미지, 비디오, 트윗, 게시물 등 여러 가지 UGC에 대해서 사실 확인 검증 작업을 실시한다. 이 팀은 밀려들어오는 정보들을 사실 확인하고 재검증하기 위해 지오피디아(GeoFeedia), 톱시(Topsy), 피플(Pipl), 울프램 알파(Wolfram Alpha), 틴아이(TinEye), 데이터마이너(Dataminr)같은 도구를 활용한다(Riordan, 2014/ 2015: 31).

### 3) 마감시간(Deadline), 오보, 정정 보도

(1) 마감시간(Deadline)

온라인 뉴스는 정해진 마감시간이 따로 없이 언제든지 기사를 올리고 또 올린 기사를 수정할 수도 있다. 이것이 온라인 뉴스의 특징이며 아주 중요한 장점 중의 하나이기도 하다.

그러나 신문 방송과 같은 전통 언론들은 뉴스를 제작하는 일은 시간과의 싸움이고 특히 편집 과정은 뉴스 제작 업무의 마무리 단계로 시간의 촉박함이 절정에 이른다고 할 수 있다. 그래서 전통 언론들은 뉴스를 만드는 과정에 마감시간이 있다. 뉴스 제작 과정에서 마감시간은 어떤 일이 있어도 지켜야 하는 다시 말해 죽는 한이 있어도 지켜야 한다는 의미의 영어 deadline에서 왔다. 그래야만 대중과의 약속한 뉴스 보도 및 전달 시간을 지킬 수 있기 때문이다. 예를 들어, 신문의 경우 취재기자가 마감시간 안에 기사 작성을 끝내야 다음 과정인 편집을 거쳐 인쇄 등을 통해 제 시간에 독자에게 신문을 배달할 수 있기 때문이다. 방송도 마찬가지로 뉴스를 생산하는 각 과정에 마감시간이 지켜져야만 정해진 시간에 뉴스를 보도할 수 있다.

(2) 오보와 정정 보도

뉴스를 제작하고 출고하는 가운데 오보의 문제는 종종 발생한다. 최신의 소식을 지향하는 뉴스를 짧고 긴박한 시간에 쫓겨 생산하다 보니 잘못된 오보가 공공에 전달될 수도 있는 것이다. 온라인 뉴스는 정해진 마감시간이 따로 없어 신문 방송과 같은 전통 언론처럼 시간에 쫓기지는 않는다. 그러나 타사와의 속보 경쟁 등으로 인한 오보를 생산할 수 있는 것은 전통 언론과 역시 마찬가지다. 이렇게 전통 언론이나 뉴미디어의 공통점은 마감시간이나 속보 경쟁 등으로 인한 오보 생산 가능성이 항상 잠재해 있다는 것이다.

따라서 언론사나 기자들은 오보에 대한 정정 보도를 하는 것에 대해 항상 열린 마음자세가 필요하다. 오보에 대한 정정 보도를 하는 것이 언론사나 기자들의 위상을 낮아지게 하는 것일 수 있다는 사고에서 과감하게 탈피해야 한다. 언론사나 기자들의 위상을 떨어뜨리는 것은 잘못된 오보를 계속 그대로 방치하는 것이므로 오보가 발견되면 곧바로 정정 보도를 실천해야 한다. 정정 보도는 언론의 신뢰도를 향상시킬 수 있기 때문이다. 당당하게 실수를 인정하고 정정 보도를 하는 것은 뉴스 소비자에게 더 큰 신뢰를 얻을 수 있기 때문이다.

### (3) 해외 언론사 정정 보도 사례

언론의 오보 발생 가능성은 국내외를 막론하고 항상 잠재해 있다. 처음 정보를 대중에게 전달하는 언론의 특성상 오보는 불가피하게 발생하는 경우가 종종 있다. 따라서 언론은 오보가 발생했을 경우 정정 보도를 하는 것에 대해 인색해서는 안 된다. 서로 다른 방식으로 대응한 해외 언론사들의 정정 보도들 중 몇 가지 중요한 사례를 소개하면 다음과 같다:

### ① ≪포브스≫: 문제점을 삭제하는 문제

비즈니스 잡지 ≪포브스≫는 페이스북 CEO 셰릴 샌드버그(Sheryl Sandberg)에 관한 성차별적 기사를 삭제하면서 어설픈 모습을 보였다. 자신의 글에 대한 반박이 나오자 투자회사 매니저인 기고자 에릭 잭슨(Eric Jackson)은 해당 글을 단지 삭제만 했다. 그러나 포브스닷컴의 제작책임자인 코츠 베이트맨(Coates Bateman)은 최초의 글이 정정 글에 덧붙여져야 한다고 주장했다(Riordan, 2014/2015: 40).

208

② 그랜트랜드: 의사결정 과정 설명

2014년 스포츠와 문화 웹 사이트인 그랜트랜드는 밴더빌트(Essay Anne Vanderbilt)라는 이름의 발명가에 관해 '브이 박사의 마술 퍼터'라는 제목의 심층기사를 발행한 후 긴 정정 기사를 게재한 적이 있다. 그랜트랜드 정정 기사 내용의 상세함, 정직성, 완전성은 그랜트랜드 신뢰 회복을 위한 편집 완결성의 최고 수준을 보여주었다. 에디터 빌 시몬스는 기사 작성자에게 비난이 돌아가지 않도록 주의를 기울이면서, 대신 해당 기사가 게재되기까지 일련의 과정에 대해 책임지는 모습을 보였다. 이 사례는 디지털 언론사들이 인터넷 이전 시대에 했던 것보다 더 완전하고 투명한 정정 보도를 할 수 있다는 것을 실제로 보여주고 있다(Riordan, 2014/2015: 41 & 43).

③ 업워디: 실수를 반영한 정정

큐레이션 사이트인 업워디는 2014년 GIF(인터넷상에서 유행하는 짧은 애니메이션) 형태의 정정 내용을 게재하면서 새로운 접근법을 취했다. 업워디는 맥도날드의 치킨너겟에 이상한 물질과 색소가 들었다고 주장하는 유튜브 비디오를 게재했었다. 정정 게시물은 '정정: 그 당시 우리는 가짜 과학이 진짜 과학을 망치게 했고 그래서 그에 대해 사과하기로 결정했다'라는 제목으로 에디터들이 사과하는 동영상 GIF 시리즈가 구성됐다. 업워디는 또한 독자들로부터 온 불만 사항들을 강조해서 보여줬다. 투명성을 끌어올리고 새로운 포맷의 정정 보도를 실험하는 것은 디지털 미디어가 정확성의 원칙을 실행하고 있는 새로운 방식이다(Riordan, 2014/2015: 44-45).

위에 세 가지 사례에서처럼 언론이 오보가 발생했을 때 대응을 어떻게 하느냐 하는 문제도 아주 중요하다. 하지만 더 중요한 것은 가능한 오보를 만들지 않는 것이다. 오보를 줄이려면 사실 확인의 검증 작업을 철저하게 해야만 한다.

이 장에서는 언론기사로 작성한 뉴스를 출판하기 위한 마무리 과정인 편집에 대해 공부했다. 편집은 무엇이고 더 나아가 온라인 뉴스 편집은 어떻게 하는 것이 좋은지 살펴봤다. 다음 장에서는 공공에 기사를 출판/출고하기 위한 방법을 알아보기로 한다.

토론 및 다시 생각하기

1. 디지털 기술과 뉴스 제작방식은 어떻게 변화되었는가?

2. 뉴스 편집이란?

3. 온라인 뉴스 편집 주의사항 및 요령은?

# 제10장 뉴스 출판/출고

작성한 언론기사를 대중에게 전달하기 위해서는 여러 가지 방법이 있을 수 있다. 뉴스를 출판/출고하기 위해서는 기존 언론사를 통한 방법과, 시민 저널리즘 활성화를 위해 운영되는 협회지 등을 통해서, 또는 개인 블로그나 SNS를 통해서도 가능하다. 이들의 차이와 방법을 좀 더 알아보기로 한다.

## 1. 언론사를 통한 기사 출판

먼저, 작성한 글을 기존의 언론사를 통해 뉴스로 출고를 하는 것은 아주 이상적인 방법이고 높은 가치가 있는 결과이다. 또한 글을 쓴 당사자에게도 자아를 찾을 수 있고 자존감과 성취감도 느낄 수 있는 의미 있는 일이다. 그러나 안타깝게도 기존 언론사 대부분은 언론사에 소속된 기자들의 언론 활동을 통해 얻은 정보를 중심으로 뉴스를 생산한다. 그렇기 때문에 일반 시민들에게 기존 언론사를 통해 자신이 쓴 글을 언론기사로 출판한다는 것은 아주 어려운 일이다. 더 나아가 언론사는 기사가치에 따라 뉴스를 취사 선택하는 게이트키핑 역할도 실시한다(Sa, 2013b). 이런 과정을 거쳐 일반 시민이 쓴 글이 기존 언론사 기사로 선택되기란 정말로 어렵다.

그럼에도 불구하고 시민들이 언론 활동을 할 수 있도록 공론의 장을 제공해 주는 언론이 있다면 얼마나 다행스런 일인가! 더 나아가 언론사로서 국내외의 지명도와 관심을 받고 있는 미디어라면 금상첨화일 것이다. 이런 언론이 국내의 인터넷 언론 ≪오마이뉴스≫다. 앞의 "제5장 뉴미디어와 시민 저널리즘"에서도 언급한 것처럼, ≪오마이뉴스≫는 기자·시민 공동 주도형 시민 저널리즘 모델로 시민기자 제도를 도입 언론사가 생산하는 뉴스의 구성이 일반 시민들이 쓴 글 약 80% 정도와, 언론사 소속 상근 기자들이 쓴 기사 약 20% 정도로 이뤄진다(Allan, 2006/2008: 205).

≪오마이뉴스≫는 의제설정 및 토론 과정에 기자와 시민이 동등하게 영향력을 행사함에도 불구하고 뉴스의 취사 선택 즉 게이트키핑은 언론사 소속 편집국 기자들이 결정함으로써 여전히 전문적 직업 기자의 영향력이 강력하다는 한계를 가지고 있다. 그럼에도 불구하고 앞으로 시민 저널리즘이 발전을 하려면 이와 같은 언론이 많이 늘어나야 할 것이다. 더 나아가 ≪오마이뉴스≫는 시민 저널리즘 실현 가능성과 미래의 저널리즘에 대한 기대와 함께 국내외의 주목을 받고 있는 언론이기도 하다(Allan, 2006/2008: 191-223).

≪오마이뉴스≫를 통한 언론기사 출판을 하려면 먼저, 언론사 웹사이트(www.ohmynews.com)를 접속해 회원으로 가입한다. 그런 다음 '시민기자 기사 쓰기'를 클릭해 정치, 경제, 사회, 문화 등 준비된 기사에 맞게 들어가면 된다. 기사를 올리기 전에 미리 준비할 것으로는 완성된 글의 본문, 사진, 보조자료 등 모든 정보 자료들을 준비한다. 마지막으로 기사 본문은 오자 및 탈자 등이 없는지 다시 한 번 읽어보며 수정작업을 하는 것이 좋다.

그렇게 쓴 글을 저장해 두면 하루 이틀 이내로 기사채택 여부를 알 수 있다. 기사가치 등 게이트키핑을 거쳐 채택이 된 경우는 ≪오마이뉴스≫ 언론기사로 출고된다.

≪오마이뉴스≫의 기사로 채택이 되면 앞 5장에서 언급한 것처럼 기사가치에 따라 '잉걸 〈 버금 〈 으뜸 〈 오름'으로 표시돼 게재되고, '버금 〈 으뜸 〈 오름' 기사는 메인 면에 배치된다. 이렇게 채택이 된 기사는 언론사가 기사에 대한 책임도 기사를 쓴 시민기자와 함께 진다. 그러나 글이 기사가치 등에 의해 선택이 되지 않을 경우 '생나무'로 처리해 ≪오마이뉴스≫는 그 글에 대해 책임을 지지 않는다.


## 2. 시민 협회지를 통한 기사 출판

다음으로, 시민 저널리즘을 활성화 시키려고 운영하는 협회지 등을 통하여 기사를 출고하는 방법이 있다. 이런 협회지는 시민 주도형 시민 저널리즘 모델로 일반 시민들이 주도적으로 기사 작성에 참여하는 것이 기존의 전통 저널리즘은 물론 두 시민 저널리즘 모델, 기자 주도형 시민 저널리즘과 기자·시민 공동 주도형 시민 저널리즘 모델하고의 차이다(김병철, 2005: 168).

이런 협회지를 통해 일반 시민들이 쓴 글을 뉴스로 출판할 경우에는 언론사를 통한 뉴스 출판보다 장벽이 높지 않고 조금 수월하다는 장점이 있다. 왜냐하면 이런 곳은 시민 저널리즘 활동을 권장하고 활성화하기 위해 가능한 시민이 쓴 글을 있는 그대로 대부분 실어주기 때문이다. 그런 까닭에 기사로 채택될 확률이 높다는 것 또한 일반 시민들에게는 큰 장점

214

이다. 비록 언론사처럼 글에 대한 기사가치 검증이나 게이트키핑 기능이 엄격하지 않아, 언론사 기사만큼 위상은 높지 않아도 회원독자 수가 많아 자신이 쓴 글을 많은 사람과 함께 공유할 수 있다는 장점이 있다. 이런 협회지의 대표적인 곳이 한국시민기자협회에서 운영하는 ≪뉴스포털1≫ 이 있다.

≪뉴스포털1≫을 통해 자신이 쓴 기사를 출판하는 방법도 앞의 ≪오마이뉴스≫처럼 먼저, (사)한국시민기자협회 웹사이트(http://www.civilreporter. co.kr)를 방문 회원으로 가입한다. 그런 다음 준비된 원고와 다른 정보 자료들을 저장하면 된다. 마찬가지로 글을 저장하기 전에 기사 내용에 오자 및 탈자 등이 없는지 다시 한 번 읽어보며 수정작업을 하는 것이 좋다. 왜냐하면 아무리 좋은 주제로 잘 쓴 글이라고 할지라도 오자 및 탈자가 있으면 그로 인해 글의 가치와 신뢰도가 떨어질 수 있기 때문이다.

## 3. 블로그나 SNS를 통한 기사 출판

마지막으로, 쓴 글을 자신의 블로그나 SNS를 통해 대중과 공유하는 방법이 있다. 이 방법은 블로그를 운영하거나 SNS 활동을 활발히 하는 사람이 자신이 쓴 글을 방문자 및 친구 다수와 소통하고 싶을 때 이용하면 좋은 방법이라고 할 수 있다.

블로그(blog)는 웹로그(weblog)의 약자로 인터넷 월드와이드웹의 웹(web)과 항해 일지를 의미하는 로그(log)를 합쳐 항해 기록이라는 의미의 웹로그가 시나브로 대중화되면서 줄임말 블로그(blog)가 됐다. 블로그 이용자를 블로거(blogger)라고 하고, 블로거는 블로그를 이용해 자신의 생각이나 느낌을 글로 쓰기도 하고 더 나아가 전달하는 행위를 하는데 이런 행위를 블로깅(blogging)이라고 한다(김병철, 2005: 170).

앞에서 살펴본 것처럼 이 장에서는 언론기사로 작성한 뉴스를 대중에게 전달하기 위한 몇 가지 출판/출고 방법에 대해 알아봤다. 다음은 이 책의 마지막 장으로, 한 사회에서 지식인의 책임과 의무는 무엇인지 살펴보기로 한다.

216

1. 언론사를 통한 기사 출판이 어려운 이유에 대해 토론하시오.

2. 시민 협회지를 통한 기사 출판의 장점은 무엇입니까?

3. '시민 주도형 시민 저널리즘 모델' 사례와 '기자·시민 공동 주도형 시민 저널리즘 모델' 사례의 차이점은 무엇입니까?

# 제11장 지식인의 책무

촘스키가 말하는 지식인의 범위는 어디까지이며, 한 사회에서 지식인의 책임과 의무는 무엇인가를 공부한다. 또 '중요한' 문제에 대해서 지식인에게 주어진 도덕적 과제는 어떤 것들이 있는가도 알아본다.

## 1. 지식인의 책무란?

### 1) 지식인의 범주와 책무

한 사회에서 지식인의 책임과 의무는 무엇을 의미하는가? 지식인의 책무는 일반 대중에게 그 사회에서 일어나는 것에 대한 진실을 알리는 것이다. 이는 코바치와 로젠스틸(Kovach & Rosenstiel, 2014: 47-68)의 저널리즘 목적을 수행하기 위한 저널리즘의 첫 번째 원칙 진실에 대한 것과 일치한다. 여기에서 촘스키(Chomsky, 1996/2005)가 말하는 지식인이란 신문(언론)에 글을 쓰는 사람, 즉 기자, 평론가, 전문가를 의미한다. 오늘날은 기술의 발달로 온라인 미디어가 일반 시민들의 활발한 소통 창구이기도 하다. 그러므로 미디어의 환경 변화에 따른 오늘날 지식인의 범주는 온라인 미디어에 글을 쓰는 시민기자까지도 확대할 수 있을 것이다.

(1) 지식인의 도덕적 과제

촘스키(Chomsky, 1996/2005: 15-16)는 지식인의 도덕적 과제란 '중요한' 문제에 대해 '적합한 대중'에게 '가능한 범위 내에서' 진실을 찾아내 알리는 것이라고 했다. 그렇다면 중요한 문제란 무엇인가? 중요한 문제가 무엇인지를 결정하는 것에는 여러 가지 많은 요인들이 있을 수 있다. 때로는 어떤 문제들이 지적 호기심을 강하게 자극하기 때문에 중요하게 여겨지기도 한다. 그러나 촘스키가 관심을 가지고 있는 중요한 문제란 사람이 살아가는 동안 삶에서 자주 일어나는 현상과 관련된 도덕적 차원의 것이라고 할 수 있다.

(2) 진실을 알려야 할 대상

그렇다면 진실은 누구에게 알려야 하는 것인가? 촘스키는 진실을 알려야 할 대상은 적합한 대중이라고 했다. 여기에서 말하는 적합한 대중이란 어떤 문제에 있어 무엇인가를 해낼 수 있는 즉 해결을 할 수 있는 대중이라는 의미이다. 대중에게 진실을 알리는 이유는 교화의 목적도 있지만, 그보다 더 중요한 것은 인간적 의미가 있는 행동을 촉구하기 위해서라는 것이다. 그래야만 세상의 고통과 슬픔을 조금이라도 더 줄여갈 수 있기 때문이다(Chomsky, 1996/2005: 25).

따라서 서방세계 지식인들의 책무는 서구의 수치스런 짓에 대한 진실을 서구의 대중에게 알려서 대중이 범죄 행위를 빠르고 효율적으로 끝낼 수 있도록 하는 것이다. 그렇다면 왜 권력자들에게 진실을 말하지 않는 것인가? 촘스키는 권력자들에게 진실을 알려주는 것은 시간 낭비이고 무의미한 헛고생이라고 주장한다. 왜냐하면 그들은 진실이 무엇인지 너무나 잘 알고 있기 때문에 알릴 필요가 없다는 것이다(Chomsky, 1996/2005: 24-26).

그래서 관건은 권력자들의 자격이 문제가 되는 것이라고 촘스키는 주
장한다. 만약 권력자들이 각자 자신이 속한 기관의 이익과는 무관하게 도
덕적인 행위자가 된다면 다른 사람들과 하나가 될 수 있다는 것이다. 그
러나 제도적인 기관이 권력자들에게 부여한 역할에서, 권력을 휘두르는
사람이기 때문에 그들에게 탄원을 한다고 해서 바뀌는 것은 없다는 것이
다. 전제군주나 범죄자도 우리와 똑같은 사람이지만 무자비하게 행동하
기 때문에, 그들은 전제군주나 범죄자와 다를 바가 없다고 촘스키는 비판
한다(Chomsky, 1996/2005: 26).

따라서 권력자들을 상대하기 보다는 차라리 실질적으로 어떤 역할을 해
줄 수 있는 대중을 상대하는 것이 훨씬 낫다는 것이다. 대중이라고 해서
그냥 단순한 대중이 아니라, 사람들이 건설적인 정신으로 스스로 참여하
기를 원하는 공동의 관심사를 가진 공동체를 의미한다. 그리고 대중들에
게 일방적인 방법으로 원하는 것을 말해서는 안 된다고 조언한다. 그들과
함께 머리를 맞대고 고민하고 생각을 서로 나눠야 한다는 것이다. 이러한
자세는 좋은 교사라면 누구나 가지고 있는 제 2의 자연스러운 천성이며,
지식인에게는 특히 반드시 필요한 기본 자질이라고 촘스키는 확신한다
(Chomsky, 1996/2005: 26).

## 2) 지식인 현실의 심각성

문제는 우리가 사는 사회의 현실에서 교육받은 사람들은 진실을 밝히는
데 별로 관심이 없다고 촘스키는 지적한다. 오히려 권력자들 악행의 책임
을 심지어 피해를 본 사람들에게 전가하기까지 해왔다고 촘스키는 비판한
다. 미국의 정치계는 그들이 저지른 잔혹한 행위의 피해자들에게 오히려

220

책임을 덮어씌우는 기막힌 전통을 지속해서 본받고 있다는 것이다. 이런 악행은 권력을 가진 자들의 특권이기도 하지만, 불행하게도 이런 작태에 대해서 그동안 대중의 저항이 없었기에 지속적으로 이런 악행이 가능한 것이라고 말한다. 더 심각한 문제는 서구 세계의 이런 것들이 오히려 많은 사람들로부터 박수갈채를 받고, 더 나아가 자화자찬까지 하고 있다는 것이 놀랍다고 촘스키는 한탄한다. 자유로운 민주사회에서 자본가와 정치권력 등 권력층에 허용되는 보호 장치가 너무나 관대하고 이를 향유하는 사람들에게 정직과 성실에 따른 죗값은 너무도 경미하기 때문이라는 것이다 (Chomsky, 1996/2005: 36 & 38).

### 3) 지식인의 책무와 문명 세계

지식인의 책무와 문명 세계와의 연관성은 아주 깊다. 지식인들은 해야 할 말도 많고 대답할 것도 너무 많다. 그렇다고 그 말들이 우리 자신이나 우리가 살며 일하는 사회 공동체에 반드시 달가운 것일 필요는 없다는 것이다. 우리가 속한 학교와 언론계 그리고 사회 공동체에서 우리가 관심 있는 것들과 행동에 있어 숨김없이 과감하게 말할 수 있어야 한다는 것이다. 이런 변화된 환경이 조성될 때, 그때서야 비로소 우리가 문명 세계에 진입했다고 주장할 수 있다는 것이다(Chomsky, 1996/2005: 43).

## 2. 권력과 언론의 관계

### 1) 종속과 순응

자본 및 국가 권력과 언론의 관계에 있어 종속과 순응이 암묵적으로 이뤄지고 있다. 권력이 언론에 강제적으로 물리력을 행사하지 않더라도 언론이 종속과 순응이라는 가치관을 보편화하고 있다는 것이다. 이는 "중요한 사안들을 덮어버려야 하는 이유를 가진 부자들"이 언론사를 운영하고 언론을 장악함으로써 지배적인 통설에 이의를 제기하는 사람들의 입은 자연스럽게 닫혀버리게 되면서 발생하게 되었다. 국가 권력의 언론 통제 방법도 '가장 독재적인 정부'에서는 오히려 통치하는 수단 방법이 아주 노골적이고 뻔해서 사람들이 쉽게 알아차릴 수가 있다. 그러나 '가장 자유롭고 민주적인 정부'에서는 언론의 통치 방법들이 너무 복잡하게 얽혀 있어 일반 사람들이 쉽게 알 수가 없고 수수께끼를 풀듯이 하나씩 풀어가야 하기 때문에 아주 흥미롭기도 하다고 촘스키는 주장한다(Chomsky, 1996/2005: 41).

### 2) 권력과 언론의 국내 현실

#### (1) 권력과 언론의 관계

권력과 언론의 관계에 있어서 리영희(1999)는 한 사회에서 건전하고 양심적이며 창조적인 언론을 죽이고 살리는 것은 오히려 권력이라기보다 언론인 자신이라고 주장한다. 이는 언론을 올바로 일으켜 세우는 것도 언론인 자신의 이념에 의한 것이고 직업과 실천적 자세에 달려있다는 것이다. 권력과 언론의 관계와 관련하여, 권력이란 동서고금을 막론하고 민중의 언론 자유를 억압하는 것이 그 본성이라는 것이다. 따라서 언론기관과 기자가 민중/국민의 편에 서는 입장이라면 그들의 직업적 본성은 권력과의 긴장관계를 유지하는 것이 기본적으로 타당하다는 것이다.

#### (2) 국내 언론계 변화 촉구

그러면서 리영희(1999)는 국내 언론계의 변화를 다음과 같이 촉구했다.

언론 사주는 과거 언론 자유 운동을 이유로 쫓아낸 기자들을 무조건 복직
시킴으로써 그들의 속죄하는 마음을 입증해야 한다고 촉구한다. 또한 언
론인과 기자들은 뇌물과 촌지 없이 월급으로 살아갈 마음가짐을 가져야
한다고 주장한다. 이렇게 하기 위한 기자들 마음가짐과 실천을 다음과 같
이 제시한다:

- 기자들 스스로 물질적 생활수준을 낮추는 절제와 훈련을 해야 한다.
- 기자들이 지금의 생활수준과 소비 형태를 그대로 유지하려 한다면, 그
  들이 말끝마다 부르짖는 '사회의 목탁'도 민주 언론의 대변자도 될 수
  없다.
- 높은 소비수준을 유지하려면 언론인이 권력자의 창녀가 되는 것이다.

### (3) 진실 보도와 국내 현실

지금부터 언론의 진실 보도와 국내 현실을 알아보기로 한다. 먼저 대중
이 진실을 언론 매체를 통해 접하려면 언론의 자유가 보장돼야 한다. 언
론의 자유란 언론사의 설립에서 뉴스 제작 과정과 언론이 생산한 뉴스
등의 정보를 수용자에게 자유롭게 배포 및 보도하기까지의 모든 언론 활
동 과정의 자유를 의미한다(Sa, 2013b). 그러나 현재 우리나라의 언론 자유
는 발전은커녕 과거 독재시절 권위주의 시대로의 회귀를 하고 있는 중이
다. 한 때 우리나라 언론의 자유는 아시아대륙에서 가장 선도적인 모범국
가 중 한 나라(Reporters without Borders, 2006)라고 평가를 받은 적이 있었지
만 지금은 위의 평가는 옛 추억이 돼 버렸다. 이런 언론 자유의 후퇴는
이명박 정권이 들어서면서 많은 언론인들을 해고 및 징계(Sa, 2014)를 하며
과거 권위주의 시대 언론 상황이 발생하면서 역주행을 시작했다. 이런 현
실은 이명박 정부의 연장선상인 현재 박근혜 정부로 이어지고 있다.

(4) 이명박 정부 시절 언론인 해고 및 징계 사례

전국언론노동조합의 집계 결과 이명박 정부 기간에만 장기간의 파업이 이어졌고 해고 및 징계된 언론인(2013년 3월 5일 기준)은 총 455명에 달한다 (Sa, 2014: 226) 〈표 3 참조〉.

이렇게 많은 언론인들이 해고 및 징계를 당한 경우는 과거 군사독재정권 시절 언론의 자유를 외치다 대량 해고된 이후 처음이다. 이명박 정부 시절 언론인 해고 및 징계된 몇몇 사례를 살펴보면 다음과 같다.

〈표 3 참조〉 이명박 정권 언론인 해고 및 징계 상황

| 징계종류 | MBC | KBS | YTN | SBS | 연합뉴스 | 국민일보 | 부산일보 | Total |
|---|---|---|---|---|---|---|---|---|
| 해고 | 10 | | 6 | | | 3 | 2 | 21 |
| 정직 | 84 | 15 | 26 | | 4 | 6 | 2 | 137 |
| 출근정지 | 1 | | | | | | | 1 |
| 감봉/감급 | 43 | 15 | | 2 | 1 | 5 | | 66 |
| 근신 | 30 | | | 1 | | | | 31 |
| 견책 | | 3 | 1 | | 2 | | | 6 |
| 경고 | 1 | 100 | 17 | | 2 | | | 120 |
| 주의각서 | 7 | | | | | | | 7 |
| 직무정지 | | | | | | | 1 | 1 |
| 대기발령 | 54 | | 1 | 1 | | 6 | | 62 |
| 명령휴직 | 3 | | | | | | | 3 |
| Total | 233 | 133 | 51 | 4 | 9 | 20 | 5 | 455 |
| 파업날짜 | 170 | 95 | 55 | | 103 | 173 | | 596 |

2013년 3월 5일 기준 - 전국언론노동조합

첫째, 김용진 《KBS》 기자는 2010년 《KBS》의 G20 찬양보도태도를 비판했다가 정직 4개월의 중징계를 받았다. 중징계를 받게 된 결정적 이유는 이명박 정부의 G20 정상회의와 관련한 3300분의 정부 홍보 보도 비판에 대한 글 "나는 KBS의 영향력이 두렵다"를 《미디어오늘》에 기고했기 때문이다. 김용진 기자는 2013년 《KBS》를 떠나 《뉴스타파》 대표

겸 총괄 에디터와 세명대 저널리즘스쿨 대학원 교수를 겸하고 있다.

둘째, 최승호 ≪MBC≫ PD는 이명박 정부시절 4대강 사업 등 경영진이 싫어하는 프로를 만들면서 〈PD수첩〉에서 비 제작 부서로 발령이 난 후 2012년 파업 참여를 이유로 해직됐다. 〈PD수첩〉은 진보 정권에도 눈엣가시인 프로그램일 정도로 저널리즘의 역할을 성실히 수행했던 대표적인 ≪MBC≫의 간판 시사 프로였다(Sa, 2009c:13). 최 PD는 현재 비영리 독립 언론 ≪뉴스타파≫ 앵커로 활동하며, 2016년에는 국가정보원 간첩 조작 사건을 다룬 영화 '자백'을 연출하기도 했다.

셋째, 임장혁 ≪YTN≫ 기자는 정직 6개월을 포함 모두 4번의 징계를 받았다. ≪YTN≫ 기자들은 정부의 낙하산 사장 '구본홍 반대 투쟁'을 벌이다 2008년 10월 노종면 노조 위원장을 포함 6명의 언론인들이 동시에 해직이 되기도 했다(Sa, 2009c: 12-13). 그러나 오늘까지도 몇 명의 기자만 회사로 돌아갔고 나머지는 해직 상태로 있다. 이명박 정부는 검·경, 방통위, 문광부 등 권력을 총동원 해 집요하게 ≪YTN≫ 등 언론인들을 탄압했다.

넷째, 김진혁 ≪EBS≫ PD는 지난 2008년 간판 다큐 프로그램이었던 〈지식채널e〉를 통해 광우병에 대한 5분짜리 영상 '17년 후'를 연출했다가 제작부서가 아닌 부서로 인사조치 됐다. 재구성 한 프로는 광우병 안전대비 내용으로 이 주제는 당시 이명박 정권에 민감한 사안이었고, 한차례 결방되며 정부의 외압 논란을 빚기도 했다. 김 PD는 이후 3년 뒤 제작부서로 다시 돌아오기는 했지만 결국 ≪EBS≫를 떠나 한국예술종합학교 교수로 자리를 옮겼다.

위에서 살펴본 것처럼 이명박 정권은 언론 장악 및 언론 자유 억압에 반발한 언론인들을 무자비하게 해고 및 징계를 했다. 이런 언론인 대량 해고 및 징계는 군사정권 이후 최대로 기록됐다.

### 3) 민족정기와 자주성

민족정기와 국가의 자주성에 대하여 리영희(1999)는 독일과 한반도의 차이점을 다음과 같이 비교했다. 독일은 동독과 서독 모두가 제2차 세계 대전 패전 및 종결을 한 이후, 과거의 파시스트 나치주의자들을 체포하고 숙청했다. 그렇게 함으로써 동·서독이 독일 민족의 민족적 정기를 함께 확립할 수 있었다. 그러나 한반도의 상황은 독일과 달랐다.

리영희는 한반도에서 북쪽은 친일파에 대한 민족반역자의 숙청을 단행함으로써 민족의 정기와 자주성을 확립했지만, 남쪽은 불행히도 숙청되어야 할 바로 그 개인과 세력이 국가를 장악했다 해도 과언이 아니라고 했다. 광복이 된 후, 친일파 민족반역행위자를 처벌하려던 반민족행위처벌법(반민법)과 반민족행위특별조사위원회(반민특위)가 친일파를 처벌하지 못하고, 오히려 거꾸로 친일반민족세력에 의해 강제로 해체가 되는 지경에 이르렀다. 이런 잘못된 역사는 오늘날까지도 계속 이어지고 있다. 잘못된 과거를 청산한 국가와 안(못)한 국가는 그 국민적 덕성과 국가적 인격이 같을 수가 없다는 것이다(리영희, 1999).

이 장은 이 책의 마지막 장으로 촘스키의 지식인의 책무를 중심으로 살펴봤다. 지식인의 범위는 어디까지이며, 또 한 사회에서 지식인의 책임과 의무는 무엇인가를 알아봤다. 더 나아가 '중요한' 문제를 다루는 지식인의 도덕적 과제는 어떤 것들이 있는가도 공부했다. 이렇게 함으로써 언론에 글을 쓰는 지식인의 마음자세를 다시 한 번 생각하는 계기가 되길 기대하며 이 책을 마무리한다.

토론 및 다시 생각하기

1. 촘스키가 말하는 지식인의 책무에 대해 설명하시오.

2. 리영희의 기자들 마음가짐과 실천에 대해 설명하시오.

3. 국내 언론의 현실에 대해 토론하시오.

# ▣ 참고문헌

강명구. 1993. 『한국 언론전문직의 사회학』. 서울: 나남.

_____. 2004. 한국 언론의 구조변동과 언론전쟁. 「한국언론학보」48(5): 319- 348.

_____. 2009. 삶과 지식의 통합을 지향하는 언론학 교육을 위하여. 한국언론학회 미래위원회 (편저), 『언론학 교육의 길을 묻다』(1-8). 서울: 커뮤니케이션북스.

_____. 2012. 미디어 공공성의 철학적 기반을 현실로부터 생각한다. 미디어공공성 포럼 (편), 『한국 사회와 미디어 공공성: 쟁점과 전망』(19-59). 서울: 한울.

김병철. 2005. 『온라인 저널리즘의 이해』. 서울: 한국외국어대학교 출판부.

김사승. 2003. 인터넷이 신문저널리즘에 미친 영향에 대한 기자들의 인식연구. 「한국언론학보」47(1): 56-80.

_____. 2006. 온-오프 뉴스룸 통합에 의한 간부통제기능의 변화가능성에 대한 분석. 「한국언론학보」50(3): 122-150.

김성해. 2009. 전문성과 윤리성으로 무장하다: 영어권 언론학 교육의 비전. 한국언론학회 미래위원회 (편저), 『언론학 교육의 길을 묻다』(132-184). 서울: 커뮤니케이션북스.

김성해·반현. 2011. 『저널리즘의 복원』. 서울: 한국언론진흥재단.

김영석. 2000. 『디지털미디어와 사회』. 서울: 나남.

김영욱. 2004. 『한국 언론의 윤리 점검 시스템』. 서울: 한국언론재단.

김옥조. 2004. 『미디어 윤리』(개정증보판). 서울: 커뮤니케이션북스.

김재범·이계현. 1994. 여론과 미디어: 다원적 무지와 제3자 가설에 대한 연구. 「한국언론학보」31(봄호): 63-86.

김정기. 1981. 『새PR 원론』. 서울: 탐구당.

구본권. 2005. 『인터넷에서 무엇이 뉴스가 되나』. 서울: 커뮤니케이션북스.

남재일. 2010. 직업이데올로기로서의 한국 언론 윤리의 형성과정. 「한국언론 정보학보」여름 통권(50): 73-93.

남재일·이재훈. 2013. 『저널리즘 글쓰기의 논리』. 서울: 커뮤니케이션북스.

리영희. 1999. 『동굴 속의 독백』. 서울: 나남.

민정식. 2010. 기자의 객관성 및 해설성 지향이 종결욕구와 스키마주도적인 정보처리에 미치는 영향. 「한국언론학보」54(2): 5-30.

박래부. 2015. 『좋은 기사를 위한 문학적 글쓰기: 저널리즘 문장론』. 서울: 한울.

박선희. 2001. 인터넷 신문의 뉴스 특성과 대안언론의 가능성: ≪오마이뉴스≫ 기사 분석. 「한국언론학보」45(2): 117-155.

박진우·황치성·김기태·설규주·이영주. 2012. 『한국의 미디어 교육: 현황과 쟁점』. 서울: 한국언론진흥재단.

법제처. 2016. 부패방지 및 국민권익위원회의 설치와 운영에 관한 법률. http://www.law.go.kr/lsSc.do?menuId=0&subMenu=1&query=%EB%B6%80%ED%8C%A8%EB%B0%A9%EC%A7%80%EB%B2%95#undefined [2016.01.21 검색].

양승찬. 2010. 여론에 미치는 미디어 효과. 성동규·양승찬 (편저), 『여론과 미디어』(75-171). 서울: 한국언론진흥재단.

양승찬·이강형. 2009. 희망을 안고 광야에 나서다: 졸업생들의 자기 진단. 한국언론학회 미래위원회 (편저), 『언론학 교육의 길을 묻다』(40-77). 서울: 커뮤니케이션북스.

양정애. 2012. 일반인들의 온라인 뉴스게시물 제목붙이기와 내용구성. 「한국언론학보」56(5): 114-140.

이건호. 2006. 취재 보도를 위한 예비 언론인의 온라인정보 사용. 한국언론학회 봄철정기학술대회 (133-153).

이수영·황용석. 2009. 문은 열려 있다: 미디어 업계가 바라는 인재상. 한국언론학회 미래위원회 (편저), 『언론학 교육의 길을 묻다』(10-39). 서울: 커뮤니케이션북스.

이재경. 2003. 언론인 인식을 통한 한국 사회와 언론 자유의 조건 연구. 「한국언론학보」47(2): 54-77.

_____. 2007. 한국 언론과 글로벌 스탠더드, 임상원·김민환·양승목·이재경·임영호·윤영철 (편저), 『민주화 이후의 한국언론』(183-231). 서울: 나남.

이재열·장덕진·고형면·김주현. 2009. 『노블레스 오블리주 지표개발을 위한 연구용역』. 서울: 서울대학교 사회발전연구소.

이재진. 2013a. 『미디어 법』. 서울: 커뮤니케이션북스.

_____. 2013b. 『미디어 윤리』. 서울: 커뮤니케이션북스.

이정훈·김균. 2006. 한국 언론인의 직업 정체성. 「한국언론학보」50(6): 59-88.

이종숙. 2004. 『한국 신문의 전문화』. 고려대학교 대학원 박사학위 논문.

이활웅. 2007. '독재자의 딸'이 한국의 지도자 될 수 있나? ≪한국기자협회보≫(6월 13일). http://www.journalist.or.kr/news/article.html?no=15046 [2017.02.07 검색].

임영호. 2010. 뉴스가치의 이해, 강내원·김경모·김남두·김사승·김성해·김춘식·안종묵·이기형·이승선·이재진·이준웅·임영호·최영재 (편저), 『저널리즘의 이해』(27-48). 서울: 한울.

임종수. 2006. 온라인 뉴스 양식과 저널리즘의 변화. 「커뮤니케이션 이론」2(2): 37-72.

임현선. 2008. 『기자의 정계진출에 대한 현직 기자들의 인식과 그에 영향을 미치는 요인 연구』. 연세대학교 언론홍보대학원 석사논문.

우병현. 2001. 『디지털 미디어와 저널리즘』. 서울: 한국학술정보.

윤영철. 2004. 한국 언론전문직주의를 말한다: 분열과 충동, 한국언론학회 (편저), 『언론인 전문가인가 직장인인가』(12-36). 서울: 한국언론재단.

윤태진. 1997. 『인터넷 신문의 현재와 미래』. 한국언론연구원 (연구보고서 97-06).

정형권. 2014. 『나를 표현하는 글쓰기 나를 대신하는 책쓰기』. 경기: 지앤선(志&嬋).

정회경·김사승. 2007. 온라인 시민저널리즘의 뉴스 생산양식 특성에 관한 분석. 「한국언론학보」51(2): 124-152.

조수선·김유정. 2004. 온라인신문의 의제 및 의제속성 설정 연구. 「한국언론학보」 48(3): 302-329.

진행남. 2002. 인터넷미디어의 뉴스 영역 및 유형에 관한 연구. 「한국언론학보」 46(2): 606-632.

최민재·김성해·박진우·최용준. 2013. 『디지털 시대의 저널리즘 교육』. 서울: 한국언론진흥재단.

최영. 2002. 온라인신문에서의 시민저널리즘 가능성 연구. 「한국언론학보」46(6): 33-63.

최영·김춘식·Barnett, G.A. 2004. 온라인 시민 저널리즘 실천에 관한 한미 간 비교 연구. 「한국언론학보」48(5): 110-137.

한국언론진흥재단. 2013. 『한국의 언론인 2013』. 서울: 한국언론진흥재단.

황용석. 2013. 『온라인 저널리즘』. 서울: 커뮤니케이션북스.

황용석·이홍철. 2000. 『인터넷 뉴스 사이트』. 서울: 한국언론재단.

황준범·김지은. 2007. 이명박 특검법 160대 0 가결. ≪한겨레≫(12월 17일). http://www.hani.co.kr/arti/politics/politics_general/257648.html [2017.02.07 검색].

Allan, S. 2006/2008. Online News: Journalism and the Internet, 홍수원 역 (2008), 『온라인 뉴스: 저널리즘의 신세계』. 서울: 한국언론재단.

Buckingham, D. 2003/2004. Media Education: Literacy, Learning and Contemporary Culture, 기선정·김아미 역 (2004), 『미디어 교육: 학습, 리터러시, 그리고 현대 문화』. 서울: JNB.

Chomsky, N. 1996/2005. Writers and Intellectual Responsibility, 강주헌 역 (2005), 『지식인의 책무』(14-43). 서울: 황소걸음.

230

Riordan, K. 2014. Accuracy, Independence, and Impartiality: How Legacy Media
and Digital Natives Approach Standards in the Digital Age, 양정애·김선
호·박대민 역 (2015), 『디지털 시대의 저널리즘 원칙: 정확성, 독립성, 불편
부당성』. 서울: 한국언론진흥재단.

Aikat, D. 2000. Of Online News and "Rogue" Web Sites. In Albarran, A.B., &
Goff, D.H. (eds.), Understanding the Web (49-71). Ames, Iowa: Iowa
State University Press.

Artz, L. 2007. The Corporate Model from National to Transnational. In Artz, L.,
& Kamalipour, Y.R. (eds.), The Media Globe (141-153). Maryland;
Plymouth: Rowman & Littlefield.

Charity, A. 1995. Doing Public Journalism. New York: The Guilford Press.

Christians, C.G., Rotzoll, K.B., Fackler, M., McKee, K.B., & Woods Jr., R.H.
2005. Media Ethics (7th ed.). Boston: Pearson Education.

Craig, R. 2005. Online Journalism. Belmont, CA: Thomson Wadsworth.

Curran, J. 2002. Media and Power. London: Routledge.

Davison, W.P. 1983. The Third-Person Effect in Communication. The Public
Opinion Quarterly 47(1-3): 1-15.

Denton, F., & Thorson, E. 1998. Effects of a Multimedia Public Journalism
Project on Political Knowledge and Attitudes. In Lambeth, E.L., Meyer,
P.E., & Thorson, E. (eds.), Assessing Public Journalism (143-157).
Columbia, Missouri: University of Missouri Press.

De Wolk, R. 2001. Introduction to Online Journalism. Boston: Allyn & Bacon.

Dodig-Crnkovic, G. 2007 (August 15). Ethics, Professionalism and Criticism of
the Sources. MIMA Lecture: Department of Computer Science and
Electronics, Mälardalen University.

Eberholst, M.K., Hartley, J.M., & Olsen, M.B. 2016. Between Ideals and
Practice. Journalism & Mass Communication Educator 71(2): 189-202.

Fairfield, J. & Shtein, H. 2014. Big Data, Big Problems. Journal of Mass Media
Ethics 29: 38-51.

Gallo, J. 2004. Weblog Journalism: Between Infiltration and Integration. Into the
Blogosphere.
http://blog.lib.umn.edu/blogosphere/weblog_journalism_pf.html.

Hallin, D.C., & Mancini, P. 2004. Comparing Media Systems. Cambridge and
New York: Cambridge University Press.

Harcup, T., & O'Neill, D. 2001. What is News? Galtung and Ruge Revisited. *Journalism Studies* 2(2): 262-80.

Hart, D. 2001. *From Tradition to Consumption*. Seoul: Jimoondang.

Hendtlass, J., & Nichols, A. 2003. *Media Ethics*. Melbourne: Acorn.

Hunter, A. 2015. Crowdfunding Independent and Freelance Journalism. *New Media & Society* 17(2): 272-88.

Jones, A.S. 2009. *Losing the News*. New York: Oxford University Press.

Kang, Hyun-Kyung. 2007. Economy Becomes Major Issue Over North Korea. *Korea Times* (7월 30일).
     http://www.koreatimes.co.kr/www/news/special/2007/07/180_7417.html [2017.02.07 검색].

Kawamoto, K. 2003. *Digital Journalism*. Lanham: Rowman & Littlefield.

Kim, Man-Heum. 2008. Regionalism still Holds Sway. In The Korea Herald & The Korean Political Science Association (eds.), *Political Change in Korea* (100-107). Seoul: Jimoondang.

Kim, Yong-Hak. 2007. Regionalism and National Networks. In Kim, H-R., & Song, B. (eds.), *Modern Korean Society* (16-35). Berkeley: University of California Press.

_____. 2008. Personal Ties still Important, but Patterns Changing. In Kim, K-D., & The Korea Herald (eds.), *Social Change in Korea* (136-144). Seoul: Jimoondang.

Knowlton, S., & McKinley, J.C. 2016. There's More to Ethics Than Justice and Harm. *Journalism & Mass Communication Educator* 71(2): 133-145.

Kovach, B., & Rosenstiel, T. 2007. *The Elements of Journalism* (Revised ed.). New York: Three Rivers Press.

_____. 2014. *The Elements of Journalism* (3rd ed.). New York: Three Rivers Press.

Krause, M. 2011. Reporting and the Transformations of the Journalistic Field. *Media, Culture & Society* 33(1): 89-104.

LaMay, C.L. 2007. *Exporting Press Freedom*. New Brunswick & London: Transaction.

Lippmann, W. 1922. *Public Opinion*. New York: The Free Press.

McCombs, M. 2004. *Setting the Agenda*. Cambridge: Polity Press.

McQuail, D. 2000. *McQuail's Mass Communication Theory* (4th ed.). London:

Sage.

Media Entertainment and Arts Alliance (MEAA). 1997. *Ethics in Journalism.* Victoria: Melbourne University Press.

Merritt, D. 1995. *Public Journalism and Public Life.* Hillsdale, New Jersey: Lawrence Erlbaum Associates.

National Union of Journalists. 2014. NUJ Code of Conduct. http://www.nuj. org.uk/about/nuj-code [2017.02.07 검색].

Noelle-Neumann, E. 1991. The Theory of Public Opinion. *Communication Yearbook* 14: 256-287.

Pearson, M. 2004. *The Journalist's Guide to Media Law* (2nd ed.). NSW: Allen & Unwin.

Pihl-Thingvad, S. 2015. Professional Ideals and Daily Practice in Journalism. *Journalism* 16(3): 392-411.

Reporters Without Borders. Press Freedom Index. https://rsf.org/en/ranking [2017.02.07 검색].

Rheingold, H. 1993. *The Virtual Community.* Canada: Addison-Wesley.

Rosen, J. 1999. *What are Journalists for?* New York: Yale University Press.

Sa, EunSuk. 2009a. Factors Influencing Freedom of the Press in South Korea. *Asian Social Science* 5(3): 3-24.

_____. 2009b. The Press and Democracy in South Korea. *Asian Social Science* 5(6): 19-39.

_____. 2009c. Development of Press Freedom in South Korea since Japanese Colonial Rule. *Asian Culture and History* 1(2): 3-17.

_____. 2013a. Distorted Democracy and Freedom of the Press under Capitalism. *International Journal of Humanities and Social Science* 3(11): 161-171.

_____. 2013b. The Process of News Production and Journalist Autonomy in Practice. *Pensee* 75(10): 403-421.

_____. 2014. Editorial Independence and Public Service Roles of the Media. *Pensee* 76(4): 198-226.

_____. 2016a. The Changing Jobs of Journalists and the Function of Journalism in South Korea. *The Review of Korean Studies* 19(1): 195-228.

_____. 2016b. Truth in Reporting by the Media and Media Ethics. *International Journal of Humanities and Social Science Review* 2(10): 16-32.

Schudson, M. 1996. The Sociology of News Production Revisited. In Curran, J.,

& Gurevitch, M. (eds.), *Mass Media and Society* (2nd ed.) (141-159). London: Arnold.

Shin, Jae-Hwa & Cameron, G.T. 2003. Informal Relations. *Journal of Communication Management* 7(3): 239-253.

Society of Professional Journalists (SPJ). SPJ Code of Ethics. http://www. spj.org/ethicscode.asp [2017.02.07 검색].

The Online News Association. 2014. "Do-It-Yourself." http://journalists.org /2014/05/02/ona-launches-crowdsourcing-for-diy-ethics-code/ [2017.02.07 검색].

_____. 2015. Online News Association launches free Build Your Own Ethics Code at 2015 Conference. http://journalists.org/2015/09/24/online- news-association-launches-free-build-your-own-ethics-code-at-2015-conference/ [2017.02.07 검색].

Transparency International. Corruption Perceptions Index. http://www. transparency.org/ [2017.02.07 검색].

Ward, M. 2002. *Journalism Online*. Oxford: Focal Press.

Weber, J. 2016. Teaching Fairness in Journalism. *Journalism & Mass Communication Educator* 71(2): 163-174.

Wilson, J. 1996. *Understanding Journalism*. London: Routledge.

Woo, W.F. 2005. Defining a Journalist's Function. *Nieman Report* 59(4): 31-33.

Yang, J., & Arant, D. 2014. The Roles and Ethics of Journalism. *Journalism & Mass Communication Educator* 69(1): 33-48.

▣ **부록**

# 인터넷 신문윤리강령

인터넷 신문위원회
Internet Newspaper Committee

'인터넷 신문윤리강령'은 업계 스스로가 제정하고, 이를 준수하기로 정한 규범이라는 점에서 자율규약으로서의 성격을 지닙니다. 본 강령에는 표현의 자유와 책임, 취재규약, 보도규약, 편집규약, 이용자 권리 보호, 보도로 인한 피해 구제, 언론 윤리 교육 및 윤리기구 설치 등의 내용이 포함되어 있습니다.

https://www.inc.or.kr/blank-6
제정 2011. 03. 23.
개정 2014. 12. 19.
개정 2015. 12. 17.

인터넷 신문은 자유롭고 책임 있는 언론을 실현해 주어진 시대적 사명을 다할 것을 다짐한다. 우리 인터넷 신문은 자유롭고 책임 있는 언론만이 우리 사회의 건전한 여론 형성, 민주주의 발전과 민족문화 창달에 기여할 수 있다고 믿는다. 이를 위해서 우리 인터넷 신문 스스로 윤리기준을 세워 실천해 나가고자 한다. 이에 인터넷 신문 윤리강령을 제정하고 인터넷 신문윤리기구의 준칙으로 삼을 것을 결의한다.

### 제1조 표현의 자유와 책임

인터넷 신문은 표현의 자유를 신장하고 건강한 공론의 장을 형성하기 위하여 다음 사항을 준수한다.

① (국민의 알권리 보장) 인터넷 신문은 국민의 알권리 보장을 보도의 목적으로 삼는다.

② (표현의 자유 옹호) 인터넷 신문은 건전한 여론의 형성에 장애가 되는 부당한 간섭을 배격하고, 이를 통해 편집의 자유, 나아가 표현의 자유를 옹호한다.

③ (언론의 책임) 인터넷 신문은 편집 및 표현의 자유가 이에 따르는 책임에 토대를 두고 있음을 명심하고, 건전한 여론의 형성, 공공복리의 증진, 문화의 창달, 국민의 기본권 수호에 노력한다.

④ (언론의 독립) 인터넷 신문은 정치, 사회, 문화적 권력 또는 광고주 등 경제세력으로부터 독립해 언론 활동을 하고, 이러한 권력 또는 세력의 압력과 청탁을 거부한다.

⑤ (개인의 명예와 사생활 보호) 인터넷 신문은 공익이 우선하지 않는 한 개인의 명예를 훼손하지 않고, 개인의 사생활 보호에 노력한다.

⑥ (편견과 차별의 금지) 인터넷 신문은 인종, 민족, 지역, 신념, 종교, 나이, 성별, 직업, 학력, 계층, 지위 등에 대한 편견을 배제하고, 이러한 편견에 근거해 개인이나 집단을 차별하지 않는다.

⑦ (사회적 약자 및 소수자 보호) 인터넷 신문은 어린이, 장애인, 외국인 등 사회적 약자와 소수자의 권리를 보호하고, 이들의 견해에 유념한다.


제2조 객관성 및 공정성

인터넷 신문은 인터넷매체의 특성을 충분히 활용해 신속한 보도를 위해 노력하되, 그 보도가 객관성과 공정성을 잃지 않도록 유의한다. 이를 위해 다음 사항을 준수한다.

① (사실의 전달) 인터넷 신문은 취재 및 보도에서 사실이 제대로 전달되도록 해야 한다.

② (사실과 의견 구분) 인터넷 신문은 이용자가 사실과 의견을 혼동하지 않도록 표현하고 편집한다.

③ (균형성 유지) 인터넷 신문은 다툼이 있는 사실이나 사람, 세력 등에 관한 취재 및 보도에서 균형성을 유지한다.

④ (보도의 완전성) 인터넷 신문은 취재 및 보도에서 가능한 한 사실의 전모를 충실하게 전달하도록 노력한다.

제3조 이해의 상충

인터넷 신문에 속한 언론인(이하 언론인)은 취재 및 보도 과정에서 사적 이익과 공적인 이익이 상충하지 않도록 노력한다. 이를 위해 다음 사항을 준수한다.

① (사적 이익추구 금지) 언론인은 취재 과정에서 알게 된 정보를 이용해 금전적 이익을 얻거나 손실을 회피하는 행위를 하지 않는다.

② (이해관계 유의) 언론인은 본인 또는 친인척의 정치적, 경제적, 사회적 이해관계가 취재 및 보도 행위에 영향을 끼치지 않도록 유의한다.

③ (주식 등 거래의 제한) 언론인은 주식 및 증권과 관련된 보도업무에 종사하는 동안 주식 및 증권의 거래행위에 직간접적으로 관여하지 않는다.

④ (부당한 집단 영향력 행사 금지) 언론인은 공동취재나 친목 또는 직업적 공동이익을 위한 목적 이외에 단체를 구성하거나 활동하지 않고, 출입처와 기업 등 취재원에 대해 부당한 집단적 영향력을 행사하지 않는다.

⑤ (부당한 영업행위 요구 금지) 인터넷 신문은 보도업무에 종사하는 언론인에게 부당한 영업을 요구하지 않고, 언론인도 그러한 요구를 받아들이지 않는다.

제4조 미성년자 보호

인터넷 신문은 미성년자의 건전한 인격형성과 정서함양을 위해 노력하고 음란하거나 폭력적인 유해환경으로부터 이들을 보호한다. 이를 위해 다음 사항을 준수한다.

① (취재 시 보호책임자의 동의) 인터넷 신문은 미성년자를 대상으로 인터뷰나 촬영을 할 때에는 부모, 보호자 또는 학교장 등 보호책임자의 동의를 받는 것을 원칙으로 한다.

② (미성년자 신원보호) 인터넷 신문은 형사 피의자나 피해자가 미성년자인 경우 신원을 밝히지 않는 것을 원칙으로 한다.

③ (성범죄 보도 시 미성년자 보호) 인터넷 신문은 미성년자나 그 가족이 관련된 성범죄를 보도할 때 해당 미성년자와 가족의 신원을 밝히지 않는다.

④ (유괴 보도제한 협조) 인터넷 신문은 미성년자가 유괴된 경우 가족이나 수사기관의 보도제한 요청에 적극 협조한다,

⑤ (유해환경으로부터 미성년자 보호) 인터넷 신문은 반사회적이거나 비윤리적

사건을 미화하거나 상세히 보도하지 않는다.

### 제5조 취재기준

인터넷 신문은 인터넷 신문의 정착과 건전한 발전을 위해 취재 시 다음 사항을 준수한다.

① (취재원의 신뢰성 확인) 인터넷 신문은 취재원의 신뢰도를 확인하고, 공공기관이나 각종 단체의 홈페이지 등과 같은 공개자료에 대해서도 취재 시 그 정확성을 검증한다. 특히 취재원의 증언이 감추어졌던 사실의 폭로일 경우에는 그 의도와 정확성을 복수의 취재원을 통해 검증한다.

② (금품 또는 향응 수수 및 광고나 협찬 강요행위 금지) 인터넷 신문과 그 종사자는 취재 및 보도와 관련해 금품 또는 향응을 요구하거나 받아서는 아니되며 언론사 또는 언론인의 지위를 이용하여 광고나 협찬을 강요하는 행위를 하여서는 아니된다. (2015. 12. 17 개정)

③ (프라이버시 보호) 인터넷 신문은 공익이 우선하지 않는 한 사적 영역이나 제한된 공적 영역을 방문해 취재하는 경우 반드시 당사자의 동의를 얻고 프라이버시 보호에 유의한다.

④ (재난 등 취재 시 유의) 인터넷 신문은 재난이나 사고를 취재할 때 인간의 존엄성을 침해하거나 피해자의 치료를 방해하지 않고, 재난 및 사고의 피해자, 희생자 및 그 가족에게 적절한 예의를 갖춘다.

⑤ (피해자 보호) 인터넷 신문은 비극적 사건 등으로 고통을 겪은 사람들과 그 친지들의 사진을 이용하거나 인터뷰를 할 때 특별히 주의한다.

⑥ (비윤리적 취재의 금지) 인터넷 신문은 도청, 비밀촬영, 신분사칭, 자료의 허가 없는 검색 및 반출, 기타 비윤리적인 방식으로 취재하지 않는다.

### 제6조 보도기준

인터넷 신문은 신뢰성이 높은 보도를 위해 다음 사항을 준수한다.

① (취재원의 명시) 인터넷 신문은 기사의 취재원 또는 출처를 명시적으로 밝히는 것을 원칙으로 한다. 다만, 그 취재원의 신원이 드러나 불이익을 받거나 신변이

위태롭게 될 우려가 있는 경우에는 예외적으로 익명으로 할 수 있다.

② (정확한 인용) 인터넷 신문은 취재원의 발언, 자료 등을 기사 중에 인용할 때 그 내용을 정확하게 인용하고, 그 내용의 취지, 강조점 등을 보도의 목적에 맞추어 변형하지 않는다.

③ (사실의 확인)인터넷 신문은 취재원이 제공하는 구두발표, 보도자료 등 기사자료에 대해 사실여부를 확인토록 노력한다.

④ (조사의 신뢰성) 인터넷 신문은 여론조사 또는 상품의 만족도 등과 관련된 설문조사를 바탕으로 보도할 경우 그 조사의 신뢰성을 담보할 수 있는 객관적인 근거를 분명히 밝힌다.

⑤ (공표된 저작물의 이용) 인터넷 신문은 공표된 저작물을 보도에 활용하는 경우 정당한 범위 안에서 공정한 관행에 따르도록 한다.

⑥ (출처의 표시) 인터넷 신문은 자기 또는 제3자의 콘텐츠를 이용하는 경우 그 출처를 밝혀야 한다.

⑦ (저작권 보호) 인터넷 신문은 타인의 저작물을 보도에 인용하는 경우 해당 저작자의 동의를 거쳐야 한다.

⑧ (반론권 보장) 인터넷 신문은 보도로 인해 불리한 입장에 처할 수 있는 개인과 단체 등에 대해 해명할 수 있도록 사전에 반론기회를 주고, 사후에라도 반론권을 행사하겠다는 의사 표시가 있을 경우 그 내용을 기사에 포함시키도록 노력한다.

⑨ (이미지 조작 금지) 인터넷 신문은 보도 시 사진이나 영상의 이미지 조작을 통해 사실관계를 왜곡해서는 안 된다.

⑩ (선정보도의 제한) 인터넷 신문은 과도한 혐오감, 불쾌감, 공포심, 성적 수치심 등을 유발하는 표현을 하지 않도록 유의한다.

⑪ (범죄 피해자 신원 보호) 인터넷 신문은 성범죄 등 범죄 피해자의 신원을 보호하여야 한다.

⑫ (자살보도의 신중) 인터넷 신문은 자살보도가 사회에 미치는 영향을 고려해 자살방법을 구체적으로 묘사하는 등 대중의 호기심을 유발하는 보도를 하지 않는다.

## 제7조 편집기준

인터넷 신문은 기사의 품격을 높이고 정보를 정확하게 전달하기 위해 편집시 다음 사항을 준수한다.

① (제목의 원칙) 기사의 제목은 기사의 요약적 내용이나 핵심적 내용을 대표하여야 한다.

② (제목의 제한) 인터넷 신문은 기사 내용을 과장하거나 왜곡하는 제목을 붙여서는 안 된다.

③ (기사와 광고의 구분) 인터넷 신문은 이용자들이 기사와 광고를 명확하게 구분할 수 있는 방식으로 편집한다.

④ (기사의 부당한 전송행위 제한) 인터넷 신문은 뉴스 기사를 검색하는 횟수를 정당하지 않은 방법으로 늘리기 위해 실질적으로는 동일한 뉴스임에도 제목만을 변경하거나 부수적인 내용을 일부 변경한 뉴스 기사를 반복 송신하는 등 부당한 전송행위를 하여서는 안 된다. (2015. 12. 17 개정)

## 제8조 이용자 권리 보호

인터넷 신문은 건전한 여론형성의 장을 육성하기 위해 노력하되 이용자들의 정당한 권리가 침해되지 않도록 해야 한다. 이를 위해 다음 사항을 준수한다.

① (이용자 참여 및 이용 보장) 인터넷 신문은 이용자들의 건전한 참여와 기사의 정당한 이용을 보장한다.

② (이용자 게시글의 보호) 인터넷 신문은 이용자가 작성한 댓글 등 게시글에 대해 불가피한 사유없이 이를 삭제하거나 노출을 제한해서는 안 된다.

③ (게시글의 인격권 침해 유의) 인터넷 신문은 이용자의 게시글이 타인의 인격권을 침해한 경우 당사자의 권리를 보호할 수 있는 조치를 취한다.

④ (다양한 정보접근의 보장) 인터넷 신문은 하이퍼링크 등 다양한 방식으로 정보에 접근할 수 있는 환경을 조성하기 위해 노력한다.

## 제9조 보도로 인한 피해의 구제

인터넷 신문은 보도로 인해 피해를 입었다고 주장하는 당사자가 있을 경우 그

240

의견을 최대한 경청하고, 그 결과 기사의 수정이 필요하다고 판단되면 최대한 신속하게 조치한다. 이를 위해 다음 사항을 준수한다.

① (피해자 의견 청취) 인터넷 신문은 보도로 인해 피해를 입었다고 주장하는 당사자가 있을 경우 그 의견을 가능한 한 직접 듣도록 노력한다.

② (신속한 오보 수정) 인터넷 신문은 당사자의 소명 등에 의해 오보임이 확인된 경우 최대한 신속하게 기사 내용을 수정한다.

③ (반론 또는 정정 보도문 게재) 인터넷 신문은 반론 또는 정정 보도문을 게재하는 경우 이에 대한 접근 및 접속이 용이하도록 편집에서 배려한다.

## 제10조 윤리기구의 설치·운영

① (윤리기구의 설치) 이 윤리강령의 지속적 실천 및 점검을 위해 이와 관련된 윤리기구를 설치·운영할 수 있다.

② (세부기준의 마련) 윤리강령을 지키기로 서약한 인터넷 신문의 의견을 수렴해 구체적인 시행세칙을 둘 수 있다.

③ (언론 윤리 교육) 언론 윤리와 관련한 교육프로그램을 개발 및 운영하도록 노력한다.

## 인터넷 신문윤리강령 시행세칙

https://www.inc.or.kr/blank-11
제정 2014.12.19.
개정 2015.12.17.

### 제1장 총칙

제1조(목적) 이 세칙은 인터넷 신문윤리강령의 해석과 적용 등 강령의 실천 및 자율심의에 필요한 세부기준을 정하는데 그 목적이 있다.

제2조(정의) 인터넷 신문윤리강령 및 이 세칙에서 사용하는 용어의 의미는 다음 각 호와 같다.

1. "언론인"이란 인터넷 신문의 제작·발행과 관련된 발행인, 편집인, 기자 등을 말한다.

2. "이용자"란 인터넷 신문이 제공하는 보도·논평 등의 기사 콘텐츠나 서비스를 이용하는 자를 말한다.

3. "미성년자"란 민법상 미성년자를 말한다.

4. "인터넷뉴스 서비스"란 신문, 인터넷 신문, 통신사 등 언론사의 기사를 모아 인터넷이나 모바일을 통해 계속적으로 제공하거나 매개하는 서비스를 말한다.

## 제2장 일반사항

제3조(부당한 제목의 제한) 인터넷 신문은 다음 각 호와 같이 이용자에게 불편함이나 불쾌감을 유발하는 표현을 제목에 사용하지 않도록 한다.

1. 허위 및 과장 표현 : 기사 전체의 맥락과 무관한 문구

2. 비방 표현 : 특정 개인, 단체, 기관 등을 조롱, 비하, 희화하는 문구

3. 자극적인 표현 : "경악", "초토화", "발칵", "멘붕" 등 기사 내용과 무관하게 호기심을 자극하는 문구

제4조(기사와 광고의 구분) ① 기사와 광고를 명확하게 구분할 수 있는 방식으로 편집하여 이용자로 하여금 기사와 광고를 혼동하지 않도록 한다. (2015. 12. 17 개정)

② 인터넷 신문은 이용자가 광고를 기사로 오인하지 않도록 다음 각 호를 준수한다.

1. 기사 제목과 광고문구를 같은 공간에 배열하지 않도록 한다.

2. 기사 중간에 기사로 오인할 수 있는 광고가 포함되지 않도록 한다.

3. "뉴스", "속보", "단독", "특종" 등 기사로 오인할 우려가 있는 문구를 광고에 사용하지 않도록 한다.

4. 협찬 또는 후원 등을 받아 작성한 기사는 "이 기사는 ○○의 지원으로 작성된 기사입니다." 등 협찬 또는 후원에 의한 기사임을 분명히 인식할 수 있는 표시문구를 사용하여야 한다. (2015. 12. 17 신설)

제5조(이용자 보호) 인터넷 신문은 이용자가 건강 및 재산상의 직접적인 피해를 입지 않도록 다음 각 호를 준수한다.

1. 의료인·의료기관의 기능이나 진료방법에 관한 기사의 경우 연락처, 약도, 홈페이지 주소, 가격, 시술·수술 장면 등의 정보를 명시하지 않는다.

2. 부동산 분양이나 가맹점 모집에 관한 기사의 경우 수익률, 투자안전성 등을 단정적으로 표현하지 않는다.

3. 주식에 관한 기사의 경우 수익률이나 투자 안전성을 강조하거나, 관련 카페, 사이트 등의 링크를 걸지 않는다.

4. 식품, 건강기능식품, 화장품 등에 관한 기사의 경우 의학적 효능·효과가 있는 것으로 오인할 우려가 있는 내용을 포함하지 않는다.

## 제3장 미성년자 보호

제6조(보호책임자 동의) 인터넷 신문은 미성년자를 대상으로 인터뷰나 촬영을 할 때 다음 각 호에 해당하는 경우 부모, 보호자, 학교장 등 보호책임자의 동의를 받아야 한다.

1. 미성년자의 일탈행위
2. 미성년자의 반사회적·비윤리적 행위
3. 미성년자에게 부적정인 영향을 줄 수 있는 폭력·범죄 행위
4. 인명사고 및 재난 사건

제7조(신원보호) ① 인터넷 신문은 다음 각 호에 해당하는 경우 당사자를 특정할 우려가 있는 미성년자의 신원정보를 밝히지 않는다.

1. 피해자 또는 가해자가 미성년자인 경우
2. 성범죄의 주체나 객체가 가족구성원인 경우 관련 미성년자
② 제1항에 따라 공개가 금지되는 신원정보는 다음 각 호와 같다.
1. 성명, 주민등록번호, 전화번호 등 개인정보
2. 소속 학교명, 학원명 등
3. 거주지 등 대상을 특정할 수 있는 정보

제8조(모방행위 예방) 인터넷 신문은 미성년자의 모방을 부추길 우려가 있는 다음 각 호에 해당하는 사건을 흥미위주로 상세하게 보도해서는 안 된다.

1. 미성년자 대상 성행위
2. 미성년자와 관련한 성적 일탈행위
3. 왕따, 학교폭력 등 폭력행위

제9조(유해환경으로부터 보호) 인터넷 신문은 미성년자에게 유해한 다음 각 호의 대상을 보도하는 경우 이를 미화 또는 정당화하거나 흥미위주로 상세하게 보도하지 않는다.

1. 유흥업소, 청소년 출입이 금지된 노래방 등 청소년유해업소
2. 음란 도서·사이트, 성 보조기구
3. 마약류, 환각물질, 주류, 담배
4. 조직폭력, 사행행위, 도박

## 제4장 선정보도의 제한

제10조(차별금지) 인터넷 신문은 다음 각 호의 대상을 보도하는 경우 차별받거나, 매도당하는 내용이 포함되지 않도록 한다.

1. 여성, 미성년자
2. 노인, 장애인
3. 성적 소수자
4. 이주노동자 및 다문화가정
5. 새터민
6. 지역

제11조(생명존중) 인터넷 신문은 동물을 죽이거나 상해를 입히는 사건의 경우 이를 상세히 보도하지 않도록 한다.

제12조(범죄 등과 관련한 보도) 인터넷 신문은 범죄와 관련된 내용을 보도하는 경우 다음 각 호에 해당하는 내용이 포함되지 않도록 한다.

1. 범행 방법 또는 장면에 대한 상세한 설명
2. 범행에 사용된 약물의 명칭이나 성분, 제조 및 취득방법
3. 과거 유사 범죄 사례에 대한 상세한 소개

제13조(자살과 관련한 보도) 인터넷 신문은 자살과 관련된 내용을 보도하는 경우 다음 각 호에 해당하는 내용이 포함되지 않도록 한다.

1. 자살의 방법 또는 장면에 대한 상세한 설명

2. 자살이 이루어진 특정 지역
3. 유명인 등의 자살사례에 대한 상세한 소개
4. 자살의 미화 또는 정당화

제14조(신체노출과 관련한 보도) 인터넷 신문은 방송사고, 운동경기, 시사회, 축제, 행사, 시위, 패션쇼 등의 신체노출 사진이나 이미지를 기사의 소재로 사용하는 경우 선정적·자극적으로 표현하지 않도록 노력한다.

제15조(재난과 관련한 보도) 인터넷 신문은 재난, 대형 인명피해 사고 등을 보도하는 경우 재난보도준칙에 따른다.

## 제5장 표절금지

제16조(출처표기) 인터넷 신문은 다음 각 호를 기사에 사용하는 경우 그 출처를 밝힌다.
1. 다른 언론사나 통신사의 기사
2. 이미지나 영상물(자체 제작 및 제3자 제공 포함)
3. SNS, 커뮤니티, 블로그, 댓글 등 게시물
4. 국가, 지방자치단체, 공공기관이 저작권을 가진 공공저작물

제17조(표절금지) 인터넷 신문은 그 출처를 밝히지 않고 기사에 다른 언론사나 통신사의 기사를 1/2 또는 3개 문단 이상 전재하여서는 아니 된다. 다만 해당 기사를 전체적으로 보아 독창성이 인정되는 경우에는 표절로 보지 아니한다. (2015. 12. 17 개정)

## 제6장 반복전송의 제한

제18조(기사의 부당한 전송행위 제한) 윤리강령 제7조제4항의 부당한 전송행위는 다음과 같다. (2015. 12. 17 개정)
1. 사진, 제목, 본문, 섹션 등 모든 사항을 일치하여 재전송하는 경우
2. 동일기사를 제목이나 섹션을 변경하여 재전송하는 경우
3. 기사 내 사진이나 캡션을 조금씩 변경해 재전송하는 경우

4. 기사 본문의 어미, 접속사 등을 수정한 유사기사를 전송하는 경우
5. 하나의 이슈키워드에 다른 콘텐츠를 덧붙인 기사를 전송하는 경우

제19조(홍보노출 목적 제한) 인터넷 신문은 특정 기업이나 브랜드를 홍보하기 위해 동일하거나 유사한 기사를 반복하여 인터넷뉴스 서비스에 전송해서는 안 된다.

보칙

제20조(제개정) 이 세칙의 제·개정은 서약사의 의견수렴 후에 인터넷 신문위원회 이사회의 의결로 정한다.

부칙

(시행일) 이 세칙은 인터넷 신문위원회 이사회의 의결을 거친 날로부터 시행한다.

## ▣ 찾아보기

▣ 저자 사은숙

언론학 박사(시드니대학교)
미디어 교육 석사(뉴사우스웨일즈대학교)
국어국문학 학사(대전대학교)

미디어 연구자로 중점 연구 분야는 저널리즘이다. 부산대, 연세대, 금강대, 한밭대, 대전대 등에서 언론/미디어를 가르쳤다. 1997년 4월 호주로 유학을 가기 전 5년 이상 지역 언론 및 특수 전문지에서 신문을 만들었다.

■ 주요 논문

"Truth in Reporting by the Media and Media Ethics", International Journal of Humanities and Social Science Review 2(10): 16-32 (2016년 12월).

"The Changing Jobs of Journalists and the Function of Journalism in South Korea", The Review of Korean Studies 19(1): 195-228 (2016년 6월).

"Editorial Independence and Public Service Roles of the Media", Pensee 76(4): 198-226 (2014년 4월).

"The Process of News Production and Journalist Autonomy in Practice", Pensee 75(10): 403-421 (2013년 10월).

"Distorted Democracy and Freedom of the Press under Capitalism", International Journal of Humanities and Social Science 3(11): 161-171 (2013년 6월).

"Development of Press Freedom in South Korea since Japanese Colonial Rule", Asian Culture and History 1(2): 3-17 (2009년 7월).

"The Press and Democracy in South Korea", Asian Social Science 5(6): 19-39 (2009년 6월).

"Factors Influencing Freedom of the Press in South Korea", Asian Social Science 5(3): 3-24 (2009년 3월).

초판 1쇄 2017년 2월 28일
초판 2쇄 2020년 9월 10일
저    자 사 은 숙
발 행 인 권 호 순
발 행 처 시간의물레
등    록 2004년 6월 5일
등록번호 제1-3148호
주    소 서울시 마포구 마포대로 4다길 3(1층)
전    화 02-3273-3867
팩    스 02-3273-3868
전자우편 timeofr@naver.com
블 로 그 http://blog.naver.com/mulretime
홈페이지 http://www.mulretime.com
I S B N 978-89-6511-174-0 (93300)
정    가 12,000원

이 도서의 국립중앙도서관 출판예정도서목록(CIP)은 서지정보유통지원시스템 홈페이지(http://seoji.nl.go.kr)와 국가자료공동목록시스템(http://www.nl.go.kr/kolisnet)에서 이용하실 수 있습니다.(CIP제어번호: CIP2017005117)